Ulrich Baer, Gerhard Knecht, Marietheres Waschk (Hrsg.)

Spiele, die alle bewegen

222 neue Spiele für die Kinder- und Jugendarbeit

Klett | Kallmeyer

Bibliografische Information der Deutschen Nationalbibliothek
Die Deutsche Nationalbibliothek verzeichnet diese Publikation in der Deutschen Nationalbibliografie; detaillierte bibliografische Daten sind im Internet über http://dnb.d-nb.de abrufbar.

Impressum

Ulrich Baer/Gerhard Knecht/Marietheres Waschk (Hrsg.)
Spiele, die alle bewegen
222 neue Spiele für die Kinder- und Jugendarbeit

1. Auflage 2021

Redaktion: Ursula Flemmer
Illustrationen Umschlag: © Agor2012/stock.adobe.com, © vanilnoe_nebo/stock.adobe.com, © halimqdn/stock.adobe.com, S. 9, 12, 16, 20, 31, 32, 35, 36, 40, 43, 49, 67, 69, 81, 89, 94, 99, 112, 125, 134, 143, 146, 155, 157, 158, 168, 181, 187, 189, 199, 203, 208, 230, 243, 249, 253, 259, 262: © www.flaticon.com
Realisation: Tu Anh Mai
Druck: CPI books GmbH, Leck
Printed in Germany

ISBN: 978-3-7727-1556-3

Ulrich Baer, Gerhard Knecht, Marietheres Waschk (Hrsg.)

Spiele, die alle bewegen

222 neue Spiele für die Kinder- und Jugendarbeit

Klett | Kallmeyer

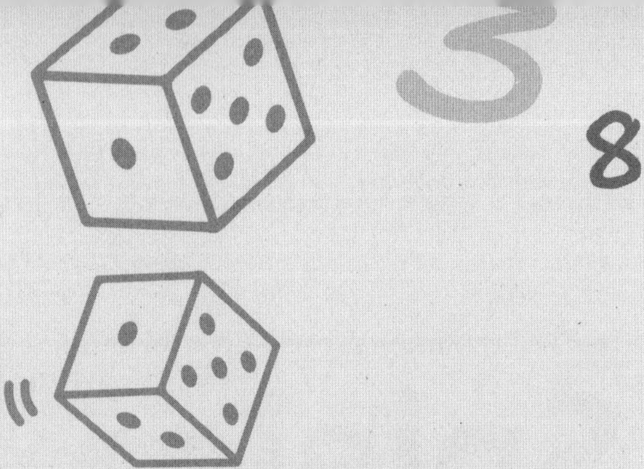

Inhalt

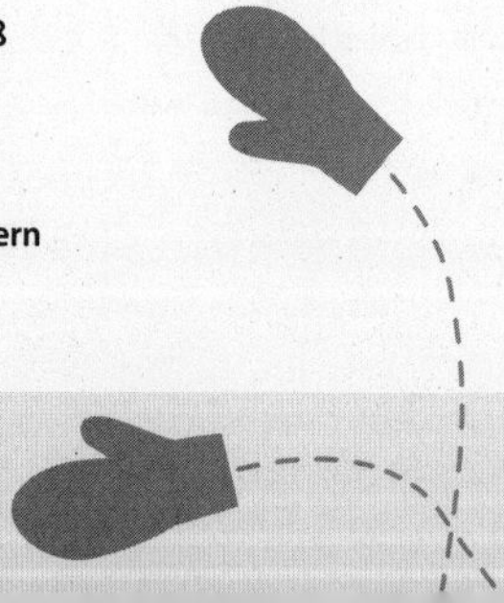

Vorwort

Kinder sind immer in Bewegung – egal ob körperlich, geistig, sozial oder emotional. Im besten Fall greift alles ineinander, so wie es mit dieser Spielauswahl umgesetzt ist. Hier können Kinder ihr kreatives Potenzial entfalten und dabei wichtige soziale Kompetenzen stärken: beim gegenseitigen Kennenlernen, beim offenen Wahrnehmen ihrer Umgebung, wenn sie Sprache spielerisch erzählend einsetzen und natürlich wenn sie sich und ihren Körper in Bewegung bringen.
Die Spiele fokussieren die vier Hauptthemen Kennenlernen, Bewegung, Wahrnehmung und Sprache. Zusätzlich enthält diese Auswahl Beispiele für umfassendere Spielaktionen, sodass sich unter den 222 Spielen für nahezu jede Gruppensituation ein geeignetes Spiel finden lässt.

Die passenden Spiele finden

Damit Sie die für Ihre Gruppe und Ihren Anlass passenden Spiele zügig finden, stehen Ihnen fünf Hilfen zur Verfügung:

1. Die Gliederung in neun Kapitel fasst die Spiele zu häufig vorkommenden Spielanlässen und -arten zusammen. Die Griffleiste am rechten Rand der Buchseiten kennzeichnet die Kapitel.
2. Jedes Kapitel beginnt mit einer Doppelseite, auf der die Herausgeber ihre Lieblingsspiele aus diesem Kapitel vorstellen.
3. Jedes Kapitel beginnt mit einfachen, schnell umzusetzenden Spielen für jüngere Kinder und endet mit komplexen Spielen für eher Ältere.
4. Unter jedem Spielnamen steht eine Kurzbeschreibung des Spiels, damit Sie einen ersten schnellen Eindruck vom Ablauf bekommen.
5. Möchten Sie mit den Spielen eine bestimmte gruppendynamische Wirkung oder einen besonderen Bildungsprozess anstoßen, können Sie sich an den Stichwörtern in den „Kopfdaten" zu jedem Spiel orientieren.

Die Auswahl der Spiele

Diese 222 Spiele ergänzen die Standard-Spielesammlung „666 Spiele" von Ulrich Baer. Sie wurden aus den Spielkarteikarten, die seit 2011 in jeder Ausgabe der Zeitschrift *gruppe & spiel* erschienen sind, ausgewählt und bilden eine sinnvolle Erweiterung des Standardwerks.

Es handelt sich vor allem um kooperative Spiele mit speziellen Nebenwirkungen: Neben der Förderung von Bewegung, Gruppenzusammenhalt und Spaß unterstützen die Spiele verschiedene Bildungskompetenzen und soziale Fähigkeiten – nicht systematisch im Sinne eines Unterrichtscurriculums, aber umso wirksamer aufgrund der spieltypischen intrinsischen Motivation und durch den begleitenden Spaßfaktor!

Die Spielbeschreibungen

Eine kleine Warnung vorab: Die Angaben in den Kopfdaten zu jedem Spiel beruhen auf den subjektiven Erfahrungen der Autoren. Die Dauer eines Spiels beispielsweise hängt natürlich u. a. von der Anzahl der Spielenden ab bzw. wie viele Spielteams gebildet werden. Am schwierigsten ist die Zuordnung einer Altersangabe: Da praktisch alle Spiele für Kinder auch mit Erwachsenen spielbar sind, gibt es lediglich eine Mindestaltersempfehlung, die natürlich eine subjektive Einschätzung darstellt. Bei den Materialangaben werden Sie oft einiges vermissen: Dinge, die normalerweise in einem Gruppen- oder Klassenraum vorhanden sind, werden nicht extra aufgeführt, z. B. Stühle oder Schreibstift. Es ist sowieso zu empfehlen, sich einen Spielekoffer mit den Materialien für jegliche Gruppenarbeit einzurichten …

Beachten Sie bitte besonders die Varianten bei den Spielbeschreibungen. Sehr oft sind das die viel spannenderen und interessanteren Spielversionen. Hier finden Sie zahlreiche neue Impulse für Ihre Gruppenarbeit – z. B. Ideen, wie man ein Spiel für die eigene Gruppe und Situation anpassen kann. Viele Varianten geben Hinweise für eine Differenzierung der Aufgaben: wie sie erleichtert oder ergänzt werden können.

Das ist ja eine altbekannte Erfahrung: Oft gelingen Spiele erst dann, wenn man sie flexibel handhabt und variiert.

Das Download-Material

Zu einigen Spielen hat der Verlag Materialien zum kostenlosen Download und zum Ausdrucken auf seine Webseite gestellt. Im Buch sind die betreffenden Spiele mit ⬇ gekennzeichnet. Wie Sie das Material herunterladen können, lesen Sie auf S. 272!

Ulrich Baer/Kirsten Hellwege (Redakteurin *gruppe & spiel*)

Bei Warm-up- und Kennenlernspielen werden in der Gruppe nicht nur Informationen untereinander ausgetauscht. Im spielerischen Setting begegnen sich die Spielenden in einer nicht alltäglichen Situation. Selbst Menschen, die sich in Unterrichts- oder Arbeitsgruppen schon oft gesehen haben, lernen sich in einem Spiel nochmal neu kennen. Kennenlernspiele helfen bei der Gruppenbildung, können die Integration von Neuen unterstützen und schaffen eine heitere, angenehme Atmosphäre – sie sind viel mehr als bloß ein kurzweiliger Zeitvertreib.

Kennenlern-Flashmob (S. 11)

Ohne Angst vor möglicher Blamage in der Raummitte zusammenlaufen und feststellen, dass man mit einer bestimmten Eigenschaft nicht alleine ist – was für ein angenehmer, schneller Kennenlernprozess in einer großen Gruppe!

Ich mag gern Schokolade (S. 13)

Alle in der Klasse oder Kindergruppe sind dabei und machen durch Aufstehen oder Hinsetzen ihre Meinung deutlich, z. B. zu der Aussage von Maria „Ich mag gerne Pferde“ oder zu Pauls Satz „Ich mag Ferien in den Bergen“.

Begrüßung rückwärts (S. 14)

Besonders für Kinder zwischen 8 und 12 Jahren ist dieses Spiel ein großer Spaß, bei dem sie mit den Pos zusammenstoßen, sich rückwärts durch die Beine hindurch begrüßen und dabei ihren Namen auch noch rückwärts nennen.

Kennenlernen

Ich wär dann mal … (S. 21)

Für viele kreative Spielgelegenheiten ist eine Krimskrams-Kiste mit Alltagssachen und Kuriositäten oder eine bunte Spielfiguren-Sammlung nützlich. Das gilt auch für dieses Kennenlernspiel mit Symbolen: „Ich habe mir den alten Wecker gewählt, weil ich immer ein richtiger Morgenmuffel bin!“

Was macht die Person, wenn … (S. 26)

Bei diesem Spiel geht es anspruchsvoll und sehr kreativ zu. Wenn das oberflächliche Kennenlernen am Anfang einer Gruppenentwicklung längst vorüber ist, kommt dieses intensive Fantasiespiel zum Einsatz.

Funken

Die Spielenden „funken" ihre Namen durch den Kreis.

Alter	ab 5 Jahren
Dauer	5 – 15 Minuten
Material	–
Gruppierung	Großgruppe
Vorbereitung	einen Stuhlkreis aufstellen
Spielform	Kreisspiel, Kennenlernspiel
Bildungskompetenzen	Wahrnehmung, Reaktionsfähigkeit, Kennenlernen
Spielgelegenheit	Klassenfahrten, zum Festigen der Namen auch in der 1. Klasse, Kita

Alle Spielenden sitzen im Kreis. Gefunkt wird, indem die Daumen an die Schläfen gelegt werden und mit den Handflächen gewedelt wird. Dabei nennt man zuerst den eigenen Namen und dann den Namen des Spielenden, den man anfunkt. Wenn beispielsweise Laura beginnt und Kevin anfunkt, so sagt sie: „Laura an Kevin." Dieser macht entsprechend weiter.

Varianten

- Die beiden Nachbarn des Funkenden müssen mitfunken.
- Wieder müssen die beiden Nachbarn mitfunken, aber nur mit der zum Funkenden gerichteten Hand, der rechte Nachbar also mit der linken und der linke mit der rechten Hand.

Pädagogischer Hinweis

Die Spielleitung sollte darauf achten, dass jeder einmal drankommt. Da Varianten ein Spiel häufig anspruchsvoller machen, kann es sinnvoll sein, erst bei weiteren Spielrunden zusätzliche Regeln einzuführen.

Norbert Stockert

Kennenlern-Flashmob

Bei Musikstopp schütteln sich alle mit bestimmter Eigenschaft die Hände.

Alter	ab 4 Jahren
Dauer	15 Minuten
Material	Tanzmusik
Gruppierung	alle verteilt im Raum
Vorbereitung	–
Spielform	Bewegungsspiel
Bildungskompetenzen	Wahrnehmung, Gruppengefühl, Bewegung nach Musik
Spielgelegenheit	zu Beginn der Gruppenarbeit; Auflockerung für „Zwischendurch"

Zu einer leicht tanzbaren Musik bewegen sich alle kreuz und quer durch den Raum. Die Person, deren Vorname als erster im Alphabet kommt, stoppt nach ein paar Sekunden die Musik und nennt eine Eigenschaft. Alle, die diese Eigenschaft besitzen, rennen in die Raummitte und versuchen dort, so vielen wie möglich die Hand zur Begrüßung zu schütteln. Die Übrigen bleiben im Außenkreis stehen und beobachten das Geschehen in der Mitte. Dann geht die Musik weiter, bis sie der Nächste im Alphabet stoppt, eine Eigenschaft nennt usw., bis alle mal Musikstopper waren.

Beispiele für Eigenschaften

- Alle, die eine Brille tragen.
- Alle, die schon mal sitzen geblieben sind.
- Alle, die typische Frühaufsteher sind.

Pädagogischer Hinweis

Bei großen Gruppen sollten die Tanzphasen sehr kurz gehalten werden (ca. 10 Sekunden).

Ulrich Baer

Gruppenjonglage

Es wird ein Ball treffsicher zugeworfen und dabei ein Name gemerkt.

Alter	ab 10 Jahren
Dauer	15 Minuten
Material	unterschiedliche leicht zu fangende Gegenstände (z. B. Schaumstoffball)
Gruppierung	im Kreis
Vorbereitung	–
Spielform	Kooperationsspiel, Kennenlernspiel
Bildungskompetenzen	Wahrnehmung, Kooperation
Spielgelegenheit	Gruppenstunden, Ferienfreizeit, Teamtrainings, Seminare, Klassenfahrten

Die Spielenden stehen im Kreis. Ein Gegenstand wird dem Nächsten zugeworfen und man nennt dabei seinen eigenen Namen (z. B.: Ich werfe den gelben Ball zu Yannick und sage dabei meinen Namen, also Marietheres.)

Variante
Wie oben, aber man nennt den Namen der Person, zu der man wirft. Und wenn alle die Namen gut kennen, darf man dabei noch durch den Raum gehen. (Nur für Profis!)

Marietheres Waschk

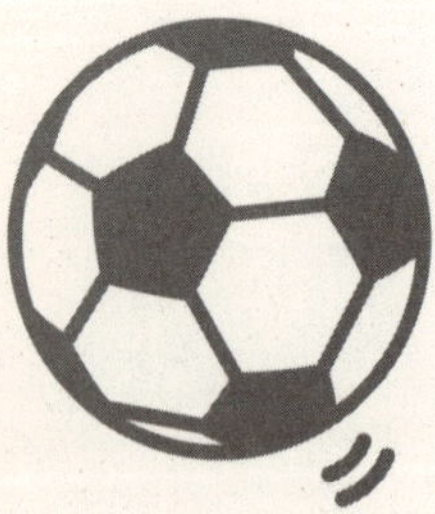

Ich mag gern Schokolade

Alle Spielenden zeigen durch zustimmende oder ablehnende Haltung Vorlieben, Abneigungen und Fähigkeiten an.

Alter	ab 6 Jahren
Dauer	5 – 15 Minuten
Material	–
Gruppierung	Großgruppe
Vorbereitung	einen Stuhlkreis aufstellen
Spielform	Kreisspiel, Kennenlernspiel
Bildungskompetenzen	Wahrnehmung, Kreativität, Empathie
Spielgelegenheit	Klassenfahrten, Schulstunden

Die Gruppe sitzt im Kreis. Ein beliebiger Spielender beginnt, indem er aufsteht oder auf den Stuhl steigt und sagt: „Ich mag gern …" Das kann etwas zu essen oder zu trinken sein, eine bestimmte Tätigkeit, ein Hobby, ein Reiseziel, eine Musikrichtung usw. Alle, die das auch gern mögen, machen sich ebenfalls groß. Wer mäßig davon angetan ist, bleibt sitzen, wer es gar nicht mag, macht sich klein und hockt oder setzt sich vor den Stuhl. Auf diese Weise können sich reihum alle äußern, auch die Spielleitung kann etwas nennen und schauen, wie es den anderen in der Gruppe gefällt.

Variante

Alle Spielenden nennen etwas, das sie besonders gut können, mit der Formulierung: „Ich kann gut …".

Pädagogischer Hinweis

Die Spielleitung sollte darauf achten, dass keine anwesenden Personen genannt werden.

Norbert Stockert

Begrüßung rückwärts

Die Spielenden bewegen sich rückwärts aufeinander zu und begrüßen sich rückwärts.

Alter	ab 6 Jahren
Dauer	5 Minuten (abhängig von der Gruppengröße)
Material	–
Gruppierung	Großgruppe und Paare
Vorbereitung	Spielfeldbegrenzung
Spielform	Gruppenspiel
Bildungskompetenzen	Sprache, Bewegung, Transformation ins Gegenteil
Spielgelegenheit:	Warm-up, gemischte Gruppen

Die Spielenden stehen im Kreis mit dem Rücken zur Mitte. Sie grätschen die Beine und beugen den Oberkörper nach unten, sodass sie zwischen den Beinen hindurchsehen können. Dabei stützen sie sich mit den Händen auf den Knien ab. Auf das Kommando „Los!" bewegen sich alle rückwärts in den Kreis. Trifft man auf einen anderen Spielenden, ruft man „Ollah!" (also „Hallo" rückwärts ausgesprochen) und begrüßt sich mit einer Hand. Gegebenenfalls erklärt die Spielleitung das Spiel, indem sie es einmal vormacht.

Variante

Beim Blickkontakt nach dem „Zusammenstoß" sagt man seinen eigenen Namen rückwärts, z. B. „Ich heiße Nivek". Dann Hände schütteln und „Ollah!" sagen mit dem eben gehörten Rückwärtsnamen des Spielenden, dem man die Hand gibt.

Literatur

Spielimpulse, aus der Praxis für die Praxis, Spielmobile e. V., Freiburg 2017

Gerhard Knecht

Das macht Spaß!

Die Spielenden stehen oder sitzen im Kreis und spielen ein Begrüßungsritual.

Alter	ab 8 Jahren
Dauer	10 Minuten (abhängig von der Gruppengröße)
Material	Papier und Stift bzw. Namenskärtchen
Gruppierung	Großgruppe und Paare
Vorbereitung	Namen aller Spielenden auf Zettel schreiben, sodass man niemanden vergisst
Spielform	Gruppenspiel
Bildungskompetenzen	Sprache, Bewegung, Kontakt
Spielgelegenheit	Warm-up, Einstiegsspiel

Die Spielenden stehen oder sitzen im Kreis, die Spielleitung sagt: „Guten Morgen, guten Tag und willkommen … (Name des Spielenden, der an der Reihe ist)". Es ist gut, einen Sprechrhythmus oder eine kleine Melodie dazu zu finden, damit ein gemeinsamer Sprechgesang entsteht – dieser ist hilfreich. Der oder die so Gerufene tritt in den Kreis und wird gefragt: „Hallo, …, was spielst du?" Sie oder er macht eine Bewegung vor (hüpfen, springen, klatschen, sich drehen …) und alle anderen machen diese Bewegung zweimal nach. Wenn sich der Spielende wieder hinsetzt, sagen alle im Chor: „…, das macht Spaß!" Dann zieht die Spielleitung die nächste Person und das Ritual beginnt neu.

Literatur

Spielimpulse, aus der Praxis für die Praxis, Spielmobile e. V., Freiburg 2017

Gerhard Knecht

Gemeinsamkeiten finden

In der Kleingruppe werden vier Gemeinsamkeiten gefunden, die alle verbinden.

Alter	ab 8 Jahren
Dauer	10 Minuten
Material	pro Gruppe ein großes Flipchartblatt und Stifte
Gruppierung	Kleingruppen zu 3 bis 5 Personen
Vorbereitung	–
Spielform	Interaktion
Bildungskompetenzen	Kooperation, kann Netzwerkbildung unterstützen
Spielgelegenheit	gut zum lockeren Einstieg in Gruppenarbeit / neu zusammengesetzte Schulklasse

Jede Kleingruppe hat die Aufgabe, vier Gemeinsamkeiten zu finden, die alle Gruppenmitglieder verbindet. Beispiele: Alle sind gute Schwimmer, alle lesen gern, alle haben schon oft an Seminaren teilgenommen, alle haben weniger als fünf Kinder u. Ä. Jede Gruppe malt die gefundenen Gemeinsamkeiten auf und präsentiert allen ihr Plakat.

Thomas Wodzicki

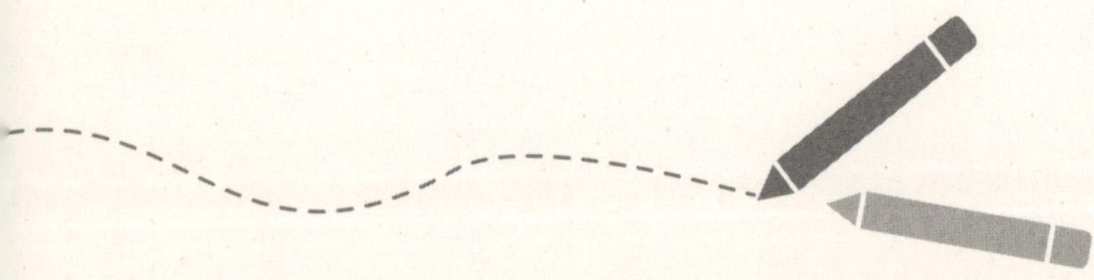

Fingerduell

Die Spielenden duellieren sich paarweise mit ihren Fingern.

Alter	ab 10 Jahren
Dauer	5 Minuten
Material	–
Gruppierung	Paare
Vorbereitung	–
Spielform	Warm-up
Bildungskompetenzen	Koordination, feinmotorische Geschicklichkeit
Spielgelegenheit	Kinder- und Jugendgruppen, Klassen, Spielaktion, Seminararbeit, im Freien oder im Raum

Zwei Spielende bilden immer ein Duellpaar. Sie stellen sich gegenüber und zeigen mit Daumen und Zeigefinger auf den Gegner, die anderen drei Finger zeigen zu sich selbst. Die Zeigefinger werden nun zu Fechtklingen. Die Spielenden begeben sich in die Ausgangsposition und legen ihre Zeigefinger aneinander und überkreuzen diese. Auf ein gemeinsames Signal, z. B. „En Garde", beginnt das Duell.
Die beiden Spielenden versuchen, mit dem Zeigefinger am Rumpf oder den Oberarmen des Gegners einen Treffer zu landen, indem der Körper eindeutig angetippt (nicht gestochen) wird. Wurde ein Treffer erzielt oder ein Angriff erfolgreich abgewehrt, gehen die Spielenden wieder in die Ausgangsposition und beginnen nach dem Startsignal erneut. Ziel ist es, das Gegenüber fünfmal anzutippen.
Wichtig ist, dass vorher ganz klar angesagt wird, dass das Gesicht und auch alle Körperteile unterhalb der Gürtellinie tabu sind und Treffer dort nicht platziert werden dürfen.

Variante

Anstatt nur die Zeigefinger zu benutzen, können die drei Finger, die zu einem selbst zeigen, mit denen des Gegners verschlossen werden. So nimmt man Tempo aus dem Spiel.

Marietheres Waschk

Besuch in Japan

Ein Impuls wird mit Bewegungen und Geräuschen durch die Gruppe gegeben.

Alter	ab 8 Jahren
Dauer	5 – 15 Minuten
Material	–
Gruppierung	im Kreis
Vorbereitung	–
Spielform	Warm-up
Bildungskompetenzen	Bewegung, Reaktionsvermögen
Spielgelegenheit	zum Auflockern

Die Gruppe steht im Kreis, verschiedene Befehle sollen reihum gegeben werden. Bei der Erklärung ist es hilfreich, die Gruppe zu Beginn ein- oder zweimal alle Bewegungen mitmachen zu lassen.

- Nach rechts/links weitergeben „Tschack" (Bewegung: Mit der rechten Hand nach links bzw. mit der linken Hand nach rechts kraftvoll zuschlagen, als wolle man einen Holzklotz mit der Hand spalten.)
- Richtungswechsel: „Hotooom" (Bewegung: In Sumoringer-Stellung tief in die Knie gehen, Beine breit, Fäuste geballt nach oben und mit tiefer Stimme laut „Hotooom" rufen.)
- Eine Person überspringen: „Ahjiiiiiii" (Bewegung: Mit den Händen eine Brille bilden und diese über den Nachbarn zur nächsten Person hinstrecken, dabei mit hoher Stimme „Ahjiiiiii" rufen.)
- Meditationspause: „Gaaaseng" (Bewegung: Stehende Meditationshaltung einnehmen, ein Bein auf dem Boden, das andere Bein über dem Knie ablegen, beide Arme seitlich heben, die Hände nach oben gestreckt, Daumen u. Mittelfinger liegen aneinander, eine lautes, gleichmütiges „Gaaaseng" dazu singen.)
- „Gaaaaseng" bewirkt für die nächsten beiden Personen: „Hotohotohoto" (Bewegung: Mit voller Kraft auf der Stelle sprinten und dabei „Hotohotohotohoto" rufen.)

- Sonderregel: Bei Richtungswechsel („Hotooom") nach „Hotohotohoto" müssen beide die Bewegung „Hotohotohoto" wiederholen, bei der dritten Person geht es mit „Tschack" weiter.

Variante
Das Weitergeben nach rechts und links durch „Tschack" und „Tschock" nochmals unterscheiden.

Frauke Haselhorst

Hände schütteln

Ein Handschütteln wird im Kreis herumgegeben und animiert zum Erzählen.

Alter	ab 5 Jahren
Dauer	5–10 Minuten
Material	–
Gruppierung	im Kreis stehend
Vorbereitung	–
Spielform	Darstellungsspiel
Bildungskompetenzen	Darstellung, Kooperation
Spielgelegenheit	beliebige Spielsituation, Warm-up

Ein Handschütteln wandert durch einen deutlichen Handbewegungsimpuls von Person A zu Person B. Erst wandert das Händeschütteln im Kreis herum und dann kreuz und quer durch den Kreis. Wichtig ist dabei der Blickkontakt zum Adressaten, bevor der Handschüttler losgeschickt wird. B muss dann zeitnah durch deutliches Schütteln der Hand reagieren. Anschließend sagt jeder reihum, was seine Handbewegung gern macht, und zeigt dies, z. B.: „Mein Händeschütteln bringt gerne meine Haare durcheinander."

Rainer Kreuz

Gegenteil oder Gemeinsamkeit

Die Spielenden aus der Großgruppe müssen sich in Gemeinsamkeiten oder Gegensätzen zusammenfinden.

Alter	ab 8 Jahren
Dauer	5 – 10 Minuten
Material	ggf. Musik
Gruppierung	Großgruppe und Paare
Vorbereitung	–
Spielform	Warm-up
Bildungskompetenzen	Bewegung, Kommunikation, Kennenlernen
Spielgelegenheit	zum Auflockern, zur Paarbildung

Alle bewegen sich zur Musik einzeln im Raum. Die Spielleitung nennt eine Eigenschaft bzw. ein Merkmal, wie z. B. „Haarlänge“ und sagt entweder „Gemeinsamkeit“ oder „gegensätzlich“. Bei „Gemeinsamkeit!“ müssen sich z. B. blitzschnell Paare bilden, bei denen die Spielenden die gleiche Haarlänge haben.

Spannend und kommunikativ wird das Spiel, wenn keine sichtbaren Eigenschaften eingegeben werden, sondern Begriffe wie „ordentlich“, „faul“, „kreativ“ und so weiter. Hier wird dieses Spiel zu einem Kennenlernspiel. Anschließend kann ein Spiel oder eine Übung erfolgen, in der in Paaren weitergearbeitet wird.

Marietheres Waschk

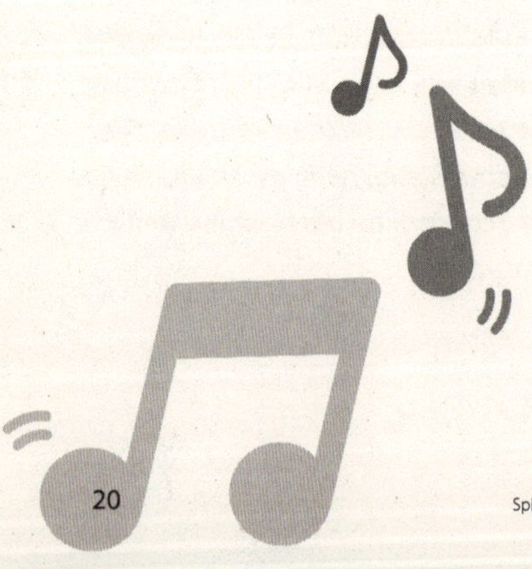

Ich wär dann mal …

Die Spielenden stellen sich über einen ausgesuchten Impuls-Gegenstand vor.

Alter	ab 8 Jahren
Dauer	10–15 Minuten
Material	eine große Auswahl von Impuls-Gegenständen
Gruppierung	im Kreis
Vorbereitung	Impuls-Gegenstände bereitstellen
Spielform	Kommunikation
Bildungskompetenzen	symbolische Selbstdarstellung
Spielgelegenheit	zu Beginn der Gruppenarbeit

Alle Spielenden suchen sich aus einer großen Auswahl unterschiedlicher Impuls-Gegenstände denjenigen heraus, der geeignet erscheint, sich selbst (reihum) vorzustellen. Als Impulsgegenstände können z. B. angeboten werden:

- Schlümpfe
- Plastiktiere
- Abbildungen von Kunstwerken
- Landschaftsfotos
- Werbepostkarten
- verschiedene Gegenstände aus Küche, Werkstatt, Krimskramskisten.

Beispiel „Schlumpfrunde": Auf einem Tisch sind viele Schlümpfe aufgebaut. Jeder Spielende wählt sich einen oder zwei Schlümpfe aus und stellt sich damit kurz vor. „Ich heiße Jessica und habe mir den Bäcker-Schlumpf genommen, weil ich so gerne Süßigkeiten esse." „Ich heiße Jens und habe mir die Cheerleader-Schlumpfine genommen, weil ich beim Sport lieber zuschaue, als mitzumachen."

Rüdiger Pieck

Gemeinsam einsam

Die Spielenden in einer festen Kleingruppe finden Gemeinsamkeiten und Unterschiede und stellen diese als Bild dar.

Alter	ab 8 Jahren
Dauer	30–45 Minuten
Material	Zeitschriften und Kataloge, Bilder, Scheren, Stifte, Papier (mind. DIN A3), Klebestifte
Gruppierung	mehrere Kleingruppen
Vorbereitung	Material vorbereiten
Spielform	Kommunikationsspiel
Bildungskompetenzen	Kommunikation, Kooperation, Kreativität
Spielgelegenheit	für Gruppen, die sich besser kennenlernen und / oder Beziehungen entwickeln sollen

Die Gruppe wird in etwa gleich große Kleingruppen aufgeteilt. Die Spielenden versuchen herauszufinden, welches Merkmal alle gemeinsam haben und welches nur jede bzw. jeder selbst (Beispiel: Alle drei Gruppenmitglieder haben Geschwister, doch nur A hat blonde Haare, B ein Fahrrad und C ist aus Afghanistan). Dieses „gemeinsame Einsame" versucht die Gruppe dann, auf einem Plakat festzuhalten. Danach präsentieren alle Teilgruppen ihre Ergebnisse.

Pädagogischer Hinweis

Auch hier sollte sich die Spielleitung eine attraktive Form der Präsentation überlegen (Ausstellung, Rundgang, …)

Jörg Memmel

My Bonnie lies over the ocean

Das Lied „My Bonnie lies over the ocean" wird gemeinsam mit Bewegung gesungen.

Alter	ab 8 Jahren
Dauer	5 – 10 Minuten
Material	–
Gruppierung	im Kreis
Vorbereitung	–
Spielform	Warm-up
Bildungskompetenzen	Bewegung, Reaktion
Spielgelegenheit	zum Auflockern

Falls das Lied „My Bonnie …" nicht bekannt ist, so singt die Spielleitung es vor und übt es gemeinsam mit den Spielenden. Die Gruppe steht dabei im Kreis, gegebenenfalls kann der Text an einem Flip Chart visualisiert werden. Sobald sich alle das Lied eingeprägt haben, kommt die Bewegung dazu. Jedes Mal, wenn der Buchstabe „B" gesungen wird, geht man einen Schritt in die Kreismitte, beim nächsten „B" geht man wieder einen Schritt zurück. Besonders im Refrainteil „Bring back, bring back, oh bring back my Bonnie to me …" wird es sehr schwer, jedes „B" auch mit Bewegung umzusetzen. Hier ist heiteres Scheitern vorprogrammiert, was die Gruppe aber zum Lachen einlädt.

Marietheres Waschk

Vorstellungsrunde mal anders

Hier stellen sich alle in der dritten Person vor.

Alter	ab 10 Jahren
Dauer	je nach Gruppengröße bis zu 30 Minuten
Material	–
Gruppierung	Klein- und Großgruppen
Vorbereitung	–
Spielform	Kennenlernspiel
Bildungskompetenzen	Wahrnehmung, Kommunikation, Präsentation
Spielgelegenheit	Kennenlernen in Schulklassen, Seminaren, Freizeiten, Gruppen

Alle Spielenden stellen sich nacheinander hinter ihren Stuhl und stellen sich selbst in der dritten Person vor. Der hierfür benötigte Perspektivwechsel macht einigen Spielenden die Vorstellung leichter.

Variante

Trifft man als Spielleitung neu auf eine sich untereinander kennende Gruppe, gibt es Vorstellungsvarianten: Alle Spielenden stellen ihren rechten Sitznachbarn vor. Das sollte – in einer angenehmen Atmosphäre – wertschätzend und positiv geschehen. Auch könnte jeder Spielende einen Zettel mit einem Gefühl oder einer Art und Weise ziehen und sich selbst entsprechend vorstellen, z. B. ängstlich, cool, mit Schluckauf, pappsatt, fröhlich, als Opernsänger usw. Anschließend errät die Gruppe, was auf dem Zettel stand.

Marietheres Waschk

Typisch für mich

Alle stellen sich über einen persönlichen Gegenstand vor.

Alter	ab 6 Jahren
Dauer	5 – 15 Minuten
Material	–
Gruppierung	im Kreis
Vorbereitung	–
Spielform	Kommunikationsspiel
Bildungskompetenzen	Individualität und Identität ausdrücken
Spielgelegenheit	zu Beginn der Gruppenarbeit

Jeder holt aus seinem Gepäck einen persönlichen Gegenstand und stellt sich den anderen darüber vor: „Dieser Gegenstand ist typisch für mich, weil …"

Pädagogischer Hinweis

Wenn jemand seinen Gegenstand nur sehr kurz und lapidar benennt, sollte die Gruppenleitung gezielt nachfragen und damit den Mut zur detaillierten Präsentation stärken.

Rüdiger Pieck

Was macht die Person, wenn …?

Zwei Spielende erraten anhand von Antworten, welche Person aus der Gruppe gemeint ist.

Alter	ab 14 Jahren
Dauer	45 Minuten
Material	vorbereitete Situationszettel
Gruppierung	paarweise in der Großgruppe
Vorbereitung	Situationen überlegen („Was macht die Person, wenn…")
Spielform	intensives Einschätzungsspiel, Kennenlernspiel
Bildungskompetenzen	Empathie
Spielgelegenheit	Teamtrainings, Seminare, Klassenfahrten

Die Gruppe sitzt paarweise im Kreis. Zwei Freiwillige verlassen den Raum. Zurückgekehrt sollen sie erraten, wen die Gruppe ausgewählt hat, indem sie Fragen „Was macht die Person, wenn …" in die Runde stellen. Die Fragen werden immer von einem Paar beantwortet, welches sich vorher berät, wie denn „die Person" in einer dieser Situationen reagieren würde, und antwortet entsprechend, „… die Person würde …" Auf diese Weise wird das Geschlecht der gesuchten Person nicht verraten. Nach etwa sechs bis acht Antworten sollten die beiden Ratenden einen ersten Antwortversuch starten.

Mögliche Fragen sind z. B.:

- Was macht die Person, wenn sie einen Reisegutschein über 1 500 Euro gewinnt? Welches Reiseziel würde die Person wählen?
- … sie einen wichtigen Termin total verschlafen hat? Welche Ausrede würde ihr einfallen?
- … sie zu einer Talkshow eingeladen wird und das Thema bestimmen kann? Welches Thema würde sie wählen?
- … sie beim Einparken mit ihrem Auto an einem anderen Wagen einen kleinen Kratzer verursacht? Was würde sie tun?

- …ihr von einer Werbeagentur für 14 Tage eine große Plakatwand in der Innenstadt zur Verfügung gestellt wird? Usw.

Für ein Spiel sollten wenigstens 30 solcher Fragezettel zur Verfügung stehen.

Marietheres Waschk / Ulrich Baer

Bilderbuffet

Mit einem Bild oder einer Postkarte wird der Inhalt eines Gesprächs widergespiegelt.

Alter	ab 12 Jahren
Dauer	bis 60 Minuten
Material	Bilderkartei oder verschiedene Postkarten
Gruppierung	Paare
Vorbereitung	Fragestellung/Thema für das Interview überlegen
Spielform	Kommunikations-, Kennenlernspiel
Bildungskompetenzen	Wahrnehmung, Präsentation
Spielgelegenheit	Einstieg in ein Thema, in Seminare, Teamtrainings, Klassenfahrten

Die Spielenden finden sich paarweise zusammen, interviewen sich gegenseitig zu einer bestimmten Fragestellung und erzählen ihre Erlebnisse dazu. Jeder Partner hat dafür etwa 5 bis 10 Minuten Zeit, ehe gewechselt wird. Anschließend findet die ganze Gruppe im Sitzkreis wieder zusammen und alle suchen aus ausliegenden Bildern oder Postkarten ein Bild aus, das das Gehörte und Wahrgenommene gut wiedergibt. Anschließend stellen die Spielenden mithilfe des Bildes die Erzählungen ihrer Interviewpartner vor.

Marietheres Waschk

Dinge aus meiner Tasche

Persönliche Dinge werden mit dem Namen des Besitzers weitergegeben.

Alter	ab 10 Jahren
Dauer	5 – 10 Minuten
Material	–
Gruppierung	Großgruppe
Vorbereitung	–
Spielform	Kennenlernspiel, Warm-up
Bildungskompetenzen	Kennenlernen, Konzentration
Spielgelegenheit	zu Beginn von Seminaren, Fortbildungen, in neuen Gruppen

Alle Spielenden werden gebeten, einen persönlichen Gegenstand in die Hand zu nehmen. Nun laufen alle durcheinander und tauschen diese Gegenstände untereinander, dazu wird immer der Name des Eigentümers genannt. Z. B.: „Das ist die Brille von Carla."
Nach einer gewissen Zeit (ca. zwei bis fünf Minuten je nach Anzahl der Spielenden) beendet die Spielleitung das Tauschen und bittet alle in den Kreis zurück. Jetzt gibt jede bzw. jeder den zuletzt bekommenen Gegenstand dem Besitzer, der Besitzerin zurück mit den Worten: „Das ist die Brille von dir, Carla."

Tipp: Wenn der Gegenstand einer anderen Person gehört oder der Name dazu verloren gegangen ist, wird natürlich geholfen!

Frauke Haselhorst

Bin ich so?

Alle geben Einschätzungen darüber ab, was eine Person hinsichtlich einer Frage wohl wäre.

Alter	ab 12 Jahren
Dauer	45 Minuten
Material	Stifte, Klebeband, Papier, Musik
Gruppierung	einzeln in der Großgruppe
Vorbereitung	Fragen vorbereiten („Was wäre die Person für ein …?“)
Spielform	intensives Kennenlernen
Bildungskompetenzen	Einschätzung, Kreativität, Empathie
Spielgelegenheit	Gruppenstunden, Teamtrainings, Seminare, Klassenfahrten

Alle Spielenden bekommen einen Zettel mit vier Feldern auf den Rücken geheftet. Sie bewegen sich zur Musik im Raum. Bei Musikstopp fragt die Spielleitung z. B. „Was wäre die Person für ein Tier?“ In Feld 1 tragen die Spielenden einem Mitspielenden ein Tier ein, von dem sie denken, dass es passen könnte. Mehrfachnennungen müssen nicht sein und nicht alle müssen alle „beschriften“. Setzt die Musik wieder ein, hören alle zu schreiben auf und bewegen sich wieder durch den Raum. Bei erneutem Musikstopp wird in Feld 2 z. B. die Frage beantwortet, welches Möbelstück die Person wäre. In dieser Art werden alle vier Felder ausgefüllt. Anschließend findet sich die Gruppe im Kreis zusammen. Alle lüften nacheinander die Einschätzungen der anderen und sagen, was ihrer Meinung nach zu ihnen passt. Es kann auch nachgefragt werden.

Pädagogischer Hinweis

Die Spielleitung muss in der Schreibphase darauf achten, dass bei allen Spielenden in jedem Feld mindestens eine Antwort eingetragen wird. Außerdem ist es wichtig, dass das Spiel in einer wertschätzenden Atmosphäre stattfindet.

Marietheres Waschk

Spekulieren

Die Gruppe, die sich schon ein wenig kennt, spekuliert darüber, was die anderen sein oder tun könnten.

Alter	ab 10 Jahren
Dauer	10–20 Minuten
Material	Papier und Stifte, Fragenkatalog, Musik zum Bewegen
Gruppierung	jeder spielt für sich
Vorbereitung	–
Spielform	Kennenlernspiel
Bildungskompetenzen	Einschätzen des anderen, Vermuten, Spekulieren
Spielgelegenheit	Seminar, Schulklasse, Freizeit, Gruppenstunde

Die Spielenden gehen immer zu zweit zusammen. Jeder bekommt ein Blatt Papier und einen Stift. Sie schreiben auf das Papier die Zahlen 1 bis 4 untereinander, sodass dazwischen und daneben noch Platz ist, um was dazuzuschreiben. Jeder lässt sich das Papier auf den Rücken heften. Bei der Musik bewegen sich alle im Raum. Bei Musikstopp sucht sich jeder eine Partnerin oder einen Partner in der Nähe. Die Spielleitung stellt die erste Frage, z. B.: Welche Musik hört dein Partner vermutlich gern? Jeder schreibt die eigene Vermutung seinem Partner auf das Papier zur Zahl 1. Dann geht die Musik wieder an, alle bewegen sich im Raum, und bei Musikstopp bilden sich neue Tandems.

Beispielfragen:

- Welche Art von Literatur liest du am liebsten? Vermutung wird hinter die Zahl 2 geschrieben.
- Wie verbringst du gerne den Nachmittag oder Abend nach einem anstrengenden Schul- oder Arbeitstag? Vermutung wird hinter die Zahl 3 geschrieben.
- Was würdest du tun, wenn du 1 000 Euro gewonnen hättest? Vermutung wird hinter die Zahl 4 geschrieben.

Nach der Spielrunde setzen sich alle in den Kreis, und es wird aufgelöst, ob die Spekulation gestimmt hat oder ob sie korrigiert werden musste.

Pädagogischer Hinweis

Die Fragen sollten sich gut zum Alter der Spielenden und zum Spekulieren eignen und eine falsche Einschätzung leicht erträglich machen.

Gerhard Knecht

Schuhpuzzle

Die Spielleitung stellt Kleingruppen mithilfe der Teilnehmerschuhe zusammen.

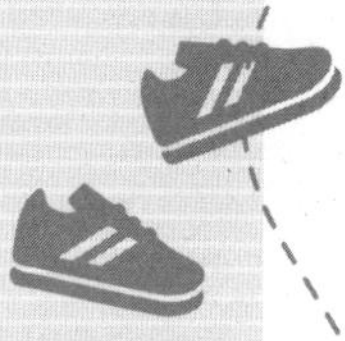

Alter	ab 6 Jahren
Dauer	5 – 10 Minuten
Material	die Schuhe der Spielenden
Gruppierung	Großgruppe
Vorbereitung	–
Spielform	Warm-up, Gruppenaufteilungsmethode
Bildungskompetenzen	sich an neue Gruppenkonstellationen anpassen
Spielgelegenheit	Einteilen von Kleingruppen in Seminaren, Freizeiten, Schulklassen

Oft braucht man in verschiedensten Situationen Kleingruppen, sehr häufig gehen dann die besten Freunde oder Kollegen zusammen oder tauschen beim Abzählen noch schnell die Plätze, um anschließend doch wieder in der gewohnten Gruppe zu sein. Um dies zu ändern, sitzen die Spielenden im Sitzkreis und die Spielleitung erbittet von jedem den rechten Schuh. Diese werden in die Kreismitte gelegt. Dort sortiert sie die Spielleitung in kleine Häufchen zu je drei bis vier Schuhen, deren Besitzende nun die jeweilige Kleingruppe bilden. Beim Bilden der kleinen Haufen kann die Spielleitung auch unauffällig, aber mit Blick auf die linken Schuhe gezielt bestimmte Gruppenkonstellationen bilden.

Marietheres Waschk

Ein Fotospiel erstellen

In mehreren Kleingruppen werden Fotos für ein Einschätzungsspiel erstellt.

Alter	ab 14 Jahren
Dauer	30 – 60 Minuten
Material	Smartphone, Tablet oder Digitalkamera, Drucker
Gruppierung	Kleingruppen
Vorbereitung	–
Spielform	Medien- und Kennenlernspiel
Bildungskompetenzen	soziales Lernen, Umgang mit Mobilgeräten oder Computer, Verständnis für Analogien bzw. Metaphern
Spielgelegenheit	Gruppenstunde, Ganztag

Das Spiel „Was wäre die Person, wenn sie ein Tier wäre?“ kann von einer Gruppe als Spiel mit selbst aufgenommenen Fotos erstellt werden: Dazu werden (z. B. im örtlichen Zoo) eine Reihe von verschiedenen Tieren fotografiert. Diese werden ausgedruckt oder es werden Abzüge erstellt. Außerdem können auch Fotos anderer Motivkategorien bereitgelegt werden: z. B. Einrichtungsgegenstände, Autos, Kinderspielzeuge, Pflanzen …

Tipp: Soll es schnell gehen, können Bilder aus dem Internet kopiert werden. Alle Bilder einer Motivgruppe werden stapelweise bereitgelegt.

Die Spielregel in Kurzfassung

Die älteste Person in der Spielrunde (A) beginnt, wählt eine Motivkategorie und breitet alle Fotos dieses Stapels aus. Dann geht das Spiel in einer der beiden wählbaren folgenden Varianten im Uhrzeigersinn weiter:

- Der oder die Spielende A sucht für zwei bis drei Spielende jeweils ein passendes Foto aus und begründet kurz die Wahl. Beispiel: „Wenn Stefan ein Tier wäre, wäre er, glaube ich, dieser Adler, denn er hat immer gern den vollen Überblick über alles, was passiert.“
- Jeder Spielende sucht unbemerkt von allen anderen ein Foto aus,

das seiner Einschätzung nach gut für A passt. Haben alle ihre Wahl getroffen, gibt jeder nacheinander seine (Tier-)Fotowahl bekannt und begründet sie kurz.

Bei beiden Spielvarianten kann sich nach der ersten Runde eine zweite anschließen oder das Spiel wird nach einer Runde beendet.

Ulrich Baer

Hochgucken

Alle gucken hoch und versuchen, den Namen schneller zu sagen.

Alter	ab 12 Jahren
Dauer	10 Minuten
Material	–
Gruppierung	zwei Kreise mit je ca. 10 Personen
Vorbereitung	–
Spielform	Kennenlernspiel
Bildungskompetenzen	Wahrnehmung, Reaktion
Spielgelegenheit	Ferienfreizeit, Teamtrainings, Seminare, Klassenfahrten

Die Spielenden stellen sich in zwei Innenstirnkreise im gleichen Raum auf. Nun müssen sie die Augen schließen und auf das Kommando der Spielleitung alle gleichzeitig in ihre Runde gucken. Dabei sollen sie versuchen, einer anderen Person in die Augen zu schauen. Oftmals gelingt das nicht. Wenn sich dann doch zwei Augenpaare treffen, so müssen die beiden Spielenden schnell den Namen des Angeschauten sagen. Derjenige, der langsamer war beim Namenrufen, wechselt in den anderen Kreis und spielt dann dort weiter mit.

Tipp: Bei diesem Spiel empfiehlt es sich, zwei Spielleitungen zu haben bzw. in jedem Kreis eine Person, die das Kommando „Augen auf!" gibt.

Marietheres Waschk

Die Wahrnehmung ist ohne Frage eine entscheidende Beziehung des Menschen zu seiner Umwelt. Mit allen Sinnen Eindrücke wahrnehmen, das Erlebte verarbeiten und einordnen. Das ist die Grundvoraussetzung für das Lernen und die Entwicklung einer selbstständigen Persönlichkeit. Spiele können die Wahrnehmungsfähigkeiten üben, differenzieren und vertiefen – und das auf eine Weise, die uns herausfordert und zugleich eine Menge Spaß und tiefe Freude bereiten kann.

Zugehört und mitgezählt (S. 36)
Dieses Spiel ist ein gutes Beispiel dafür, dass ein Wahrnehmungsspiel nicht nur Ruhe, Konzentration und Aufmerksamkeit erfordert, sondern auch bei einer eben noch sehr lebhaften Kinderschar bewirkt.

Menschen merken (S. 37)
Statt Bildpärchen aufzudecken, müssen hier Spielerpaare mit gleichen Gesten oder Haltungen entdeckt werden. Das ist dasselbe Spielprinzip einer klassischen Wahrnehmungsspielform, aber weitaus interessanter, weil die ganze Gruppe aktiv mitwirkt.

Laute Kette (S. 41)
Die Spielenden erzeugen eine Kette von Tönen und Geräuschen entsprechend der Spielregel „Ich packe meinen Koffer …". Statt Dinge zu nennen, werden Geräusche aneinandergefügt – allein schon die Veränderung eines Spielelements lässt ein völlig neues Spiel entstehen.

Wahrnehmung

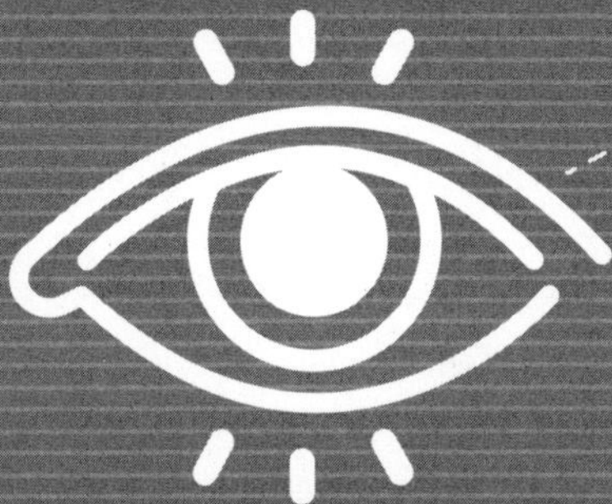

Magische Muster merken (S. 48)

Mit Streichhölzern legt eine Person verdeckt einige Muster, dann schaut sich der Partner das Gelegte gut an. Anschließend werden einige Hölzer umgelegt und der Partner muss die Veränderungen entdecken. Ein visuelles Gedächtnis hilft und wird trainiert.

Kontakt mit Außerirdischen (S. 63)

Die Forschenden empfangen eine Art Morse-Signal von den Außerirdischen. Wenn sie die Botschaft exakt zurückschicken, lassen sich die Fremden aus dem Weltall freundlich stimmen und werden die Erdlinge nicht vernichten: Eine Wahrnehmungsaufgabe in eine pfiffige Geschichte verpackt macht aus einer simplen Übung ein tiefsinniges Spiel.

Zugehört und mitgezählt

Die Spielenden sollen genau zuhören, wie viele Münzen oder Erbsen in ein Gefäß fallen.

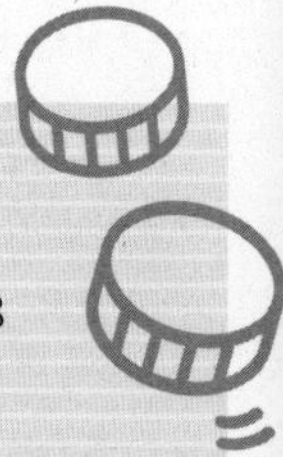

Alter	ab 6 Jahren
Dauer	3 Minuten und länger
Material	Münzen oder Erbsen und ein Auffanggefäß
Gruppierung	beliebig
Vorbereitung	–
Spielform	Wahrnehmungsspiel
Bildungskompetenzen	Aufmerksamkeit, Konzentration
Spielgelegenheit	Vertretungsstunde

Alle Spielenden schließen die Augen. Die Spielleitung lässt nacheinander langsam Münzen (oder Erbsen, Bohnen, Streichhölzer, Spielsteine, …) in ein Gefäß fallen. Die Spielenden sollen versuchen, still mitzuzählen. Es folgt eine kleine Pause! Alle sollen sich diese erste Zahl merken! Die Spielleitung lässt wiederum eine Anzahl in das Gefäß fallen. Jetzt können die Spielenden die beiden gehörten Zahlen addieren (oder in einer anderen altersgemäßen Grundrechenart verarbeiten) und das Ergebnis nennen.

Pädagogischer Hinweis

Haben Spielende Schwierigkeiten, ist es möglich, sie zu Beginn sehen zu lassen und es dann noch einmal mit geschlossenen Augen zu versuchen.

Frauke Haselhorst

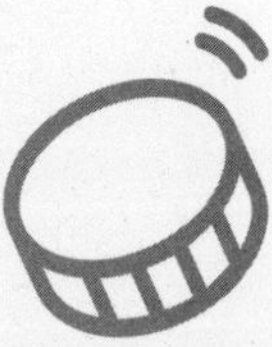

Menschen merken

Immer zwei Spielende überlegen sich eine gemeinsame Geste, die sie einzeln zeigen, wenn der Spielende, der vor der Tür gewartet hat, sie antippt.

Alter	ab 6 Jahren
Dauer	20 Minuten
Material	–
Gruppierung	Paare
Vorbereitung	–
Spielform	Darstellendes Spiel
Bildungskompetenzen	Darstellen, Wahrnehmen und Kombinieren
Spielgelegenheit	ruhiges Spiel, als Cool-down geeignet

Eine Person geht vor die Tür. Je zwei Spielende der im Raum verbliebenen Spielgruppe tun sich zusammen und denken sich gemeinsam eine Geste aus. Kurz stellen alle Paare in der Gesamtgruppe ihre Gesten vor und verteilen sich dann locker ohne Gesten im Raum. Die Person vor der Tür wird hineingerufen und kann durch ein Schultertippen eines Spielenden eine Geste sichtbar machen, wie beim Aufdecken eines Memoryspiels. Findet er alle Paare?

Varianten

- Zwei Spielende gehen hinaus und spielen gegeneinander.
- Zwei Spielende gehen hinaus, spielen zusammen und können sich beim Erinnern helfen.
- Die Paare studieren nicht die gleiche Geste ein, sondern bilden themengebundene Bildpaare (Märchenmemory: Einer ist der Prinz, der Aschenputtel den Schuh reicht, der andere ist Aschenputtel, der dem Prinz den Fuß hinhält).

Marietheres Waschk

Klatschkanon

Gemeinsam wird in der Gruppe ein Kanon geklatscht.

Alter	ab 6 Jahren
Dauer	5 Minuten
Material	Stühle
Gruppierung	im Kreis
Vorbereitung	–
Spielform	Musikspiel, Kreisspiel
Bildungskompetenzen	Rhythmusgefühl, Gemeinschaftssinn, Koordination
Spielgelegenheit	Auflockern in der Gruppen- und Seminararbeit, Schulstunden, Großgruppen-Warm-up

Die Spielleitung macht die Bewegungen des Kanons vor. Im Sitzen klatschen alle den gleichen Rhythmus:

- 4-mal in die Hände klatschen
- 4-mal mit den flachen Händen auf die Oberschenkel klatschen
- 4-mal mit dem Fuß aufstampfen
- schnell aufstehen: 4-mal lachend „ha" rufen, schnell wieder hinsetzen und rhythmisch von vorn beginnen.

Wird dieser Grundrhythmus beherrscht, kann das Tempo erhöht werden.

Variante

Wenn dieses Grundspiel gut klappt, kann man die Gruppe in vier Kleingruppen einteilen, um wirklich einen Kanon zu gestalten. Zuerst starten alle gemeinsam im oben beschriebenen Rhythmus. Nun beginnt nur die erste Gruppe mit dem Klatschen. Wenn diese Spielenden beginnen, auf die Oberschenkel zu klatschen, erhält die zweite Gruppe den Einsatz und startet mit dem Händeklatschen. Wenn die erste Gruppe stampft und die zweite Gruppe auf die Oberschenkel klatscht, erhält die dritte Gruppe ihren Einsatz und startet mit dem Klatschen in die Hände. Zum Schluss setzt die vierte Gruppe mit ein.

Marietheres Waschk

Tischklopfen

Klopfzeichen werden im Kreis weitergegeben.

Alter	ab 6 Jahren
Dauer	10 – 15 Minuten
Material	Tische und Stühle
Gruppierung	im Kreis
Vorbereitung	–
Spielform	Wahrnehmungsspiel
Bildungskompetenzen	Wahrnehmung, Konzentration, Reaktion
Spielgelegenheit	Ferienaktion, Pausenspiel, Ganztag, Seminare, Freizeiten, Gruppenstunden, Klassenfahrten

Die Spielenden sitzen im Kreis um einen Tisch. Jeder hakt seine Arme in die des Nachbarn oder der Nachbarin ein. Die Hände werden mit den Handflächen nach unten parallel zum Tisch gehalten. Eine Person beginnt, mit der Hand kurz flach auf den Tisch zu hauen, und gibt damit die Richtung vor, die so lange von allen eingehalten wird, bis ein Spielender doppelt mit einer Hand auf den Tisch klopft. Dies bedeutet einen Richtungswechsel. Macht eine Person einen Fehler mit einer Hand, wird diese vom Tisch genommen.

Variante

Das gleiche Spiel kann auch am Lagerfeuer mit verschränkten bzw. verhakten Beinen am Boden sitzend gespielt werden.

Eva Hofmann

Tücher wandern lassen

Alle lassen Tücher sichtbar werden und wandern.

Alter	ab 6 Jahren
Dauer	5 – 10 Minuten
Material	Chiffontücher / Jongliertücher nach Anzahl der Spielenden
Gruppierung	im Kreis
Vorbereitung	–
Spielform	Darstellungs- und Bewegungsspiel
Bildungskompetenzen	Kooperation, Wahrnehmung, Konzentration, Fantasie
Spielgelegenheit	Seminare, Freizeiten, Gruppenstunden

Alle suchen sich aus einem Beutel ein Tuch aus und verstecken es im Kreis stehend in den Händen. Der Reihe nach „wachsen" Blumen, indem eine Person nach der anderen (im Uhrzeigersinn) die Hände ganz langsam öffnet und sich dadurch das Tuch entfaltet. Das „Wachsen" wird begleitet von dem Wort „Daaaaah!" oder „Ooooh!". Sind alle Blumen „gewachsen", verwandeln sie sich wieder in Tücher, indem sie hochgeschmissen und mit der Hand mittig aufgefangen werden, sodass sie herunterhängen. Anschließend gehen die Tücher auf Wanderschaft, indem nach einem „3, 2, 1" der Spielleitung mit einem gemeinsamen „Hepp" das Tuch senkrecht in die Luft geworfen wird und der Spielende einen Schritt seitlich nach rechts macht. Das herabschwebende Tuch des rechten Nachbarn wird gefangen, beim nächsten „Hepp" wieder hochgeworfen und das neue Tuch des rechten Nachbarn gefangen. Dies geschieht, ggf. immer schneller, bis jeder wieder sein erstes Tuch in der Hand hält.

Variante

Die Spielenden bleiben sitzen und werfen das Tuch zum nächsten Nachbarn.

Rainer Kreuz

Laute Kette

„Ich packe meinen Koffer" wird diesmal mit Geräuschen gespielt.

Wahrnehmung

Alter	ab 6 Jahren
Dauer	45 Minuten
Material	–
Gruppierung	bis zu 20 Spielende im Kreis
Vorbereitung	–
Spielform	Wahrnehmungsspiel
Bildungskompetenzen	Wahrnehmung, Merkfähigkeit, kreative Lautgestaltung
Spielgelegenheit	Gruppenstunden, Ferienfreizeiten, vor den Hausaufgaben

Die Spielenden sitzen im Kreis und die erste Person macht ein Geräusch. Die nächste wiederholt das Geräusch und macht ein weiteres hinterher. Die dritte Person wiederholt die beiden Geräusche und ergänzt ein eigenes usw. Das Spiel geht so lange weiter, bis die Reihenfolge verwechselt wird. Da das Spiel aber oftmals vielen Personen viel Freude bereitet, dürfen sie sich natürlich gegenseitig helfen.

Variante

Ein Tisch ist mit unterschiedlichen Gegenständen bepackt (Löffel, Gummihuhn, Luftpolsterfolie, Zeitung, Murmeln, Gläser usw.). Die Geräuschekette wie oben wird nun mit dem auf dem Tisch liegenden Material erzeugt.

Marietheres Waschk

Leise Zeitung

Ein Gegenstand muss lautlos durch die ganze Gruppe gegeben werden.

Alter	ab 6 Jahren
Dauer	30 Minuten
Material	Zeitung, ggf. andere Gegenstände
Gruppierung	bis zu 20 Spielende im Kreis
Vorbereitung	–
Spielform	ruhiges Wahrnehmungsspiel
Bildungskompetenzen	Wahrnehmung und Kooperation
Spielgelegenheit	um Ruhe und Konzentration in Kindergruppen zu bringen

Alle sitzen im Kreis. Eine Zeitung soll lautlos durch die ganze Gruppe gegeben werden. Ist das geschafft, sind es in der nächsten Runde nur noch einige Seiten der Zeitung, zum Schluss nur noch eine große Doppelseite.

Variante

Die Spielenden machen einen Streifzug und suchen selber nach Gegenständen, von denen sie glauben, dass das ruhige Weitergeben eine Herausforderung darstellt.

Marietheres Waschk

Schätz mal, wie viel

Die Anzahl kleiner, in den Händen versteckter Gegenstände wird erraten und die Gesamtzahl geschätzt.

Alter	ab 8 Jahren
Dauer	10–15 Minuten
Material	kleine Gegenstände, Tuch oder Gefäß oder Hut
Gruppierung	mehrere Kleingruppen
Vorbereitung	kleine Gegenstände sammeln
Spielform	Rate- und Schätzspiel
Bildungskompetenzen	Wahrnehmung, Kommunikation
Spielgelegenheit	Freizeiten, Ausflüge, Wandertag

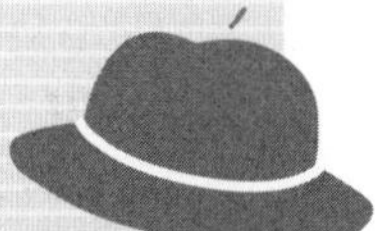

Das Spiel besteht aus zwei Teilen (Rate- und Schätzphase) und kann gut während einer Wanderpause im Wald gespielt werden. Die Spielenden suchen zwei kleine Gegenstände, z. B. Steine, Zweigstückchen oder etwas aus der Hosentasche oder dem Rucksack. Wichtig ist, dass die Dinge in der Hand versteckt werden können.
Die Spielenden stehen in Gruppen von zwei bis vier Personen zusammen und verstecken jeweils einen, zwei oder keinen ihrer Gegenstände in ihrer rechten Hand. Alle Hände der Kleingruppe werden in die Mitte gestreckt und jeder rät, wie viele Gegenstände in den Händen gehalten werden. Dann werden die Hände geöffnet und jeder kann sehen, ob er richtiglag. Danach geht es ums Schätzen. Alle kommen zusammen und legen alle Gegenstände aus ihren rechten Händen auf ein Papiertaschentuch oder in ein durchsichtiges Gefäß. Dann schätzt jede Person die Gesamtzahl der Gegenstände. Wer richtig geschätzt hat, bekommt einen Punkt – oder vielleicht einen Keks.

Variante

Es wird nicht die Zahl der versteckten Gegenstände geraten, sondern ob es sich dabei um eine gerade oder eine ungerade Anzahl handelt.

Ulrich Baer / Ralf Brinkhoff

Fledermaus und Nachtfalter

Die Spielenden schlüpfen in die Rollen von Tieren, die einander fangen.

Alter	ab 6 Jahren
Dauer	5 – 10 Minuten
Material	evtl. zwei Tücher zum Augenverbinden
Gruppierung	im Kreis
Vorbereitung	zwei Tücher zum Augenverbinden
Spielform	Interaktionsspiel
Bildungskompetenzen	auditive Wahrnehmung, Wissen erweitern, Konzentration
Spielgelegenheit	Projektwoche, Klassenfahrt, Biologieunterricht

Alle halten sich in einem großen Kreis an den Händen. Zwei Spielende kommen in die Mitte, einer ist die Fledermaus, der zweite der Nachtfalter. Die Fledermaus reibt die Handflächen aufeinander, um ihr Geräusch zu erzeugen. Der Falter schlägt wie ein Falter mit den Armen. Die Geräusche sind nicht laut, sodass eine hohe Konzentration bei allen Beteiligten notwendig ist. Die Fledermaus soll den Nachtfalter fangen. Das Spiel zeigt, wie sich eine vermeintlich sichere Beute (Nachtfalter) durch geschicktes Verhalten vor dem Gefressenwerden schützen kann.

Variante

Die Gruppierung ändert sich, wenn mehrere Nachtfalter im Spiel sind.

Pädagogischer Hinweis

Anstelle des Augenverbindens wird vereinbart, dass die Spielenden die Augen geschlossen halten. So kann eine Person, die sich unsicher fühlt, durch Öffnen der Augen ihre Sicherheit wiederherstellen.

Literatur

Cornell, Joseph, *Mit Kindern die Natur erleben,* Verlag an der Ruhr, 1999.

Gerhard Knecht

Blinzeln

Spielende wechseln durch Zublinzeln die Plätze, was andere zu verhindern versuchen.

Alter	ab 6 Jahren
Dauer	5 – 15 Minuten
Material	–
Gruppierung	Großgruppe
Vorbereitung	Stuhlkreis stellen (halbe Gruppengröße)
Spielform	Wahrnehmungs- und Bewegungsspiel
Bildungskompetenzen	Reaktionsvermögen, Empathie
Spielgelegenheit	Klassenfahrten, Schulstunden

Alle Spielenden zählen auf zwei durch. Jede Person mit der Nummer 2 stellt sich hinter eine sitzende Person mit der Nummer 1 und verschränkt die Hände hinter dem Rücken. Eine einzelne Person steht hinter einem leeren Stuhl und blinzelt einer der sitzenden Personen zu. Diese versucht, zur blinzelnden zu laufen, während die hinter ihr stehende Person versucht, sie festzuhalten. Gelingt die Flucht, setzt sich die blinzelnde Person auf den leeren Stuhl, die herbeigeblinzelte stellt sich dahinter und die nun allein stehende darf blinzeln. Gelingt die Flucht nicht, versucht es der Blinzler bei jemand anderem.

Pädagogischer Hinweis

Das Spiel erfordert die Aufmerksamkeit aller Spielenden auf den Blinzler: Die Sitzenden müssen wahrnehmen, ob sie angeblinzelt werden, die Stehenden, ob ihr Partner angeblinzelt wurde. Die Spielleitung sollte daher anfangs klar machen, dass Blinzeln heißt, ein eindeutiges Zwinkersignal an eine bestimmte Person zu senden. Klar sein sollte auch, was festhalten bedeutet und wie massiv der oder die hintere Spielende zupacken darf. Kommt eine angeblinzelte Person wiederholt nicht los, kann die Spielleitung sie mit dem Hintermann tauschen lassen.

Norbert Stockert

Geheimagenten schleichen sich an!

Im Kreis sitzend nehmen die Spielenden leise Geräusche bewusst wahr und entscheiden, ob sich jemand hinter ihnen hingestellt hat.

Alter	ab 6 Jahren
Dauer	5 – 15 Minuten
Material	–
Gruppierung	Großgruppe
Vorbereitung	einen Stuhlkreis aufstellen
Spielform	Kreisspiel
Bildungskompetenzen	Wahrnehmung, Achtsamkeit, Konzentration
Spielgelegenheit	Schulstunden, Klassenfahrten, Gruppenstunde

Mehrere Spielende, maximal ein Drittel der Gruppe, spielen „Geheimagenten". Die anderen sitzen im Kreis, schließen die Augen und spitzen die Ohren, denn die Agentinnen und Agenten schleichen sich nun möglichst unauffällig an und stellen sich hinter einen sitzenden Spielenden. Die Spielleitung bittet nun alle Spielenden, die das Gefühl haben, dass jemand hinter ihnen steht, die Hand zu heben. Erst dann öffnen alle die Augen und schauen, ob sie eine hinter ihnen stehende Person bemerkt oder womöglich eine gar nicht vorhandene gespürt haben.

Pädagogischer Hinweis

Das Spiel erfordert große Ruhe und Konzentration sowie eine ungestörte Umgebung.
Die Agentenrolle ist in der Regel sehr beliebt. Anstatt diese selbst zu bestimmen, kann die Spielleitung dieses an die Spielenden delegieren. In diesem Fall suchen die alten Agenten die neuen aus. Eventuell muss die Spielleitung darauf achten, dass die Jungen auch Mädchen auswählen und umgekehrt.

Norbert Stockert

Wer ist hier Boss?

In diesem Ratespiel muss erkannt werden, wer in der Gruppe die Bewegungen vorgibt.

Alter	ab 4 Jahren
Dauer	10 – 20 Minuten
Material	–
Gruppierung	Kleingruppe
Vorbereitung	–
Spielform	Beobachtungs- und Interaktionsspiel
Bildungskompetenzen	Reaktionsvermögen, Wahrnehmung, Koordination
Spielgelegenheit	Freispiel, Klassen-, Ferienfreizeit, Spielaktion, im Freien oder Raum

Eine freiwillige Person wird ausgewählt. Diese verlässt den Raum. Die anderen Spielenden bestimmen einen aus der Gruppe, der „Boss" wird. Dieser Boss gibt kleine Bewegungen vor, die die Gruppe dann sofort aufnimmt und mitmacht. Wichtig dabei ist, dass alle Spielenden der Gruppe sich gegenseitig gut sehen können. Der Boss beginnt mit der ersten Bewegung, z. B. winken, die Gruppe macht komplett mit und kopiert die Bewegung vom Boss. Die Person vor der Tür wird nun hineingerufen. Ihre Aufgabe ist es zu erraten, wer „Boss" ist.
Nun ist gutes Timing gefragt. Der Boss wechselt nach einiger Zeit die Bewegung. Vom Winken kann er in das Beugen und Strecken der Arme wechseln. Die Gruppe muss versuchen, den Boss heimlich zu beobachten, um es der oder dem Ratenden nicht zu einfach zu machen. Der Boss wechselt immer dann die Bewegungen, wenn die ratende Person gerade einen anderen Mitspielenden beobachtet. Hat die ratende Person den Boss enttarnt, kann eine weitere Runde starten und ein anderer Spielender darf vor die Tür gehen und dann raten.

Variante

Zwei gehen raus und helfen sich dann beim Beobachten.

Marietheres Waschk

Magische Muster merken

Paare verändern zu Mustern gelegte Streichhölzer und Spielpartner müssen die Veränderungen erkennen.

Alter	ab 6 Jahren
Dauer	20 Minuten
Material	je 4er-Team 20 Streichhölzer oder Legehölzchen
Gruppierung	optimal: Kleingruppen mit je 4 Personen
Vorbereitung	Hölzer an Teams austeilen
Spielform	Gruppenspiel, Kooperationsspiel, Konzentrationsspiel
Bildungskompetenzen	Konzentration, Fantasie, Merkfähigkeit, Kooperation
Spielgelegenheit	Gruppenarbeit, Schulklasse, Ganztagsbetreuung

In den Viererteams spielen Paare zusammen, die Paare können für jeden Spieldurchgang neu gebildet werden. Jedes Team hat 18 Streichhölzer (etwa eine halbe Schachtel). Paar A wendet sich ab, während Paar B die Hölzer zu fantasievollen Mustern zusammenlegt. Diese kann sich Paar A genau eine Minute lang ansehen und muss sich dann wieder abwenden. Paar B verändert nun die Muster, indem 5 Hölzer umgelegt werden. Paar A schaut sich die Muster wieder an und soll alle 5 veränderten Hölzer benennen bzw. die Musterveränderungen genau bezeichnen.

Tipp: Die Anzahl der umzulegenden Hölzer sollte nach den von der Spielleitung eingeschätzten Fähigkeiten der Gruppe bestimmt werden.

Varianten

- Es dürfen Hölzer auch weggenommen werden.
- Es dürfen auch Hölzer hinzugefügt werden.
- Statt beliebiger Muster werden Runenzeichen gelegt.
- Statt mehrerer Muster wird aus allen Hölzern ein großes regelmäßiges Muster gelegt.
- Statt Muster wird eine kleine Strichmännchen-Geschichte gelegt und erzählt oder soll erraten werden.

Ulrich Baer

Partnersuche per Fernrohr

Suchende finden sich versteckende Spielende trotz eingeschränkter Sicht.

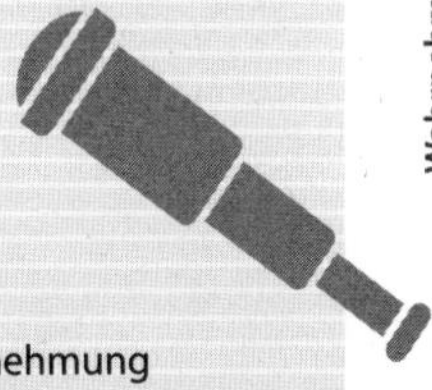

Alter	ab 8 Jahren
Dauer	5 – 10 Minuten
Material	–
Gruppierung	Paare
Vorbereitung	–
Spielform	Interaktion
Bildungskompetenzen	Orientierung im Raum, Sinneswahrnehmung schärfen (Sicht eingeschränkt), besondere visuelle Wahrnehmung anderer Gruppenmitglieder
Spielgelegenheit	beliebige Spielsituationen

Je zwei Personen bilden ein Paar. Eine von beiden ist die suchende Person. Die versteckt sich. Für den ersten Spieldurchgang klärt jedes Paar, wer welche Rolle einnimmt. In einem zweiten Durchgang wird entsprechend getauscht. Alle Paare (im Raum verteilt) stellen sich zunächst Rücken an Rücken auf. Gleichzeitig starten alle Suchenden, ihren Partner oder Partnerin zu finden, indem sie eine Hand wie ein Fernrohr vor ein Auge halten und mit der anderen Hand das zweite Auge abdecken oder bewusst geschlossen lassen. Der Partner oder die Partnerin versteckt sich nach dem Startkommando so hinter anderen Personen oder Gegenständen im Raum, dass sie nicht so leicht von der oder dem Suchenden gefunden wird. Dabei darf und soll sie ständig in Bewegung bleiben. Da im Raum alle durcheinanderlaufen, gibt es zahlreiche Versteckmöglichkeiten. Das Spiel endet, wenn alle von ihrer Partnerin oder ihrem Partner gefunden wurden.

Pädagogischer Hinweis

Bei besonders hartnäckigen Fällen darf geholfen werden, damit die suchende Person ein Erfolgserlebnis hat.

Friedemann Hönsch

Was ist da wohl drin?

Gegenstände sollen am Geräusch erkannt werden.

Alter	ab 8 Jahren
Dauer	10 – 20 Minuten
Material	kleine Döschen/Kartons mit Inhalt
Gruppierung	Groß-/Kleingruppe, Paare
Vorbereitung	Döschen/Kartons füllen
Spielform	Wahrnehmungsspiel
Bildungskompetenzen	Kommunikation, Wahrnehmung
Spielgelegenheit	Freizeiten, Ausflüge, Wartesituationen

Die Spielleitung hat kleine Döschen oder Kartons vorbereitet, die mit jeweils einer Anzahl kleiner Sachen gefüllt sind. Schön wäre es, diese hätten einen Bezug zu der Aktivität, die die Gruppe gerade veranstaltet (Geldstück, um sich etwas zu kaufen, einige trockene Nudeln, um auf ein gemeinsames Essen hinzuweisen, Streichhölzer, um ein Lagerfeuer anzuzünden, Spielfiguren, um gemeinsam zu spielen, usw.).

Die Spielleitung reicht die gefüllten Döschen bzw. Kartons herum und die Spielenden erraten durch Schütteln den Inhalt und schätzen die Anzahl je Behältnis. Zum Raten und Schätzen können auch Paare gebildet werden, die sich auf ihre Antwort einigen müssen. Ist der Gegenstand erraten, kann überlegt werden, welche Aktivität für die Gruppe damit verbunden sein wird.

Ralf Brinkhoff

Labyrinth

Wer findet den Weg durchs Labyrinth?

Alter	ab 8 Jahren
Dauer	bis 45 Minuten
Material	30 Teppichfliesen (oder Bierdeckel, DIN-A4-Pappen o. Ä.), Karopapier, Stifte
Gruppierung	2 oder 4 Kleingruppen
Vorbereitung	mit ca. 30 Fliesen o. Ä. Felder in Rechteckform markieren
Spielform	Kooperationsspiel
Bildungskompetenzen	Wahrnehmung, Konzentration, Kooperation
Spielgelegenheit	Ferienfreizeit, Teamtrainings, Seminare, Klassenfahrten, Ganztagsbetreuung

Die Teppichfliesen sind in einem großen Rechteck angeordnet. Die Teams haben Papier und Stift und zeichnen verdeckt den Weg über diese Fliesen für das andere Team auf. Dabei muss beachtet werden, dass man nur vorwärts- oder seitwärtslaufen darf. Von der Grundlinie betritt eine Person des ersten Teams eine Fliese (ein Feld). Durch ein akustisches Signal vom anderen Team erfährt sie, ob sie auf dem richtigen Weg ist oder den falschen Weg gewählt hat. Ist sie auf dem richtigen Weg, so darf sie den nächsten Schritt wagen. Dies macht sie so lange, bis die andere Gruppe ihm akustisch vermittelt, dass sie nicht mehr auf dem richtigen Weg ist. Nun darf die andere Gruppe nach dem gleichen Spielprinzip starten. Sollte der Spielende der zweiten Gruppe auch irgendwann nicht die richtige Fliese treffen, so ist wieder die erste Gruppe am Zug. Jedoch startet eine neue Person und nutzt dabei die Erfahrungen der ersten (wobei die anderen aus der Gruppe helfen dürfen, welche Fliesen schon als richtig erkannt wurden). Welche Gruppe schafft es als erste aus dem Labyrinth hinaus? Das Spiel kann simultan auf demselben Felder-Rechteck von zwei anderen Teams gespielt werden.

Marietheres Waschk

Immer nur 3

Die Gruppe sitzt im Stuhlkreis zusammen. Das Ziel besteht darin, dass immer nur drei Spielende vor ihren Stühlen stehen dürfen.

Alter	ab 8 Jahren
Dauer	5–10 Minuten
Material	–
Gruppierung	im Kreis
Vorbereitung	–
Spielform	Interaktion
Bildungskompetenzen	Kooperation, Teamfähigkeit, Wahrnehmung, Konzentration
Spielgelegenheit	Gruppenstunde, Ferienfreizeit, Klassenfahrt

Es wird ein Stuhlkreis gebildet. Drei Spielende stehen auf. Jede der stehenden Personen entscheidet nun, wann sie sich wieder setzen möchte. Im gleichen Moment muss dafür aber eine andere Person aufstehen. Im Einklang soll darauf geachtet werden, dass immer nur drei Personen stehen, während im fließenden Wechsel die Spielenden sich setzen und andere dafür aufstehen (ohne dabei zu sprechen).

Pädagogischer Hinweis

Im Spiel entsteht eine besonders schöne Atmosphäre, wenn Geräusche vermieden werden und die Wechsel nur durch (innere) Wahrnehmung stattfinden.

Ralf Brinkhoff

Spiegelgang

Einer führt den Partner durch die Natur, während dieser mit einer Spiegelfliese den Himmel oder den Waldboden beobachtet.

Wahrnehmung

Alter	ab 6 Jahren
Dauer	20 Minuten
Material	pro Paar eine Spiegelkachel
Gruppierung	Paare
Vorbereitung	–
Spielform	Interaktions- und Wahrnehmungsspiel
Bildungskompetenzen	Beobachtung, Konzentration, Empathie
Spielgelegenheit	Gruppenstunde bei vertrauten Gruppen, Stunde im Sachunterricht, Geländespielstation, Klassenfahrt, Ganztag

Die Spielenden gehen paarweise zusammen. Jedes Paar bekommt eine Spiegelkachel (aus dem Baumarkt). Einer der beiden nimmt nun die Spiegelkachel und hält sie so unter die Augen, dass die spiegelnde Seite gen Himmel zeigt (im 45° Winkel). Die andere Person führt den Partner mit dem Spiegel ganz vorsichtig und langsam durch die Umgebung. Der Blick in den Spiegel lässt Baumkronen und -wipfel sowie den Himmel sehen. Anschließend werden die Rollen getauscht und der oder die eben Führende erhält nun die Spiegelfliese. Danach kann der Spiegel über die Augen im 45°-Winkel gehalten werden, nun richtet sich der Blick auf den Waldboden.

Marietheres Waschk

Ich hab´s gesehen!

Auf einer Reise oder während eines Ausflugs werden Sehenswürdigkeiten, Hinweisschilder oder Ähnliches entdeckt.

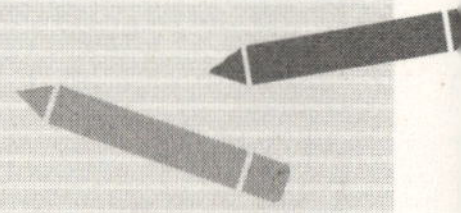

Alter	ab 8 Jahren
Dauer	unbegrenzt
Material	Zettel, Stifte
Gruppierung	Klein-/Großgruppe
Vorbereitung	Material richten, ggf. für die Spielvariante Beobachtungsliste vorbereiten
Spielform	Wahrnehmungsspiel
Bildungskompetenzen	Wahrnehmung
Spielgelegenheit	Freizeiten, Ausflüge, Reise

Den Mitreisenden wird vor Beginn des Ausflugs die Reiseroute genannt. Nun sollen alle auf kleine Zettel zehn (besondere) Dinge aufschreiben, von denen sie vermuten, dass diese auf der Fahrt oder Wanderung auf jeden Fall zu sehen sein werden, z. B. ein Fluss, ein Ortsende-Schild … Immer wenn eine Person etwas von seiner Liste entdeckt, ruft sie: „Ich hab's gesehen!" und streicht den Gegenstand von der Liste. Am Ziel sollten alle Dinge entdeckt worden sein.

Variante

Die Spielleitung bereitet Zettel vor, auf dem besondere Gebäude, Gegenstände, Hinweisschilder o. Ä. stehen, die unterwegs zu sehen sein werden. Immer wenn jemand eine Sache entdeckt, ruft sie auch hier: „Ich hab's gesehen!"

Ralf Brinkhoff

Billy, Billy, Bob

Der Spielende in der Mitte des Kreises versucht, durch das Überlisten der Mitspielenden seinen Platz zu tauschen.

Wahrnehmung

Alter	ab 8 Jahren
Dauer	5 Minuten
Material	–
Gruppierung	im Kreis
Vorbereitung	–
Spielform	Kreisspiel
Bildungskompetenzen	Wahrnehmung, Reaktionsfähigkeit, Konzentration
Spielgelegenheit	Warm-up, Auflockerung zwischendurch

Alle Spielenden stehen im Kreis. Ein Spielender steht in der Mitte des Kreises und möchte mit einem anderen Spielenden tauschen. Dazu stellt er sich dieser Person gegenüber und sagt „Billy Billy Bob". Die Person im Kreis muss nun schneller „Bob" sagen als der Spielende in der Mitte. Schafft sie das nicht, muss sie selbst in die Mitte des Kreises. Es besteht auch die Möglichkeit für den Spielenden in der MItte, nur „Bob" zu sagen, dann allerdings darf die Person im Kreis nichts sagen. Rutscht ihr trotzdem ein „Bob" heraus, muss sie in die Mitte.

Pädagogischer Hinweis

Das Spiel macht am meisten Spaß, wenn es schnell gespielt wird. Deshalb einfach mal selbst in der Mitte schnell von Spielendem zu Spielendem hüpfen. Wenn das Spiel schon gut läuft, dürfen auch mal zwei bis drei Spielende in die Mitte und versuchen, wieder herauszukommen. Das bietet sich vor allem bei größeren Gruppen an – dann muss nicht jeder so lange warten.

Michael Dietrich

Spiegle mich!

Hier sind Merkfähigkeit und Koordination gefordert: Alle Bewegungen, die eine Person vormacht, werden gespiegelt.

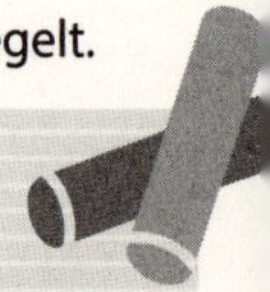

Alter	ab 6 Jahren
Dauer	10 Minuten – beliebig lange
Material	Straßenkreiden
Gruppierung	Gruppe in einer Linie und eine Person gegenüber (bei 2–10 Spielenden) oder zwei Gruppen gegenüber (ab 12 Personen)
Vorbereitung	Mit Kreide Kreise in bestimmtem Muster aufmalen
Spielform	Bewegungsspiel, Koordinationsspiel
Bildungskompetenzen	Wahrnehmung, Koordination, Reaktionsfähigkeit
Spielgelegenheit	Kinder- und Jugendgruppen, Freizeiten, Pausen

Jeder Spielende zeichnet mit Straßenkreiden ein Spielfeld auf – in der einfachsten Variante einen in Viertel unterteilten Kreis. Jedes Viertel hat eine andere Farbe, alle Spielfelder haben dieselbe Farbabfolge. Der Abstand zwischen den Spielfeldern beträgt 1,5 Meter. Je nachdem, wie viele Personen mitspielen, entsteht eine Reihe von bunten Kreisen. Ein Spielfeld liegt anderen gegenüber und ist spiegelverkehrt aufgemalt. Die Spielenden stellen sich in den Spielfeldern auf. Eine Person besetzt das gegenüberliegende Spielfeld. Sie macht Schritte vor, die die Gruppe spiegeln muss. Je nach Spielart kann die Gruppe versuchen, die Bewegungen synchron mitzumachen oder erst anzusehen und dann nachzumachen. Die Farbviertel helfen bei der Koordination der gespiegelten Bewegungen. Die Schwierigkeit wird gesteigert: Die zu spiegelnde Person macht immer mehr Schritte, die Arme werden erst einzeln, dann gleichzeitig mit den Schritten bewegt, die Geschwindigkeit wird erhöht etc.

Variante

Die Spielfelder können in mehr Segmente unterteilt werden, oder es können zusätzliche Felder für die Hände aufgemalt werden.

Sabine Foltin (erfolgreich gespielt in Salzburg, Verein Spektrum).

Jagd der Gegenstände

Verschiedene Gegenstände werden im Kreis herumgereicht, erfühlt und kommentiert.

Wahrnehmung

Alter	ab 6 Jahren
Dauer	10 Minuten
Material	Bälle oder Gegenstände, ggf. zum Thema passend, mit unterschiedlicher Beschaffenheit (Schaumstoffball und -würfel, Igelball, Stofftiere, Mini-Erdball, Figuren à la „kleines grünes Monster")
Gruppierung	im Kreis stehend
Vorbereitung	Gegenstände in einem mit einem Tuch abgedeckten Behälter sammeln
Spielform	Sprach- und Wahrnehmungsspiel
Bildungskompetenzen	Wahrnehmung, Empathie, Sprache
Spielgelegenheit	Seminare, Freizeiten, Gruppenarbeit

Die Spielleitung gibt nacheinander verschiedene Gegenstände im Kreis herum (je nach Größe von der linken Hand in die rechte und dann in die linke des Nachbarn oder direkt mit beiden Händen). Die Gegenstände dürfen sich nicht einholen. Wenn Gegenstände in der Anzahl der Hälfte der Spielenden im Kreis unterwegs sind, ruft die Spielleitung „Stopp". Jede Person mit einem Gegenstand in der Hand, befühlt ihn mit geschlossenen oder nach oben gerichteten Augen. Sobald die Spielleitung „weiter" ruft, gibt sie diesen mit einem stimmigen Kommentar zum erfühlten Gegenstand (stachlig, flauschig) an ihren Nachbarn weiter, der ihn mit demselben Kommentar weiter gibt bis zum nächsten „Stopp".

Rainer Kreuz

Naturrätsel

Naturdinge werden paarweise beschrieben und sollen dann aus einer Auswahl ähnlicher Dinge herausgefunden werden.

Alter	ab 4 Jahren
Dauer	10 – 30 Minuten
Material	Alle Spielenden suchen in der Natur je ca. 7 ähnliche Dinge (kleine Zweige, Steine, Blätter …).
Gruppierung	Paare
Vorbereitung	Spielleitung oder Gruppe besorgt die Materialien (evtl. auf Ausflug)
Spielform	Wahrnehmungs- und Sprachspiel
Bildungskompetenzen	Sprachförderung, Wahrnehmung, genaues Zuhören, feinmotorische Geschicklichkeit, ästhetisches Lernen
Spielgelegenheit	Gruppenstunde, Kinderbetreuung, Sprachunterricht, Naturkunde

Die Partner setzen sich gegenüber und legen ihre Naturgegenstände jeweils vor sich in eine Reihe. Dann beschreibt eine Person der anderen eine Minute lang ein bestimmtes Exemplar ihrer Reihe. Die Partnerin oder der Partner soll nun sagen, welches gemeint ist. Rollenwechsel. Falls das zu leicht ist: Während der Beschreibung macht der oder die Zuhörende die Augen zu. Falls das auch noch zu leicht ist: Als Beschreibung sind nur drei Aussagen über den gesuchten Gegenstand erlaubt.

Tipp: Das Ratespiel kann durch Wechsel der Paarzusammensetzung (dadurch immer wieder neue Gegenstände) öfter wiederholt werden.

Variante

Spielender B schließt die Augen. Spielender A nimmt einen seiner Gegenstände auf und beschreibt, was er fühlen kann (Oberfläche, Gewicht usw.). Dann soll Spielender B den richtigen Gegenstand erfühlen.

Ulrich Baer

Was der Wind erzählt

Die Spielenden „hören", was der Wind erzählt, und schreiben es auf.

Wahrnehmung

Alter	ab 8 Jahren
Dauer	5 – 10 Minuten
Material	für jeden Spielenden ein Klemmbrett oder eine stabile Schreibunterlage (z. B. dicke Pappen), Papier, Stift
Gruppierung	einzeln
Vorbereitung	–
Spielform	Fantasie-, Wahrnehmungs- und Sprachspiel
Bildungskompetenzen	Umsetzung von Umgebungsgeräuschen in eine fantasievolle sprachliche Form, Sensibilisierung der auditiven Wahrnehmung, Umweltbewusstsein stärken
Spielgelegenheit	Sprachunterricht, Projektwoche, Klassenfahrt, Ausflug

Es wird erzählt: „Manchmal, aber nur manchmal, kann man hören, was der Wald (das Wasser, der Wind, die Wiese etc.) erzählt. Wenn du geduldig bist, kannst du dem Wald (dem Wasser, dem Wind, der Wiese) diese Geschichte ablauschen." Alle suchen sich einen Platz und notieren die Geschichte, die zu hören ist. Später wird jede Geschichte vorgelesen.

Pädagogischer Hinweis

Diese Übung, die Teil eines Ausfluges sein kann, kann auch genutzt werden, um Geschichten aus der Natur zu erzählen, die möglicherweise in eigenen kleinen Fantasie-Naturlandschaften stattfinden. Statt Geschichten können auch Gedichte, Reportagen o. Ä. genutzt werden.

Günter Klarner

Darf ich?

Durch Blickkontakt und gegenseitige Angebote wechseln die Spielenden im Kreis ihre Plätze.

Alter	ab 8 Jahren
Dauer	5 Minuten
Material	–
Gruppierung	im Kreis
Vorbereitung	–
Spielform	Kreisspiel
Bildungskompetenzen	Aufmerksamkeit, Gruppenkontakt
Spielgelegenheit	Warm-up, Gruppenfindung

Alle Spielenden stehen im Kreis. Eine Person nimmt Blickkontakt mit einer anderen auf und fragt mit einem Kopfnicken und den Worten „Darf ich?" um die Erlaubnis, dessen Platz einzunehmen. Die Person gegenüber antwortet ebenfalls kopfnickend mit „Ja!" Nun macht sich die erste Person auf den Weg zu ihrem neuen Platz. Die zweite spricht gleich nach der Bestätigung einen anderen Spielenden an, um sich selbst einen neuen Platz im Kreis zu suchen. Findet nach einiger Zeit ein flüssiger Wechsel statt, kann auch die Sprache weggelassen und nur noch über Kopfnicken kommuniziert werden.

Tipps für die Spielleitung: Auch wenn die entsprechende Nachfrage der Spielenden kommt, erlauben Sie bitte kein „Nein". Das nimmt dem Spiel die positive Grundstimmung. Die Spielenden sollten wirklich erst losgehen, wenn sie eine Bestätigung von dem anderen Spielenden bekommen haben. Das bringt eine angenehme Ruhe und Konzentration ins Spiel. Es geht nicht um Schnelligkeit, sondern um einen guten Blickkontakt. Zudem sollte jede Person ihren Platz anbieten, indem sie mit offenem Blick in die Runde schaut. Je besser das Spiel läuft, umso kleiner können auch die Gesten werden. Versuchen Sie es mal mit Blinzeln oder einfach nur mit Blickkontakt – als geheime Absprache.

Michael Dietrich

Ein Tag mit Handschuhen

Bei diesem Spiel verbringen alle Spielenden einen Teil des Tages mit Fausthandschuhen. Was gelingt und was nicht?

Alter	ab 12 Jahren
Dauer	10 Minuten bis zu einem Tag
Material	für alle Fausthandschuhe
Gruppierung	Paare, später auch einzeln
Vorbereitung	–
Spielform	Wahrnehmungsspiel
Bildungskompetenzen	Sensibilisierung für Einschränkungen, Alltägliches neu wahrnehmen
Spielgelegenheit	Freizeiten, Klassenfahrten, Bildungswochenenden

Alle Spielenden erhalten ein Paar Fausthandschuhe. Nun sollen der Tagesablauf, die Gruppenstunde oder das Angebot wie gewohnt stattfinden. Das kann mit einem gemeinsamen Frühstück beginnen. Doch wie pellt man nun das Frühstücksei? Auch ein gemeinsames Brettspiel kann zu einer neuen Herausforderung werden: Wie schwer lässt sich ein Mikadostab ziehen, ohne zu wackeln? Oder wie schnell gelingt das Ablegen von Spielkarten? Die Schnürschuhe für den gemeinsamen Spaziergang anzuziehen, erzeugt ungeahnte Schwierigkeiten; das Kleingeld zum Bezahlen aus dem Geldbeutel zu holen auch. Im Anschluss an die neuen Erfahrungen sprechen die Spielenden darüber, was ihnen leichtfiel und was schwer war. Wichtig für die Spielleitung ist es, darauf zu achten, dass die Stimmung der Spielenden nicht in zu große Albernheit oder Frust rückt. Die Herausforderung erzeugt natürlich Kurioses und interessante und kreative Problemlösungsstrategien. Doch sollten das Reflexionsgespräch und der Transfer zum Thema einen ernsthaften Charakter besitzen.

Variante

Alle verständigen sich eine Stunde lang, ohne zu sprechen.

Marietheres Waschk

Spielhütchen verstecken

Hütchen werden versteckt, gefunden und ergänzt.

Alter	ab 10 Jahren
Dauer	20 Minuten
Anzahl	6–8 Personen
Material	Spielstein-Hütchen in unterschiedlichen Farben (jeweils 10-mal)
Gruppierung	einzeln
Vorbereitung	Eine Person „versteckt" ihre Hütchen in einem begrenzten Gebiet (nicht zu groß, aber gerne verwinkelt).
Bildungskompetenzen	Taktik, Strategie, Emphatie
Spielgelegenheit	Schachverein, Ferienfreizeit, Schulausflug

Eine Person bekommt fünf Minuten Zeit, um zehn Hütchen in einem festgelegten Gebiet zu verstecken. Sie müssen offen stehen und gerade noch sichtbar sein – eine kleine sichtbare Spitze reicht aus. Die anderen Spielenden suchen die Hütchen und sobald sie eines gefunden haben, setzen sie ihre Hütchen möglichst unbemerkt daneben. (Man kann auch nur so tun, als stelle man ein Hütchen hin.) Im Spielverlauf wird es einfacher, die Hütchen zu finden, weil immer mehr zusammenstehen.

Tipp: Ein schönes und ruhiges Spiel. Je verwinkelter das Gelände ist, desto besser, weil man die anderen nicht beobachten kann, wie sie ihre Hütchen dazusetzen.

Variante

Im Schachverein benutzen wir Schachfiguren. Jeder bekommt eine Farbe eines Schachsatzes und muss die anderen Schachfiguren aufspüren. Springer können prima auch irgendwo „rumhängen".

Björn Lengwenus / Schachclub Schachelschweine

Kontakt mit Außerirdischen

Eine Gruppe erzeugt eine Folge von Tönen, die von den zuhörenden Gruppen genau nachgemacht werden sollen.

Alter	ab 8 Jahren
Dauer	15 – 30 Minuten
Material	Handtrommeln (nur für Variante)
Gruppierung	2 bis 5 Kleingruppen
Vorbereitung	Tabelle mit Morsealphabet austeilen
Spielform	Wahrnehmungs- und Merkspiel
Bildungskompetenzen	auditive Wahrnehmung, Konzentration, Kooperation
Spielgelegenheit	Kinder- und Jugendgruppen, Seminare, Schulklassen, Klassenfahrt, Ferienfreizeit

Wahrnehmung

Es werden Gruppen mit je etwa drei Personen gebildet. Eine Kleingruppe sind die Bewohner eines fernen Planeten, die mit der Erde Kontakt aufnehmen. Die übrigen Gruppen sind Forscherteams verschiedener Länder. Die Außerirdischen denken sich eine Morsebotschaft aus kurzen und langen Tönen aus. Es kann sich dabei um ein Fantasiewort mit dem originalen Morsealphabet oder eine ausgedachte Tonfolge handeln. Diese Folge wird notiert und dann arbeitsteilig erzeugt und nochmals wiederholt. Die Tonerzeugung erfolgt mit „Piep" und „Wuschschsch" oder durch kurzes Anschlagen und Streichen einer Handtrommel für kurze bzw. lange Töne. Die Forschergruppen merken sich die Tonfolge und erzeugen sie dann nacheinander genau kopiert. Die Außerirdischen hören jeder Gruppe genau zu. Stimmt die Tonfolge exakt, senden sie ein HALLO (•••• / •– / •–•• / •–•• / – – –). Sonst bleiben sie still. Jede Kleingruppe sollte einmal Außerirdische sein dürfen.

Tipp: In drei großartigen Science-Fiction-Filmen geht es um diese Idee der Kontaktaufnahme: Steven Spielbergs „Unheimliche Begegnung der dritten Art", Denis Villeneuves „Arrival" und Robert Zemeckis „Contact" .

Ulrich Baer

Spieglein, Spieglein in der Hand

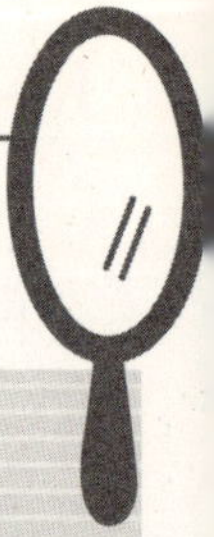

Das eigene Spiegelbild wird mit unterschiedlichen Stimmungen und unterschiedlicher Musik angeschaut.

Alter	ab 8 Jahren
Dauer	20 Minuten
Material	kleiner Spiegel, Instrumentalmusik unterschiedlicher Stile, (Sand-)Uhr
Gruppierung	einzeln mit gemeinsamer Anleitung
Vorbereitung	Spiegel verteilen, Musik einrichten
Spielform	Wahrnehmungsspiel
Bildungskompetenzen	Ausdruck, Emotionen, Selbsterfahrung, Selbstbild
Spielgelegenheit	Einstieg Selbst-/Fremdwahrnehmung, Schauspielübungen

Die Spielenden erhalten die Instruktion: „Sieh dich im Spiegel an, wende den Blick nicht ab, egal, was du hörst, egal, was passiert." Wichtig ist, sich selbst genau zu beobachten, nichts zu erzwingen, aber gerne zu spielen. Währenddessen gibt es Musikeinspielungen (jeweils ca. 1 Minute).

Anregungen während der Selbstbetrachtung

- Versuche, ein lustiges Gesicht zu machen (… grimmig, traurig, geheimnisvoll, glücklich, bizarr, britisch, außerirdisch, nachdenklich … neutral).

Gemeinsame Auswertung

- Was ist mir vertraut? Was habe ich neu entdeckt?
- Welche Gefühle tauchen auf und werden durch das Spiegelbild verstärkt?

Übungsaufgabe zur Fortsetzung

Morgens und abends fünf Minuten ununterbrochen in den Spiegel schauen.

Thomas Reyer

Obst-Parcours

Der Weg durch den Parcours wird erfolgreich absolviert, wenn die Obstsorten richtig erkannt werden.

Wahrnehmung

Alter	ab 6 Jahren
Dauer	je Person 10–15 Minuten
Material	Augenbinden, Malerklebeband, Hindernisse wie Kästen, gespannte Tücher, Schnüre, Obst, kleine Schälchen
Gruppierung	einzeln in einer Gruppe
Vorbereitung	Parcours vorbereiten, Obst in mundgerechte Stücke schneiden
Spielform	Wahrnehmungs- und Konzentrationsspiel
Bildungskompetenzen	Wahrnehmung, Konzentrationsfähigkeit
Spielgelegenheit	Spielfest, Gruppenstunde, als Station bei einer Rallye

Die Spielleitung markiert mit Malerkrepp ein großes Gitter auf dem Boden des Raumes. An jeder Kreppbandkreuzung befindet sich ein Schälchen mit Obst. Auf den Kreppbandwegen sind Hindernisse in Form kleiner Kästen, gespannter Schnüre oder herabhängender Tücher angebracht. Die Spielenden starten einzeln mit verbundenen Augen im Vierfüßlerstand. Die Orientierung bildet das auf den Boden geklebte Malerkreppband, an dem der Weg erfühlt wird. Zwischendurch gilt es, Kisten zu überwinden oder unter Schnüren hindurchzukriechen. Das Obst an den Kreppbandkreuzungen wird probiert und benannt. Enthält der Name ein „r", biegt der Spielende nach rechts ab, enthält es ein „l", wird nach links abgebogen. Kommt keiner dieser Buchstaben darin vor, geht der Weg geradeaus. Am Ende angekommen, kann die Spielleitung den Blinden bitten, mit dem Finger in Richtung Tür oder Fenster zu zeigen.

Marietheres Waschk

Probleme konstruktiv und handlungsorientiert lösen zu können, ist wichtig. Erfahrungen können gut im Schutzraum des Spiels gesammelt werden. Auch wenn das Spiel sich in einem Moment des „Als-ob" befindet, können die dort gemachten Erfahrungen in Kompetenzen überführt werden. Soziale Kompetenzen sind für ein Zusammenleben in einer Gemeinschaft und auch Gesellschaft immens wichtig.

Mein heimlicher Verehrer (S. 73)

Ein denkbar schönes Parallelspiel zum Alltag: Irgendjemand lässt mir heimlich immer etwas Gutes zukommen. Wer mag wohl mein heimlicher Verehrer sein?

Lebendige Murmelbahn (S. 75)

Gemeinsam als Gruppe eine Murmel zum Ziel zu bringen, das kann zu einem Kraftakt werden, wenn man selber ein Teil dieser Murmelbahn ist. Das Material dafür ist auch einfach zu beschaffen: Pappröhren oder Hohlkehlleisten werden hier einfach als Streckenteile benutzt.

Feedback im Spiel (S. 76)

Gerne möchte man wissen, was gut ankam oder ob es etwas zu verbessern gibt. Häufig fallen die Antworten, wenn welche kommen, ziemlich ähnlich aus. Doch auch Feedback kann spielerisch erfolgen und so kreativ und anregend werden.

Soziales Lernen

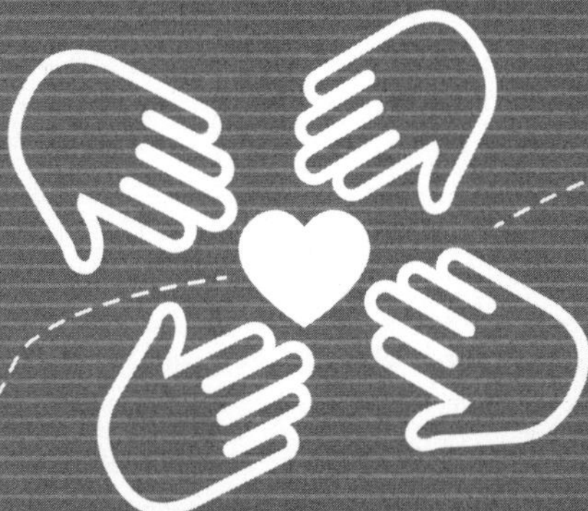

Geschenke machen (S. 77)

Wer bekommt nicht gern ein schönes Geschenk, das wirklich genau zu einem selbst passt? Bei diesem Spiel bekommt man immer zwei Geschenke und dazu auch noch die Begründung, warum dieses Geschenk genau das Richtige ist. Dabei verraten die Geschenke und die Begründung mir, wie das Gegenüber mich sieht.

Das Orakel (S. 87)

Mit älteren Jugendlichen und auch Erwachsenen bietet dieses Spiel einen neuen Raum, sich kennenzulernen. Dabei hinterfragt man sich selbst auch kritisch und überlegt, was man von sich preisgeben mag. Auch im Freundeskreis oder der Großfamilie spielbar!

Kotzendes Känguru

Es gibt verschiedene Figuren, welche jeweils drei der Spielenden gemeinsam darstellen. Die Figuren werden in dieser Version mit 1,5 Metern Abstand zueinander gespielt.

Alter	ab 6 Jahren
Dauer	5–10 Minuten
Material	(Spring-)Seile zum Markieren der Abstände, Metermaß, Kästen o. Ä. zum Sperren leerer Spielbereiche
Gruppierung	mindestens 5 Personen im Kreis stehend
Vorbereitung	Springseile auf den Boden legen, die als Abstandsmarkierung dienen (s. Grafik). Anstelle der „X" können z. B. leere Kästen gestellt werden, damit diese Felder frei bleiben.
Spielform	Darstellungs-, Reaktions- und Bewegungsspiel
Bildungskompetenzen	Wahrnehmung, Reaktion, Konzentration
Spielgelegenheit	Klassenfahrten, Freizeiten, Seminare, zum Auflockern

Alle stellen sich in einem der freien Felder im Kreis auf. Am Anfang werden den Spielenden die Figuren erklärt, und es wird darauf hingewiesen, dass bei jeder der Figuren das eigene Spielfeld nicht verlassen werden darf.

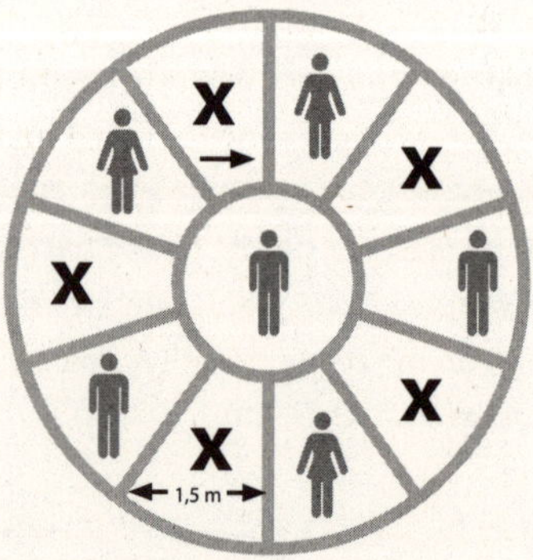

Folgende Figuren gibt es:

- Kotzendes Känguru: Die mittlere Person bildet mit den Händen eine Art Eimer, in den die beiden anderen Personen links und rechts hineinkotzen müssen.
- Toaster: Die Spielenden rechts und links von der ausgewählten Person strecken ihre Hände in die Richtung der Person in der Mitte und bilden den „Toaster", während die mittlere Person im „Toaster" auf und ab hüpft und ruft: „Ich bin fertig!"
- Palmen: Die mittlere Person bildet den Stamm der Palme, indem sie die Hände in die Luft streckt, während die beiden anderen die Palmwedel spielen, indem sie sich mit dem Rücken zum Stamm stellen, die Hände nach oben halten und mit ihnen wedeln.
- Waschmaschine: Die Personen rechts und links von der Person in der Mitte geben sich die Hände und formen vor der mittleren Person eine Art Fenster. Die mittlere Person steckt den Kopf durch das Fenster (angedeutet aus der Entfernung) und dreht diesen.
- James Bond: Die mittlere Person steht mit verschränkten Armen da. Die zwei links und rechts davon drehen sich mit dem Rücken zu der Person in der Mitte und formen mit den Händen eine Pistole.

Wenn die Spielenden alle Figuren verstanden haben, geht zunächst die Spielleitung in die Mitte des Kreises und bestimmt mit Handzeichen die Figuren und die Spielenden, welche diese machen dürfen. Sobald jemand eine falsche Bewegung macht, die nicht zur vorgegebenen Figur gehört oder zu langsam ist, tauscht diese Person mit der in der Mitte und darf auswählen, wer welche Figur machen darf.

Tipp: Um das Spiel zu Beginn etwas einfacher zu gestalten, kann man mit drei Figuren starten und nach und nach eine weitere Figur einbauen.

Lisa Großberger

Ende

Es wird geraten, in welcher Hand ein Stein versteckt ist.
Wer richtig rät, kommt auf dem Spielfeld weiter.

Alter	ab 5 Jahren
Dauer	5–15 Minuten
Material	3 Steine (Kronkorken, Knöpfe etc.), etwas Kreide (oder Stift und Papier)
Gruppierung	Paare
Vorbereitung	Kreise auf den Boden aufmalen
Spielform	Rate-, „Brett"spiel
Bildungskompetenzen	Taktik, mit Zufall umgehen lernen, Wahrnehmung
Spielgelegenheit	Freispiel, Klassen-, Ferienfreizeit, Spielaktion, im Freien, am Tisch

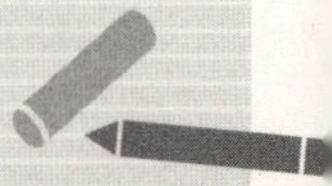

In den Sand oder auf den Boden werden acht bis zehn konzentrische Kreise gemalt: Der kleinste Kreis hat einen Durchmesser von ca. 10 cm. Jeder weitere Kreis ist ca. 2–3 cm größer und genau um den kleineren herum gemalt. Die Partner setzen sich gegenüber und malen auf ihrer Seite an den äußersten Kreis ein kleines Viereck und legen in dieses Startfeld einen Stein.
Der erste Spielende versteckt den dritten Stein hinter seinem Rücken in der rechten oder linken Hand. Dann streckt er der mitspielenden Person gleichzeitig beide Fäuste entgegen. Diese rät, in welcher Hand der Stein ist. Hat sie richtig geraten, darf sie ihren Stein aus dem Startfeld auf den äußersten Kreis schieben und nochmals raten. Sie darf so lange raten und ihren Stein immer einen Kreis weiter nach innen bewegen, bis sie auf die falsche Hand tippt. Dann bleibt ihr Stein liegen und sie versteckt nun den dritten Stein in ihrer Hand. Wessen Stein zuerst in die Mitte gelegt wird, gewinnt.

Variante
Es kann auch zu viert gespielt werden. Es können Kreise oder Quadrate oder kleine Felder entlang einer Linie zur Mitte aufgemalt werden.

Es werden vier Startfelder mit je einem Stein benötigt und der fünfte Stein wandert im Uhrzeigersinn weiter.

Eva Hofmann

Emojis und ich

Die Spielenden setzen sich mit unterschiedlichen Gefühlen, deren Darstellung und Kommunikation auseinander.

Alter	ab 7 Jahren
Dauer	3 Stunden, auch erweiterbar
Material	Smartphones für alle Gruppen (die Spielenden haben oft selbst ihre dabei), Bilderrahmen, Drucker
Gruppierung	in Kleingruppen
Vorbereitung	unterschiedliche Emojis auf großen Blättern bereitstellen
Spielform	ruhiges Kreativitätsspiel
Bildungskompetenzen	Gefühle ausdrücken, Auseinandersetzung mit Kommunikation
Spielgelegenheit	Gruppenstunden, Projektwochen, Ferienaktionen

In Messengern bedeutet der lachende Smiley, dass die oder der Sendende gute Laune hat, der wütend Schauende unterstreicht die Nachricht, dass man den Bus verpasst hat. Aber wann bekomme ich einen lachenden Kothaufen? Und was bedeutet der Roboterkopf? Gemeinsam werden Emojis angeschaut und besprochen, Bedeutung und Einsatz werden ebenso diskutiert wie die Frage, ob die Emojis die Gefühle gut ausdrücken und wie es sich anfühlt, wenn der Emoji widersprüchlich zur gesendeten Nachricht zu sein scheint.
Im nächsten Schritt werden die Emojis von den Spielenden nachgestellt und der dargestellte Gefühlszustand mit Mimik und Körperhaltung ausgedrückt. Gemeinsame Fotos vom Ursprungs-Emoji und den darstellenden Mitspielenden werden ausgedruckt zu einer Gefühleausstellung.

Marietheres Waschk

Papier, Stein, Schere – kooperativ

Bei diesem Knobelspiel geht es darum, Übereinstimmungen zu knobeln.

Alter	ab 6 Jahren
Dauer	5 – 10 Minuten
Material	–
Gruppierung	wechselt von Paaren bis zur Großgruppe
Vorbereitung	–
Spielform	Kooperationsspiel
Bildungskompetenzen	Kooperation, Teamfähigkeit, Fantasie
Spielgelegenheit	bei Spielaktionen, Festen

Alle finden sich zu Paaren zusammen. Die Paare spielen zunächst das klassische Knobelspiel „Papier, Stein, Schere" nach den bekannten Regeln. Hier geht es um das Gewinnen, und es ist ein Fehler, wenn man eine Übereinstimmung hat. Dann geht es darum, eine Übereinstimmung zu knobeln. Den Fehler als neues Ziel zu sehen, erfordert eine Veränderung der bisherigen Spielweisen. Die Paare merken schnell, wie aus einem Konkurrenzspiel mit einer einfachen Regeländerung ein kooperatives Spiel werden kann. Hat ein Paar eine Übereinstimmung, geht es mit einem weiteren Paar zusammen. Hat die neu entstandene Vierergruppe eine Übereinstimmung bekommen, spielt sie mit einer anderen Vierergruppe weiter. Etc.

Variante

Anstelle von Papier, Schere, Stein kann man auch andere Bilder nehmen wie Jäger, Großmutter, Löwe, die sich als Standbilder darstellen lassen.

Pädagogischer Hinweis

Für manche Gruppen ist es eine Leistung, mit vier Personen eine Übereinstimmung zu finden, andere reizt die Herausforderung, das mit 16 Spielenden zu schaffen.

Gerhard Knecht

Mein heimlicher Verehrer

Jeder zieht den Namen einer anderen Person, bereitet ihr nette Überraschungen, darf dabei aber nicht entdeckt werden!

Alter	ab 8 Jahren
Dauer	bis zu mehreren Tagen
Material	kleine Zettel und Stift
Gruppierung	Großgruppe
Vorbereitung	Namen aller Spielenden auf einem kleinen Zettel notieren
Spielform	Rollenspiel
Bildungskompetenzen	Wahrnehmung, Kreativität
Spielgelegenheit	Klassenfahrten, Seminare, Ferienfreizeiten

Viele kennen das Mörderspiel, wo auf Freizeiten, Klassenfahrten oder in ähnlichen Situationen die Spielenden versuchen, die anderen Spielenden unbemerkt „aus dem Weg zu räumen", indem sie ihm einen verbotenen Gegenstand übergeben oder zeigen. Hier kommt nun die freundschaftliche Variante. Die Namen aller Spielenden werden auf kleine Zettel geschrieben und in einem schönen Säckchen versteckt. Nun ziehen alle Spielenden einen Namen, dabei muss darauf geachtet werden, dass keiner seinen eigenen Namen zieht.

Und nun beginnt das Spiel: Jeder Spielende muss heimlich der Person, deren Namen er gezogen hat, Annehmlichkeiten bereiten. Auf Ferienfreizeiten kann dies ein gemachtes Bett sein, ein Lieblingssnack auf dem Sitzplatz oder geputzte Schuhe nach der Wanderung. Bis zu dreimal täglich finden sich alle im Plenum ein. Hier kann dann der Verdacht geäußert werden, wer wessen heimliche Verehrerin oder heimlicher Verehrer ist. Dazu heben alle gleichzeitig den Arm und zeigen auf ein Kommando gleichzeitig auf ihren Verdacht. Sollte dieser richtig sein, wird die ganze Runde aufgeklärt und neue Zettel werden gezogen. Es beginnt eine neue Runde.

Marietheres Waschk

Typisch männlich, typisch weiblich

Vorbereitete Bildkarten sollen als „typisch" männlich bzw. weiblich sortiert werden.

Alter	ab 8 Jahren
Dauer	bis zu 60 Minuten
Material	Karten, auf denen verschiedene Hobbys, Sportarten, Kleidung, Bücher, Spiele usw. abgebildet sind
Gruppierung	Großgruppe, bei sehr großen Gruppen zuerst in Kleingruppen, dann im Plenum
Vorbereitung	Karten herstellen (s. o.), Stellwände bereitstellen
Spielform	Diskussionsspiel
Bildungskompetenzen	Sensibilisierung für Geschlechterklischees, Auseinandersetzung mit Vorurteilen
Spielgelegenheit	Themen- und Projektwochen, Gruppenstunden

Die Spielleitung präsentiert Karten, auf denen jeweils ein Hobby, ein Beruf, eine Mahlzeit, eine Tätigkeit, ein Spielgerät usw. abgebildet sind. Die Spielenden sollen nun entscheiden, ob das jeweilige Bild an der Stelltafel „typisch Junge" oder „typisch Mädchen" aufgehängt werden soll. Es darf diskutiert werden, richtig oder falsch gibt es hier nicht. Bei manchen Bildern fallen die Entscheidungen vermutlich leichter, bei anderen wird vielleicht deutlich, wie sehr Geschlechterrollen zunehmend durchbrochen worden sind. Wichtig ist eine ruhige und vertraute Atmosphäre, sodass sich jeder Spielende traut, die eigene Meinung zu vertreten.

Variante

Zu Beginn können auch reine Jungen- bzw. Mädchengruppen die Bilder gruppieren und die Ergebnisse ihrer Einschätzungen später vergleichen.

Marietheres Waschk

Lebendige Murmelbahn

Eine lebendige Murmelbahn kann funktionieren!

Alter	ab 8 Jahren
Dauer	30 Minuten
Material	Hohlkehlleisten à 40 cm oder halbe Pappröhren, Murmeln oder kleine Bälle, Schalen als Ziel
Gruppierung	Kleingruppe bis Großgruppe
Vorbereitung	–
Spielform	Kooperationsspiel
Bildungskompetenzen	Kooperation und Kreativität
Spielgelegenheit	Ferienfreizeit, Teamtrainings, Seminare, Klassenfahrten

Zunächst finden sich die Spielenden in Paaren zusammen. Jede Person bekommt eine Hohlkehlleiste, pro Paar gibt es eine Murmel und Schale. Nun sollen die Paare die Murmel gemeinsam in die Schale transportieren. Dafür gibt es nur drei Regeln: Jeder hält nur seine Leiste, die Leiste wird nach dem Balancieren nicht mehr bewegt, und die Murmel darf nicht stoppen.

Anschließend werden die Zweiergruppen zu Vierergruppen, je zwei Vierergruppen zu Achtergruppen. Dann erfolgt das Spiel in der Großgruppe. Und schließlich kann die Zielschale auch weiter weggestellt werden, sodass ein Weg für die Murmel bergab gemeinsam begangen werden muss.

Marietheres Waschk

Feedback im Spiel

Intensive Zusammenarbeit benötigt eine Reflexion, die auch spielerisch erfolgen kann.

Alter	ab 10 Jahren
Dauer	unterschiedlich
Material	je nach Feedback-Methode
Gruppierung	Großgruppe
Vorbereitung	je nach Feedback-Methode
Spielform	verschiedene
Bildungskompetenzen	Feedback geben und annehmen können
Spielgelegenheit	Abschluss von Aktionen, Teamtrainings, Seminaren, Klassenfahrten

Einige Feedback-Methoden

- Ampelkarten: Jede Person bekommt eine rote, eine gelbe und eine grüne Karte und beantwortet damit z. B. die Erwartungsfrage „Wie viel Lust habe ich auf ...?" und die Abschlussfrage „Wie war's?".
- Schatzkiste: Jede Person sucht sich einen Gegenstand aus, zu dem sie etwas assoziiert, der zu ihrem Gefühl passt – z. B. einen Schlüssel für Schlüsselerlebnis oder ein Feuerzeug für eine zündende Idee.
- Bockkarten: Jeder Spielende beantwortet anhand von Bildkarten mit Ziegenböcken und unterschiedlichen Prozentzahlen (0 %, 25 %, 50 %, 75 %, 100 %) die Fragen „Wie viel Bock habe ich auf ...?" und „Wie viel Bock hat es gemacht?".
- Spaßthermometer: Ein Thermometer mit 0° C – 100° C wird gezeichnet. Die Spielenden erhalten Klebepunkte, die sie ihrer Stimmung entsprechend aufkleben können – je wärmer, desto schöner war es!
- Dartscheibe: Konzentrische Kreise werden aufgezeichnet und in Kuchenstücke eingeteilt. Diese werden entsprechend einzelner Spielaktionen bzw. zur reflektierenden Situation beschriftet (z. B. Bewegungsspiel, Raum, darstellendes Spiel). Jeder verteilt Klebepunkte; je näher zur Mitte sie geklebt werden, desto positiver ist die Bewertung.

Marietheres Waschk

Geschenke machen

Warum ist dies das passende Geschenk für Person XY?

Alter	ab 12 Jahren
Dauer	etwa 30 Minuten
Material	viel unterschiedlicher Krimskrams (z. B. Spielzeug, Modeschmuck, Werbegeschenke), drei Stühle
Gruppierung	Großgruppe
Vorbereitung	langen Tisch mit Gegenständen bestücken, abdecken
Spielform	kreatives Kommunikationsspiel
Bildungskompetenzen	Wahrnehmung, Empathie, Kreativität
Spielgelegenheit	Gruppenstunden, Ferienfreizeit, Teamtrainings, Seminare, Klassenfahrten

Eine Person setzt sich auf den mittleren von drei nebeneinanderstehenden Stühlen. Die anderen suchen auf dem Tisch mit dem Krimskrams nach einem Geschenk für sie. Mindestens zwei Spielende sollten etwas ausgesucht haben. Der oder die Erste setzt sich neben die zu beschenkende Person, präsentiert das Geschenk und begründet es. Das macht auch ein weiterer Spielender. Die beschenkte Person nimmt eins der Geschenke an und begründet ihre Wahl. Jeder wird einmal beschenkt.

Pädagogischer Hinweis

Wenn es einigen Spielenden leichter fällt als anderen, auszusuchen und zu begründen, gilt: Niemand sitzt mehr als dreimal auf dem Schenkendenplatz oder Paare suchen die Geschenke aus. Eine gute Atmosphäre sorgt dafür, dass niemand leer ausgeht oder die Gabe beleidigend begründet wird.

Marietheres Waschk

Das ultimative Fitnessgerät

Dieses spontan einsetzbare Bewegungsspiel zeigt die Möglichkeiten eines Fitnessgerätes.

Alter	ab 8 Jahren
Dauer	5 – 10 Minuten
Material	–
Gruppierung	6 bis 16 Personen im Kreis stehend
Vorbereitung	evtl. Markierung auf dem Boden, wo jede mitspielende Person steht
Spielform	Bewegungsspiel
Bildungskompetenzen	Koordination, Wahrnehmung, Aufmerksamkeit
Spielgelegenheit	aktivierend nach anstrengenden Seminarphasen, Warm-up nach einer Pause

Alle stehen im Kreis. Die Spielleitung erklärt, dass ein neues Fitnessgerät gerade den Markt erobert. Die Vorteile dieses Gerätes liegen in der einfachen Handhabung und den vielseitigen individuellen Anwendungen. Damit sich alle davon überzeugen können, wird es vorgestellt.
Die Spielleitung beginnt mit dem Satz „Mein Fitnessgerät kann diese Bewegung" und tippt mit dem rechten Fuß auf den Boden. Alle machen diese Bewegung gleichzeitig nach. Im Uhrzeigersinn wird das Spiel fortgesetzt. Die nächste Person wiederholt den Satz und fügt eine neue Bewegung (mit der rechten Hand winken) hinzu, die ebenfalls von allen aufgenommen wird.
Sobald eine mitspielende Person meint, dass ein zusätzlicher Bewegungsablauf die eigenen Fähigkeiten übersteigt, ruft sie „Stopp!" und beginnt das Spiel mit einer ersten Bewegung neu. Das Spiel setzt sich wieder fort, bis erneut jemand mit einem „Stopp" die Runde beendet.

Tipp: Bei den Bewegungen sollte immer nur eine kleine Bewegung hinzugefügt werden und nicht alle Körperteile auf einmal in Bewegung geraten. Ziel für die Gruppe kann es sein, einen kontinuierlichen Bewegungsablauf mit vielen verschiedenen Abläufen aufrechtzuerhalten.

Mögliche Reflexionsfragen im Anschluss an das Spiel

- Wo habe ich meine eigene Grenze gespürt?
- Hätte ich mir gewünscht, dass „endlich" ein „Stopp" ertönt?
- Habe ich auch deshalb „Stopp" gesagt, weil ich auf die Gruppe geachtet habe?
- Habe ich mit den Bewegungen aufgehört, obwohl der Spielprozess nicht beendet wurde?

Ralf Brinkhoff

Blindes Alien

Das Alien versucht, die Menschen zu finden und zu berühren.

Alter	ab 10 Jahren
Dauer	10 Minuten
Material	–
Gruppierung	paarweise im Innen- und Außenkreis
Vorbereitung	–
Spielform	Reaktions- und Kooperationsspiel
Bildungskompetenzen	Wahrnehmung, Kooperation, Reaktion
Spielgelegenheit	zum Auflockern

Alle finden sich in Paaren zusammen. Je ein Teil des Paares stellt sich in einen Kreis, der oder die andere stellt sich ca. einen Meter dahinter. So entstehen ein Innen- und ein Außenkreis. Die Spielenden im Innenkreis schließen die Augen und können durch den Partner bzw. die Partnerin mit den Kommandos „links", „rechts", „geradeaus", „schnell" und „zu mir" gesteuert werden, dürfen den Innenbereich aber nicht verlassen. Ein Paar wird zu einem Alienpaar. Die Aufgabe des blinden Aliens ist, die anderen blinden Spielenden anzutippen, diese versuchen, durch geschicktes Dirigiertwerden ihres Partners auszuweichen. Wer vom Alien berührt wurde, darf die Augen öffnen und beim Partner bzw. bei der Partnerin das restliche Spiel verfolgen.

Marietheres Waschk

Key Punch

Die Spielenden tippen gegen die Zeit Zahlen der Reihe nach an.

Alter	ab 10 Jahren
Dauer	10 – 20 Minuten
Material	Bierfilze mit den Zahlen 1–36, Kletterseil, Springseil, Stoppuhr
Gruppierung	Gruppe
Vorbereitung	Mit dem Kletterseil wird ein Kreis gelegt, in das die Bierfilze verteilt werden mit der Zahl nach oben. In ca. 5 – 10 m Entfernung wird das Springseil als Linie ausgelegt.
Spielform	Kooperationsspiel
Bildungskompetenzen	Kooperation, Strategie, Kommunikation
Spielgelegenheit	Ferienfreizeit, Klasse, Seminar

Die Gruppe steht an der Linie. Die Zahlen von 1 bis 36 werden in den Seilkreis gelegt. Jeder Spielende muss mindestens einmal eine Zahl berühren. Die Zahlen müssen hintereinander aufsteigend angetippt werden: 1, 2, 3 usw. Die Spielleitung misst die Zeit. Es darf nur eine Person im Kreis stehen und auf einen Bierfilz tippen. Stehen zwei Spielende gleichzeitig im Kreis oder wird eine falsche Zahl angetippt, gibt es 5 Sekunden Strafe. Nach dem ersten Versuch wird die Zeit bekannt gegeben und dann folgen weitere zwei Versuche. Die Gruppe hat zwischen jeder Runde Zeit, 5 Minuten lang ihre Strategie zu überlegen.

Variante

Ohne Material. Aufgabe ist es, ohne Absprache von 1 bis 14 zu zählen, keiner darf gleichzeitig eine Zahl sagen.

Pädagogischer Hinweis

Die Gruppe sollte immer wieder gefragt werden, ob sie die Zeit noch verbessern möchte oder mit dem Ergebnis zufrieden ist.

Gerhard Knecht

Stuhlchaos

Die Spielenden handeln entsprechend ihrer Aufträge entweder kompetitiv oder kooperativ.

Alter	ab 12 Jahren
Dauer	etwa 40 Minuten für Spiel und Reflexion
Material	viele Stühle im Raum, kleine Aufgabenzettel
Gruppierung	ab 15 Spielenden in 4 Kleingruppen
Vorbereitung	Aufgabenzettel schreiben
Spielform	überraschendes Wettkampf- oder Kooperationsspiel
Bildungskompetenzen	Kooperation, Kommunikation, Kreativität
Spielgelegenheit	Seminare, Klassenfahrten, Teamtrainings

Die Spielenden, die vor Spielbeginn nicht miteinander reden dürfen, ziehen Aufgabenzettel, die sie im Anschluss erfüllen müssen. Auf den jeweiligen Zetteln steht entweder „Stapele alle Stühle im Raum!", „Lege alle Stühle hin!" oder „Trage alle Stühle hinaus!" Dabei wissen sie zu Beginn nicht, wer den gleichen Auftrag hat, erkennen dieses aber schnell am Tun. Auf ein Startsignal hin beginnen alle, ihre Aufgaben zu erfüllen, schnell erkennen sich die Kleingruppen. Den Spielenden ist bekannt, dass sie zehn Minuten Zeit haben, um ihren Auftrag zu erfüllen. Oft begeben sich die Kleingruppen schnell in einen Wettkampf: Die einen stapeln, die anderen verhindern dieses, indem sie die Stühle hinlegen oder hinaustragen. Ist das Spiel nach zehn Minuten beendet, zählen die Spielenden oft „ihre" Stühle in der jeweiligen Position. Nun folgt die Reflexion mit der Fragestellung, warum sich die Gruppen so schnell in einen Wettkampf begeben haben und ob sie ihre Aufgaben nicht auch nacheinander helfend hätten erfüllen können – ein Aha-Effekt für einige Gruppen!

Marietheres Waschk

Schere, Stein, Papier mit Karten

Das bekannte Spiel einmal in Kartenform. Ziel ist es, möglichst viele Punkte zu sammeln und mit vielen in Kontakt zu kommen.

Alter	ab 10 Jahren
Dauer	beliebig
Material	Kärtchen, Stifte
Gruppierung	im Kreis
Vorbereitung	Blanko-Kärtchen (pro Person 10), Stifte
Spielform	Kartenspiel
Bildungskompetenzen	Interaktion, taktisches Denken
Spielgelegenheit	Gruppenstunde, Ferienfreizeit, Projektarbeit, Klassenfahrt

An jede mitspielende Person werden zehn Blanko-Kärtchen verteilt. Die Karten werden von 1 bis 10 durchnummeriert und mit dem eigenen Vornamen versehen. Jede Person kann überlegen, wie sie die Karten betitelt (Schere, Stein oder Papier). Es können alles „Steinkarten" sein oder drei mit Papier, drei mit Stein und vier mit Schere. Entsprechend dem bekannten Spiel „Schere, Stein, Papier" wird gegeneinander gespielt. Ziel ist es, möglichst hohe Punktwerte von unterschiedlichen Personen zu bekommen. Wer am Ende die Werte der gewonnenen Kärtchen zusammenzählt und den höchsten Punktstand hat, gewinnt das Spiel. Das Spiel kann während einer Freizeit über mehrere Tage gespielt werden.

Folgende Regeln gelten:

- Ich kann jede Person mehrmals, aber nicht direkt hintereinander herausfordern. Ich kann mit eigenen oder fremden Karten spielen.
- Gewonnen wird nach den bekannten Regeln (Papier wickelt Stein ein, Schere zerschneidet Papier und Stein macht Schere stumpf). Spielen zwei gleiche Karten gegeneinander, gewinnt die höhere Zahl auf dem Kärtchen. Sind auch die Zahlen gleich, so geht das Spiel unentschieden aus. Jede Person behält ihre Karte.
- Habe ich mehrere Karten einer Person gewonnen, zählt am Spielende nur die Karte mit der höchsten Punktzahl (Beispiel: Ich

habe von Ben-Arne die Kartenwerte 5, 7 und 8 gewonnen. Bei der Abrechnung zählt nur die Karte mit der Punktzahl 8). Karten mit meinem eigenen Namen zählen am Spielende ebenfalls nicht.

Ralf Brinkhoff

Wer hat das gesagt?

Die Spielenden schreiben eine kurze Aussage zu einem bestimmten Thema. Jede Aussage muss von der Gruppe einer Person zugeordnet werden.

Alter	ab 12 Jahren
Dauer	30 Minuten und länger
Material	Fotos, Zettel, Stifte , Spielstein
Gruppierung	alle im Stuhlkreis
Vorbereitung	Fotos der Spielenden
Spielform	Interaktionsspiel
Bildungskompetenzen	Einfühlungsvermögen, Selbst- und Fremdwahrnehmung schulen, den eigenen Standpunkt vertreten, Interaktion im Gruppenprozess
Spielgelegenheit	Gruppenstunde, Ferienfreizeit, Projektarbeit, Klassenfahrt

Eine Fotografie von jeder Person liegt im Stuhlkreis offen aus. Zu einem vorher festgelegten Thema (einer provokanten Aussage) schreiben alle ihre eigene Meinung auf einen Zettel. Die Zettel werden eingesammelt und gemischt. Die Spielenden bekommen einen Spielstein. Die Spielleitung liest die Aussagen vor und die Spielenden entscheiden durch Auslegen ihres Spielsteines auf das entsprechende Bild, wer die Aussage getroffen hat. Anschließend wird aufgelöst. Wichtig: Die zu erratende Person spielt „verdeckt" mit!

Ralf Brinkhoff

Kleine Welt

Das Kleine-Welt-Phänomen: Eine neue Gruppe bildet ein „latentes" Beziehungsnetzwerk ab.

Alter	ab 10 Jahren
Dauer	45 Minuten
Material	Moderationstafel mit Papier, Stifte, ggf. Seile und Moderationskarten
Gruppierung	eine Gruppe, ggf. Kleingruppen
Vorbereitung	Tafel mit Papier bespannen
Spielform	Gruppenaufgabe
Bildungskompetenzen	Kommunikation, Denken in Netzwerken
Spielgelegenheit	Kennenlernen als Gruppe, Gruppenressourcen sammeln

Stanley Milgram stellte 1967 die Hypothese auf, dass im Sinne eines „Small World Phenomenon" jeder Mensch mit jedem anderen über wenige Ecken bekannt sei. Leskovic und Horvitz berechneten 2008, dass jeder mit jedem über 6,6 Knotenpunkte bekannt sei. Die Gruppe soll das Netzwerk ihrer Bekanntschaft so weit finden, dass jeder eingebunden ist. Das Ergebnis stellt sie mit Punkten und Linien auf der Moderationstafel dar. Große Gruppen müssen sich u. U. in Kleingruppen aufteilen.

Auswertung in der Gesamtgruppe

- Stimmt die Annahme „über 7 Ecken"?
- Welche Struktur ergibt sich? Wo laufen viele Linien zusammen?
- Mit welchen Strategien wurde die Netzwerkkarte erstellt?

Varianten

- Darstellungsform: Karten für Kontaktpersonen werden auf dem Boden ausgelegt und durch Seile verbunden.
- Findehilfe: Jede Person stellt sich zunächst vor, nennt dabei Kontexte, in denen sie sich bewegt (hat).

Thomas Reyer

Konfrontation auf der ganzen Linie

Diese nonverbale Übung dient zum Erleben von Konfrontation und Deeskalationsstrategien.

Alter	ab 14 Jahren
Dauer	30 Minuten
Material	Seil, Karten zur Markierung, großer Raum, Bälle
Gruppierung	Gruppen mit wechselnden Paaren
Vorbereitung	Raum mit Seil in zwei Hälften teilen
Spielform	Interaktion
Bildungskompetenzen	Kontakt, Grenzen, Kommunikation, Konflikt, Verhaltensmuster
Spielgelegenheit	Konfliktverhalten / Nähe – Distanz erarbeiten, Schauspielübungen

Der Raum wird mit dem Seil in zwei Hälften geteilt. Dabei dient das Seil als Konfliktlinie. Zwei Spielende nähern sich nun – ohne Worte! – schrittweise der Linie an, soweit es für sie passend scheint. Sobald es einem Spielenden zu eng wird, sorgt er für einen für ihn passenden Abgang. Die Spielenden probieren das in mehreren Durchläufen mit mehreren Partnern. Gegen Ende wird für jedes Paar ein „Goldklumpen"(Ball) auf die Linie gelegt , der zu haben sei. Es können danach weitere Bälle ergänzt werden.

Auswertung in der Gesamtgruppe

- Welche der Schritte und Strategien sind vertraut? Zu welchem Ergebnis führen sie?
- Welche neuen Verhaltensmöglichkeiten habe ich entdeckt?

Variante

Veränderungsideen aus der Auswerterunde im Spiel umsetzen, dazu dasselbe Spielschema nutzen.

Thomas Reyer

Who is who?

Mit der Hand werden Rollen in einer festen Gruppe zugewiesen.

Alter	ab 14 Jahren
Dauer	30 Minuten
Material	–
Gruppierung	feste Gruppe, vollständig
Vorbereitung	–
Spielform	Interaktion
Bildungskompetenzen	Gruppenpädagogik, Rollen in Gruppen, Gruppendynamik
Spielgelegenheit	Rollenklärung, Konfliktklärung, Gruppenressourcen

Die Gruppe bildet einen Kreis, sodass jeder jeden sehen kann. Sie soll Fragen zu Gruppenaufgaben (s. u.) beantworten. Dazu klären alle die jeweilige Frage zunächst still für sich. Dann zeigen alle mit geschlossenen Augen auf die Person, die die gefragte Rolle am meisten innehat. Man kann auch auf sich selbst oder mit zwei Händen auf zwei Personen zeigen. Dann dürfen alle die Augen öffnen. Die individuellen Antworten werden nicht diskutiert. Kommentare zum Gesamtbild und zu Überraschungen sind erlaubt. In einer Gruppen-Blitzlichtrunde findet eine erste Auswertung statt: „Wie erlebe ich mich damit in dieser Gruppe?" Dann geht es um Konsequenzen: „Was müssten wir ändern oder tun? Was müssten wir unverändert behalten?"

Fragen zu Gruppenaufgaben

- Wer sorgt dafür, dass etwas vorangeht oder Entscheidungen getroffen werden?
- Wer äußert Bedenken, mahnt zur Vorsicht?
- Wer wirft neue Ideen in die Runde?
- Wer sorgt dafür, dass das Zusammenspiel klappt?
- Wer macht es der Gruppe manchmal richtig unbequem?
- Wer hat den besten Draht zum Gruppengeist? …

Thomas Reyer

Das Orakel

Hier wird im Uhrzeigersinn orakelt, was dem anderen die Zukunft bringen mag.

Alter	ab 14 Jahren
Dauer	30 Minuten und länger
Material	Orakelkarten
Gruppierung	alle im Stuhlkreis
Vorbereitung	Orakelkarten vorbereiten
Spielform	Interaktionsspiel
Bildungskompetenzen	Einfühlungsvermögen, Selbst- und Fremdwahrnehmung, den eigenen Standpunkt vertreten, Interaktion im Gruppenprozess
Spielgelegenheit	Gruppenstunde, Ferienfreizeit, Projektarbeit, Klassenfahrt

Sozialles Lernen

Die Spielenden sitzen um einen Tisch. In der Mitte liegt ein Stapel mit Kärtchen mit jeweils einer Aussage. Die älteste Person beginnt und spielt nun „Orakel" für die links neben ihr sitzende Person. Sie zieht eine Karte, dreht diese um und liest die Aussage vor, z. B. „Du verliebst dich in eine Person des eigenen Geschlechts!" oder „Du wirst dir deine Haare grün färben!"
Der Adressat oder die Adressatin soll beantworten, ob die „Weissagung" stimmt oder nicht und dieses auch begründen. Ist für alle eine zufriedenstellende Antwort gegeben oder die Zukunftsvision ausgiebig diskutiert worden, wird das Spiel im Uhrzeigersinn fortgesetzt. Die mitspielende Person, die Antwort und Rede gestanden hat, ist nun „Orakel".

Tipp: Ein schönes Spiel für den Abend, um über persönliche Dinge ins Gespräch zu kommen. Erfahrungsgemäß kann das Spiel eine Eigendynamik entwickeln, die dazu führt, dass „bis in die Morgenstunden" gespielt wird.

Ralf Brinkhoff

Probleme lösen mit Doppelübersetzung

Es geht darum, neue Ideen und Sichtweisen für festgefahrene Situationen oder schwierige Probleme zu gewinnen.

Alter	ab 10 Jahren
Dauer	60 Minuten
Material	Papier und Wachsmaler, Knete, Requisiten
Gruppierung	zwei Kleingruppen
Vorbereitung	–
Spielform	Interaktion
Bildungskompetenzen	Kommunikation, Vorurteile/Vorannahmen
Spielgelegenheit	Ideensuche für ein vertracktes Problem

In zwei Kleingruppen wird an zwei unterschiedlichen Problemstellungen gearbeitet, die der jeweils anderen Gruppe nicht bekannt sein darf. Dazu findet zunächst innerhalb der Kleingruppen ein kurzer(!) Austausch über ihre Problemstellung statt. Die Gruppen entwickeln bzw. gestalten eine kreative Übersetzung des Problems: zeichnerisch, plastisch, pantomimisch, poetisch, tänzerisch, fremdsprachlich, als Märchen, als Zeitungsnachricht … Wichtig: Diese Darstellung soll nichts erklären, braucht keine Worte, soll nichts lösen. Die entwickelten Übersetzungen werden ausgetauscht bzw. vorgeführt. Nachfragen ist nicht erlaubt, Applaus und Komplimente sind erwünscht.

Nun entwickelt die jeweils andere Kleingruppe eine „Lösung" innerhalb der gewählten Form (auch ohne Kenntnis des ursprünglichen Problems). D. h., sie nimmt eine Veränderung am Bild bzw. Gedicht, Tanz, Schauspiel … vor, die eine Lösung beinhalten könnte. Die Gruppen führen einander diese Veränderungsideen vor – auch jetzt ohne Erklärungen. Sie deuten die beobachtete Veränderung als Vorschlag, prüfen die Chancen darin, entwickeln sie ggf. zu einer „richtigen" Lösungsidee weiter. Schließlich lösen die Gruppen auf, indem sie ihre Problemstellungen und gefundenen Lösungen vorstellen. Abschließend findet ein kurzes Feedback zum Prozess in der Gesamtgruppe statt.

Thomas Reyer (methodenkabinett.de)

Selbstcoaching-Karussell

Problemlösen und Coaching findet in Selbstreflexion bzw. Selbstcoaching statt.

Alter	ab 14 Jahren
Dauer	30 Minuten
Material	Papier und Stift
Gruppierung	einzeln
Vorbereitung	eigene Fragestellung festlegen
Spielform	Schreibübung
Bildungskompetenzen	Problemlösen, Reflexion, Schreiben
Spielgelegenheit	eigene Orientierung verschaffen, Themenabschluss, Vorhaben fassen

Wer für sich geklärt hat, wie das persönliche Problem oder Anliegen lautet, kann ins Selbstcoaching-Karussell einsteigen:

- Was möchte ich in dieser Hinsicht erreichen?
- Wenn ich das erreichen möchte, was müsste ich dafür tun?
- Wenn ich das täte, was würde das bedeuten, was würde daraus folgen? Was würde danach folgen?
- Wie müsste ich das tun, damit daraus eine Lösung für mein Anliegen wird?
- Ist das Anliegen schon ausreichend beantwortet? Wenn nicht, muss ich ggf. die Fragestellung erneuern oder umformulieren und wieder beim ersten Punkt beginnen.

Das Schema wird so lange abgearbeitet, bis das Anliegen einigermaßen geklärt ist!

Thomas Reyer (methodenkabinett.de)

Tratschen in Anwesenheit

Dieses Spiel mit Vorannahmen dient zum Kennenlernen in Kleingruppen.

Alter	ab 14 Jahren
Dauer	45 Minuten
Material	–
Gruppierung	Kleingruppen
Vorbereitung	–
Spielform	Interaktion
Bildungskompetenzen	Kommunikation, Vorurteile / Vorannahmen
Spielgelegenheit	Kennenlernen in der Gruppe, Einstieg zum Thema Vorurteile

Es werden Kleingruppen zu je drei Personen gebildet, die sich möglichst wenig kennen sollten. Innerhalb der Kleingruppen stellen sich die Spielenden zunächst nur ganz kurz mit Namen vor. Dann folgen die eigentlichen Vorstellungsrunden: Zwei Spielende äußern mutige Vermutungen und Unterstellungen über die dritte Person, die sich das zunächst stumm anhört. Themen können z. B. sein:

- Welcher Lebensweg, welches familiäre Umfeld?
- Welche Aktivitäten, welche Hobbys?
- Welche spannenden Reisen?
- Welche Lebensträume?

Wichtig ist, dass nur freundliche Aspekte genannt werden, also eher „Du kannst …" als „Du kannst nicht …" Danach darf die dritte Person „auflösen" und Passendes wie Unpassendes kommentieren. Im Anschluss wird über die nächste Person in deren Anwesenheit „getratscht".
Der abschließende Erfahrungsaustausch in der ganzen Gruppe verläuft nach diesen Leitfragen:

- Wie sehr habe ich die Zuschreibungen insgesamt als passend empfunden (0 – 100 %)? Was hat besonders gut bzw. schlecht gepasst?

- Durch wessen „Leistung“ ist die erlebte Übereinstimmung entstanden („Tratschende“ – „besprochene Person“)? Was lernen wir aus den Fehleinschätzungen?

Thomas Reyer (methodenkabinett.de)

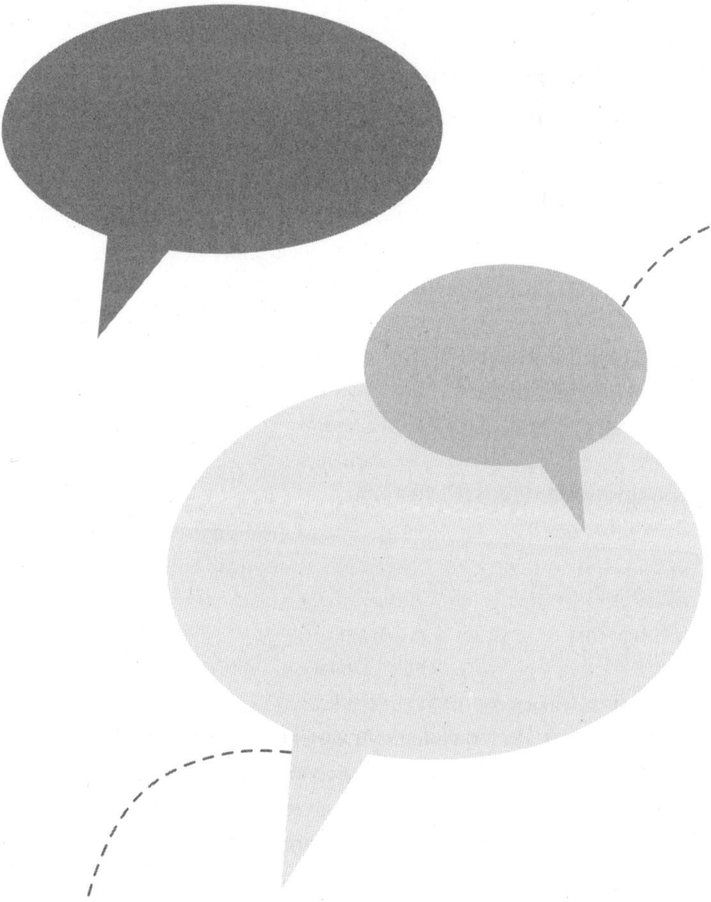

Bewegen tut not. Wir sitzen zu viel im Beruf, im Studium, in der Schule, im Auto oder Schulbus, zu Hause bei den Hausaufgaben oder beim Homeoffice. Kontakt wird über die neuen Medien gehalten, dabei bewegen sich aber nur der Mund und die Finger. Die folgenden Spielideen motivieren, sich gemeinsam im Spiel zu bewegen, dabei Spaß und Flow zu erleben und gleichzeitig etwas für die eigene Fitness zu tun.

Die unten erwähnten Spiele eignen sich für unterschiedliche Gruppen, was Alter und Bewegungsanforderungen angeht. Mal fordern sie vollen Körpereinsatz. Manchmal sind es nur kleine Bewegungen, die gepaart mit Taktik und Spielwitz helfen, einen körperlich stärkeren Mitspielenden beim Spiel zu besiegen.

Kommando Pimperle Maxi (S. 96)

Besonders Kinder spielen das Reaktionsspiel „Kommando Pimperle" sehr gerne. Sie sitzen am Tisch und zeigen die Figuren mit den Händen. „Kommando Pimperle" als Darstellendes Spiel zu realisieren, ist reizvoll und schafft mehr Bewegung.

„Beach"-Volleyball (S. 112)

Der Titel erinnert an das Spiel am Strand. Allerdings wird es im Raum gespielt und anstelle eines Volleyballes werden ein oder mehrere Luftballons verwendet. Es geht dabei um Geschicklichkeit, Körperbeherrschung, Zusammenspiel und Taktik.

Personen ticken (S. 113)

Fangspiele sind sehr beliebt und die Variante, dass man eine bestimmte Person fangen muss, aber selber auch auf der Fangliste steht, macht das Spiel spannend. Denn dann steht neben dem Laufen und Fangen auch immer die Frage im Mittelpunkt: Wer wird mich beim Fangen fangen?

Bewegung

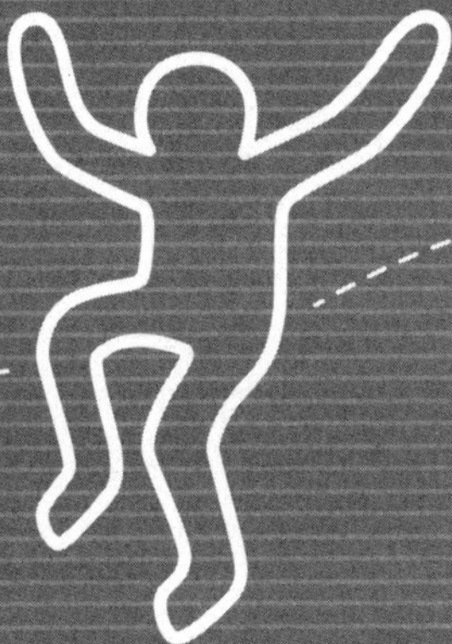

Meister, gib uns Arbeit heute (S. 114)

Dieses Spiel kombiniert die Scharade mit einem Fangspiel. Dadurch bringt es sowohl die Spielleitung wie die Spielenden ganz schön zum Laufen. Wie bei jedem Fangspiel, das in einer großen Gruppe gespielt wird, ist es für langsamere Spielende möglich, durch geschicktes Verhalten nicht als Erste gefangen zu werden.

Sockeln (S. 115)

Dieses Spiel ist ein Dauerbrenner bei Spielaktionen im öffentlichen Raum. Es kommt auf Geschicklichkeit, Taktik und Überlegung an und nicht allein auf Kraft. Besonders die Variante mit zwölf Spielenden ist reizvoll, weil man als Gruppe miteinander statt gegeneinander spielt. Hier sind Glück und Zufall bestimmend. Die Kräfte, die einen vom Sockel ziehen wollen, sind nicht eindeutig zuordenbar und berechenbar.

Plätze würfeln

Bewegungsaufgaben werden von einem Würfel bestimmt.

Alter	ab 4 Jahren
Dauer	5 – 10 Minuten
Material	ein großer Schaumstoffwürfel
Gruppierung	Großgruppe im Kreis
Vorbereitung	–
Spielform	Bewegungsspiel
Bildungskompetenzen	Reaktionsspiel
Spielgelegenheit	Auflockern in der Schulklasse, Gruppenstunde, Seminararbeit

Es wird reihum gewürfelt. Die gewürfelten Bewegungen werden von allen ausgeführt.

Mögliche Zuordnungen von Würfelzahlen zu Bewegungen

1 = einmal den Stuhl umrunden
2 = auf den Stuhl stellen
3 = zu zweit auf einen Stuhl setzen
4 = unter den Tisch kriechen
5 = sich hinter den Stuhl stellen
6 = sich verkehrt herum auf den Stuhl setzen

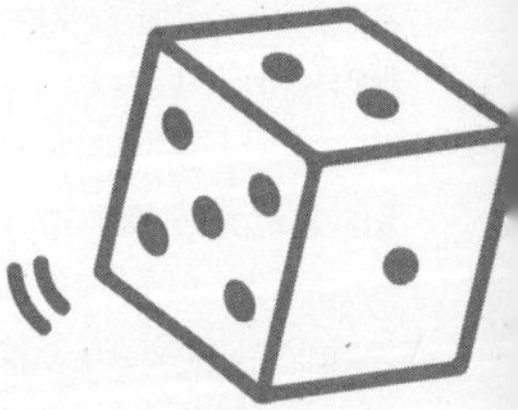

1 = den Stuhl einmal anheben
2 = links um den Stuhl herumlaufen
3 = rechts um den Stuhl herumlaufen
4 = rückwärts den Stuhl umrunden
5 = zweimal abwechselnd mit der linken und rechten Fußsohle den Stuhl berühren
6 = Stuhl mit seinem Nachbarn tauschen

Variante

Sitzt die Gruppe nicht im Kreis, würfelt die erste Person an ihrem Platz und ruft die Zahl laut. Die Bewegung wird von allen ausgeführt und der Würfel dann an die benachbarte Person weitergegeben.

Marietheres Waschk

Nachteule

Alle Mäuse müssen versuchen, der Eule zu entkommen.

Alter	ab 4 Jahren
Dauer	20 – 30 Minuten
Material	etwas Kreide oder Seile
Gruppierung	Großgruppe
Vorbereitung	Spielfeld und Nest der Eule markieren mit Seilen o. Kreide
Spielform	Bewegungsspiel
Bildungskompetenzen	Geschicklichkeit, Bewegung, Reaktion, Wahrnehmung
Spielgelegenheit	Ganztag, Freizeiten, Gruppenstunden, Klassenfahrten

Auf dem Spielfeld wird ein Kreis mit ca. zwei Metern Durchmesser als Nest bestimmt. Die Eule geht ins Nest und tut so, als schliefe sie. Die anderen Spielenden (die Mäuse) befinden sich außerhalb des Spielfeldes, bis die Spielleitung „Tag“ ruft. Dann laufen sie auf das Spielfeld und bewegen sich darauf hin und her. Nach einer Weile ruft die Spielleitung „Nacht“, alle Mäuse bleiben still stehen, denn sie schlafen.

Die Eule erwacht, kommt aus dem Nest und beginnt mit der Jagd. Sobald sie eine Maus erwischt, die sich bewegt hat, bringt sie diese in ihr Nest. Danach geht die Jagd weiter. Auf das Stichwort „Tag“ fliegt die Eule weg, und die Mäuse dürfen sich wieder bewegen. Das Spiel dauert, bis vier oder fünf Mäuse gefangen sind. Dann wird aus den nicht gefangenen Mäusen eine neue Eule ausgewählt. Das Spiel wird ein paarmal wiederholt. Am Ende wird festgestellt, wer nie gefangen wurde und wer die erfolgreichste Eule war. Dafür muss sich die Spielleitung Notizen machen.

Eva Hofmann

Kommando Pimperle Maxi

Die Spielenden müssen auf die Kommandos der Spielleitung reagieren.

Alter	ab 5 Jahren
Dauer	10 Minuten
Material	–
Gruppierung	Großgruppe
Vorbereitung	–
Spielform	Reaktionsspiel
Bildungskompetenzen	Reaktionsvermögen
Spielgelegenheit	Mittagessen in Kindergruppen, Gruppenangebote, Seminare, Ferienfreizeit, Klassenfahrt

Viele kennen das Spiel „Kommando Pimperle", welches am Tisch mit den Händen gespielt werden kann. Hier stellen wir die Maxi-Version vor. Das Spielprinzip ist einfach: Bewegungen werden auf Aufforderung der Spielleitung gemacht, aber nur wenn zuvor „Kommando" gesagt wurde. Die Spielleitung steht frontal zu den Spielenden und erklärt die Kommandos:

- Kommando Fuß: auf der Stelle trippeln
- Kommando Bauch: Hände auf den Bauch legen
- Kommando Hand: Arme hoch in die Luft strecken
- Kommando Knie: in leichter Hocke Hände auf die Knie legen.

Die Kommandos werden einige Male geprobt. Danach beginnt das Spiel und es kommt es darauf an, richtig zu reagieren – wenn das Wort „Kommando!" nicht vorweg genannt wird, darf die dazugehörige Aufgabe nicht ausgeführt werden, die Spielenden müssen in der vorherigen Stellung verharren. Dabei darf die Spielleitung selbst falsche Bewegungen andeuten oder ausführen, um die Spielenden zu verwirren. Wer einen Fehler macht, wechselt auf die Seite der Spielleitung und darf nun auch falsche Sachen machen, die Kommandos kommen aber nur von der Spielleitung. Schafft sie es, alle auf ihre Seite zu bekommen? Dabei kommt es auf schnell hintereinanderkommende Kommandos an!

Marietheres Waschk

Parkplatz

Plätze werden gewechselt durch ein einfaches Ja oder zu viele Absagen.

Alter	ab 6 Jahren
Dauer	5 bis 15 Jahren
Material	–
Gruppierung	Großgruppe
Vorbereitung	einen Stuhlkreis aufstellen
Spielform	Kreis-, Bewegungsspiel
Bildungskompetenzen	Reaktionsvermögen
Spielgelegenheit	Klassenfahrten, Schulstunden

Alle Spielenden sitzen im Kreis, eine Person ist als „Auto" innerhalb des Kreises unterwegs. Sie bleibt vor einem Spielenden stehen und fragt: „Ist da ein Parkplatz frei?" Bei der Antwort „Ja" wird der Platz frei und beide Spielenden tauschen, bei „Nein" fragt die Person weiter. Wurde dreimal mit „Nein" geantwortet, ist allgemeiner Platzwechsel – auch wenn zwischendurch ein oder mehrere „Ja" genannt wurde(n).

Pädagogischer Hinweis

Für die Spielenden ist es nicht leicht, präsent zu haben, wie oft bereits „Nein" gesagt wurde. Die Spielleitung kann helfen, indem sie z. B. die Anzahl durch Fingerzeig signalisiert oder nach zwei „Nein" darauf hinweist, dass beim nächsten Mal Platzwechsel ist.

Norbert Stockert

Voll krass in Bewegung

Die Spielenden tauschen ihre Bewegungen und stellen sie anschließend vor.

Alter	ab 8 Jahren
Dauer	10 Minuten
Material	Luftballons, Musik
Gruppierung	Paare
Vorbereitung	–
Spielform	Bewegungsspiel
Bildungskompetenzen	Körperarbeit Koordinationstraining, Kontaktaufnahme innerhalb der Gruppe, Körperwahrnehmung, Konzentration, Kommunikation
Spielgelegenheit	Gruppenstunde, Ferienfreizeit, Klassenfahrt

Alle Spielenden bekommen einen Luftballon und blasen ihn auf. Anschließend klemmt jede Person ihren Ballon unter den Arm und überlegt sich eine Bewegung (mit dem Kopf schütteln, mit einem Auge zwinkern, auf einem Bein hüpfen etc.). Auf ein Kommando der Spielleitung (Musik) gehen alle umher, machen dabei ihre Bewegungen und tauschen ihren Luftballon. Mit dem Tausch werden ebenfalls die Bewegungen weitergegeben. Die Spielenden versuchen sich zu merken, welche Bewegungen sie während des Spiels vollzogen haben. Das Spiel wird nach Aufforderung der Spielleitung beendet: Die Gruppe stellt sich im Kreis zusammen. Im Uhrzeigersinn macht jede Person ihre getauschten Bewegungen – in schneller Abfolge, beginnend mit der ersten Bewegung – vor.

Vereinfachte Variante

Die Gruppe vollzieht gemeinsam nach, welche Bewegungen es alles gab.

Pädagogischer Hinweis

Ein schönes Spiel für einen Gruppenabend, wenn sich die Spielenden noch nicht so gut kennen.

Ralf Brinkhoff

Mausefalle

Von der Katze abgeschlagene Mäuse werden zur „Mausefalle“.

Alter	ab 6 Jahren
Dauer	10 – 15 Minuten
Material	–
Gruppierung	Großgruppen
Vorbereitung	–
Spielform	Fang- und Bewegungsspiel
Bildungskompetenzen	Bewegung, Reaktionsvermögen, Taktik
Spielgelegenheit	Kindergruppen, Freizeiten, Offener Ganztag

Ein Spielender ist auf einem großen Spielfeld als Katze unterwegs und verfolgt die anderen Spielenden, die alle Mäuse sind. Eine abgeschlagene Maus setzt sich auf den Boden und wird zur „Mausefalle“. Kommt eine Maus in deren Nähe, so kann sie diese festhalten. Sie darf die festgehaltene Maus aber nicht selbst abschlagen, sondern muss die Katze rufen, die das dann erledigt. Auch diese Maus wird zur Mausefalle. Das geht so lange, bis alle Mäuse abgeschlagen sind.

Pädagogischer Hinweis

Ein neutraler Schiedsrichter ist wichtig.

Norbert Stockert

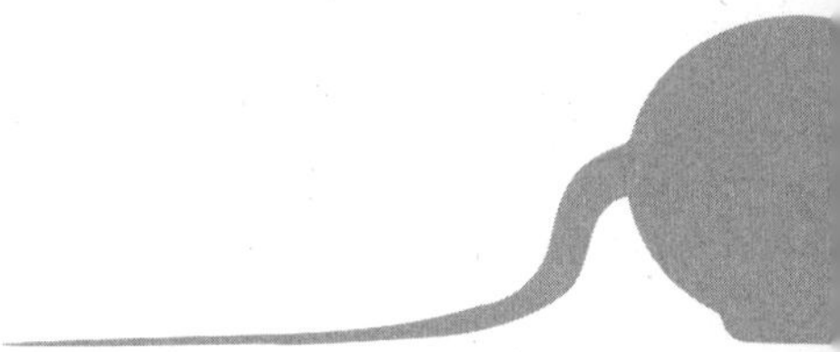

Schulter, Hüfte, Knie

Die Spielenden stehen im Kreis und folgen den Impulsen der Spielleitung.

Alter	ab 8 Jahren
Dauer	5 – 10 Minuten
Material	–
Gruppierung	Großgruppe
Vorbereitung	–
Spielform	Gruppenspiel, Kontaktspiel
Bildungskompetenzen	Koordination, Bewegung, Kontakt
Spielgelegenheit	Gruppenstunde, Auflockerung

Die Spielenden stehen zusammen mit der Spielleitung im Kreis. Diese setzt die Impulse: So berührt man mit der linken Hand die linke Schulter des rechten Nachbarn und sagt „Schulter", dann berührt man mit der rechten Hand die rechte Schulter des linken Nachbarn und sagt auch wieder „Schulter". Dann wird alles wiederholt und in derselben Reihenfolge mit der linken bzw. der rechten Hand die Hüfte des rechten bzw. linken Nachbarn berührt und dazu „Hüfte" gesagt. Anschließend wird wieder alles wiederholt und es kommen die Knie dazu, ehe wiederum alles wiederholt wird und die Zehen dazukommen. Schließlich beginnt alles von vorn und wird von Runde zu Runde immer schneller.

Pädagogischer Hinweis

Kulturelle Besonderheiten sollten bei Berührungen im Blick behalten werden.

Literatur

Spielimpulse, aus der Praxis für die Praxis, Spielmobile e. V., Freiburg 2017

Gerhard Knecht

Zahlenduell

Zwei Spielende „duellieren" sich mit der Anzahl ihrer Finger. Auf Zuruf müssen sie entscheiden, ob sie die kleinere oder größere Anzahl Finger zeigen.

Alter	ab 6 Jahren
Dauer	5 Minuten und länger
Material	–
Gruppierung	zwei Spielende gegenüber
Vorbereitung	–
Spielform	Reaktionsspiel
Bildungskompetenzen	Förderung von Konzentration und Reaktion
Spielgelegenheit	Vertretungsstunde

Jeweils zwei Spielende stellen sich gegenüber voneinander auf und halten die Hände hinter dem Rücken versteckt. Beide überlegen sich eine Zahl zwischen 0 und 10 und streckt die entsprechende Anzahl Finger aus. Auf Zuruf der Spielleitung zeigen sich die Spielenden ihre Anzahl der Finger, indem sie die Hände vor den Körper nehmen. Jetzt ruft die Spielleitung „größer!" Die Person mit der höheren Anzahl ausgestreckter Finger versucht jetzt schnell, die Hände der anderen zu berühren; diese versucht, ihre Hände wegzuziehen. Ruft die Spielleitung „kleiner!", versucht die Person mit der niedrigeren Anzahl an ausgestreckten Fingern, die Hände der anderen zu berühren.

Pädagogischer Hinweis

Die Spielleitung bringt Spielende zusammen, die möglichst gleich schnell die Aufgabe bewältigen können, oder es wird nach dem Rotationsprinzip zusammen gespielt.

Frauke Haselhorst

Verrücktes Quiz-Känguru

Die Teams treten in einem Quizduell gegeneinander an und dürfen bei Erfolg als Riesenkänguru springen.

Alter	ab 8 Jahren
Dauer	20 Minuten
Material	Kreppband, vorbereitete Fragen
Gruppierung	zwei Kleingruppen
Vorbereitung	zwei Kreppstreifen auf dem Boden (oder Seile, falls man draußen spielt) zur Kennzeichnung von Start- und Ziellinie
Spielform	bewegtes Quiz- und Ratespiel
Bildungskompetenzen	Wissen
Spielgelegenheit	Gruppenstunden, Freizeit, Freistunden

Die Spielenden der zwei Gruppen stehen eng hintereinander und haben die Hände auf den Schultern der Person vor sich. Die Spielleitung ruft laut eine Frage und alle sollen so schnell wie möglich antworten. Die Gruppe, die die richtige Antwort zuerst gerufen hat, darf einen Gruppenhüpfer machen, das heißt, alle hüpfen auf drei gemeinsam einmal, so weit sie können, ohne sich an den Schultern loszulassen.

Fragenbeispiele

- Wer macht laut „tröröhhh"?
- Heidis Freund heißt …?
- Bei Meister Eder wohnt der rothaarige …?
- Batmans Gehilfe heißt …?
- Der Nachname von Obi Wan ist …?

Die Gruppe, die zuerst komplett über die Ziellinie gehüpft ist, hat gewonnen.

Frauke Haselhorst

Zielwurf mit Zweigen

Die Spielenden versuchen, mit Ästen ein Ziel so zu treffen, dass diese hängen bleiben.

Alter	ab 8 Jahren
Dauer	30 Minuten
Material	kleine gebogene Äste oder Astgabeln
Gruppierung	abwechselnd in der Gruppe
Vorbereitung	geeignete Äste sammeln
Spielform	Geländespiel, Wettkampfspiel
Bildungskompetenzen	Geschicklichkeit
Spielgelegenheit	Gruppenstunde, Spielaktion im Freien

Gemeinsam geht es auf die Suche im Wald, im Park oder am Straßenrand, wo Bäume stehen. Kurze gebogene Äste oder abgebrochene Zweige mit Gabeln werden benötigt. Diese kann man besonders gut nach heftigem Wind finden. Bitte keine Äste extra abbrechen! Nun sucht man sich ein gutes Ziel, entweder einen Baum mit vielen niedrigen Ästen oder man legt einen großen Ast quer zwischen zwei Bäume, sodass ein horizontales Ziel entsteht. Natürlich kann man in der Stadt auch Zäune am Parkrand oder Drängelgitter für Fahrräder nutzen.
Spielziel ist, möglichst viele seiner Stöcke so zu werfen, dass sie am Ziel (dem Ast, dem Gitter) hängen bleiben. Wichtig ist, vorher abzusprechen, welche Distanz zum Zielobjekt benötigt wird. Die Anzahl der Wurfgeschosse bestimmen die Spielenden selbst. Punkte gibt es für jeden Wurf, bei dem das Wurfmittel auf dem Ast oder dem Gitter bleibt.

Marietheres Waschk

Oh yeah

Durch gemeinsame Bewegungen und gleichen Rhythmus wird das Gruppengefühl gestärkt.

Alter	ab 10 Jahren
Dauer	10 Minuten
Material	–
Gruppierung	im Kreis stehend
Vorbereitung	–
Spielform	Interaktion
Bildungskompetenzen	Stärkung des Gruppengefühls durch gemeinsame Bewegungen und gleichen Rhythmus
Spielgelegenheit	Ferienfreizeit, Ganztagsschule, Gruppenstunde

Zunächst werden folgende Bewegungen und die Geräusche in einem gleich bleibenden Rhythmus eingeübt.

- Zweimal in die eigenen Hände klatschen und gleichzeitig rufen „o. k.". (Klatsch 1: „o", Klatsch 2: „k")
- Zwei Mal auf die eigenen Oberschenkel klopfen und rufen „alright".
- Zweimal beide Finger schnipsen und sagen „very nice".
- Beide Daumen hochhalten und mit einem breiten Lächeln rufen „oh yeah!"
- Beim Ruf der Spielleitung „check it out" wechseln alle schnell die Plätze, indem sie durch die Mitte des Kreises laufen und irgendeine Person mit „High five"begrüßen.

Die Spielleitung ruft jetzt in einem flotten Tempo immer laut einen der „Befehle". Die Gruppe hat die Aufgabe, den Ruf im vorgegebenen Rhythmus lautstark zu wiederholen und dabei die Bewegungen zu machen. Die Reihenfolge ändert die Spielleitung dabei ständig und wird im Tempo auch schneller. Durch das „check it out" findet ein Bruch statt, nachdem anschließend mit einem neuen Tempo begonnen werden kann.

Friedemann Hönsch

Alaska Gummihuhn

Zwei Teams spielen gegeneinander, Punkte bekommt man beim Umrunden des eigenen Teams.

Alter	ab 10 Jahren
Dauer	10 – 15 Minuten
Material	Gummihuhn
Gruppierung	2 Kleingruppen mit je ca. 10 Spielenden
Vorbereitung	–
Spielform	Bewegungsspiel
Bildungskompetenzen	Wahrnehmung, Konzentration, Kooperation
Spielgelegenheit	Kinder- und Jugendgruppen, Schulklassen, Seminare

Die Gruppe bildet zwei Teams. Ein Team wird für den Beginn ausgelost und erhält das Gummihuhn. Eine Person wirft das Huhn mit dem lauten Ruf: „Alaska!" weg. Nun stellt sich Team 1 ganz eng zusammen und die Person, die geworfen hat, umrundet schnell die eigene Gruppe. Der Ruf „Alaska!" ist das Startsignal für Team 2, das schnell zum Huhn läuft. Team 2 stellt sich, wenn es beim Huhn angekommen ist, mit gegrätschten Beinen hintereinander. Sie geben das Huhn vom Fundort durch die Beine bis zur hintersten Person durch, die es dann mit dem lauten Ruf „Alaska!" wirft. Nun umrundet eine Person aus Team 2 ihre Gruppe, während Team 1 zum Huhn läuft und es durch die Beine weitergibt. Pro Umrundung des eigenen Teams erhält das Team einen Punkt. Wichtig: Es dürfen nicht immer dieselben Personen laufen oder werfen! Jeder sollte einmal umrundet und geworfen haben. Bei diesem Spiel kann es hilfreich sein, zwei Spielleiter zu haben.

Marietheres Waschk

Über Stock und über Stein

Die Spielenden schlüpfen in unterschiedliche Rollen und stellen dar, wie die Personen sich bewegen.

Alter	ab 8 Jahren
Dauer	10 – 15 Minuten
Material	evtl. Matten für den Boden
Gruppierung	Großgruppe
Vorbereitung	Tische und Stühle zur Seite räumen
Spielform	Bewegungsspiel
Bildungskompetenzen	Darstellung, Körpererfahrung
Spielgelegenheit	Klassenfahrt, Spielaktion, Gruppenstunde, Ferienprogramm

Die Spielenden bewegen sich locker durch den Raum, gehen langsam und aufmerksam beobachtend. Die Spielleitung beschreibt, wo die Spielenden sich gerade befinden, z. B. auf dem Marktplatz oder in einer belebten Einkaufsstraße, im Park oder auf einem Spazierweg … Je nachdem, welcher Ort vorgegeben ist, sind dort unterschiedliche Menschen. Auf dem Marktplatz können sich Geschäftsleute oder Ratsherren treffen, im Einkaufszentrum hektisch Einkaufende. Im Park können sich Kindergartenkinder, aber auch Jugendliche treffen. Auf dem Spazierweg sehen sich vielleicht ältere Menschen …

Die Spielenden bewegen sich immer in der Rolle, die angesagt wurde: langsam und gebeugt als ältere Menschen, aufrecht und steif als Ratsherren und Geschäftsleute. Schnell und hektisch huschen sie als Einkäufer durch die Läden. Als Jugendliche kann man betont lässig schlendern … Treffen zwei Spielende aufeinander, begrüßen sie sich, wie die Rolle es verlangt: Jugendliche mit einem coolen „Hi", die Einkäufer in der Hektik nur kurz, mehr Zeit für eine Begrüßung haben die älteren Menschen …

Mögliche Orte für Begrüßungen

- Schule, in der sich Schulkinder treffen
- Boxer im Ring, die sich gegenübertreten und die Fäuste abklopfen

- Fußballfeld, auf dem die Spieler sich aufwärmen, anschließend wünschen sich die Spieler der Mannschaft gegenseitig Glück
- Bauarbeiter, die ein Haus bauen und sich dann gemeinsam zur Pause begrüßen
- Matrosen, die ein Schiffsdeck schrubben und sich anschließend mit einer Hand an der Schläfe laut „Aye, aye" grüßen.

Marietheres Waschk

Roboter-Ball-Spiel

Blinde „Roboter" werden durch eine andere Person beim Ballspiel gesteuert.

Alter	ab 6 Jahren
Dauer	5 Minuten
Material	Softbälle
Gruppierung	paarweise in der Großgruppe
Vorbereitung	–
Spielform	Bewegungsspiel
Bildungskompetenzen	Vertrauen, Taktik
Spielgelegenheit	Schulklasse, Ganztag, Freizeit

Die Spielenden stellen sich immer paarweise hintereinander auf. Die vordere Person erhält einen Softball und schließt die Augen. Die hintere versucht nun, den „Roboter" so zu steuern, dass dieser den Ball wirft, wenn er damit einen anderen „Roboter" treffen kann. Gesteuert wird mit folgenden Signalen: linke Schulter – links herum, rechte Schulter – rechts herum, leichter Druck am Rücken – Abwerfen des Balls. Ein getroffener Roboter ruht sich aus.

Varianten

Anstelle des Balls kann eine Wasserpistole genommen werden.

Gerhard Knecht

Zahlentausch

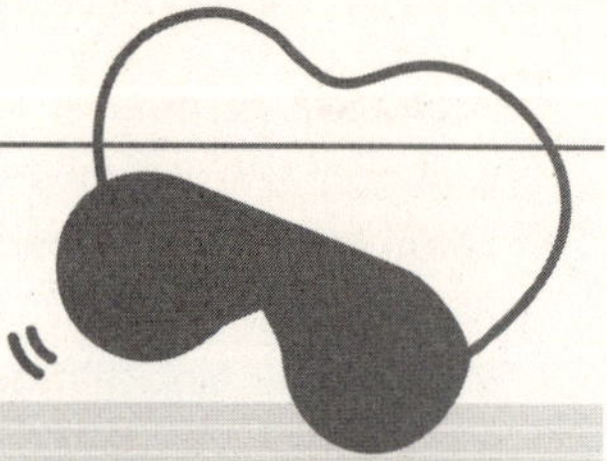

Dieses Platzwechselfangspiel wird mit Zahlen gespielt.

Alter	ab 6 Jahren
Dauer	5 – 15 Minuten
Material	Augenbinde, Markierungen oder Stühle, Zahlenzettel
Gruppierung	Großgruppe
Vorbereitung	einen Stuhlkreis aufstellen, Zettel mit Zahlen erstellen
Spielform	Wahrnehmungs- und Bewegungsspiel
Bildungskompetenzen	Reaktionsvermögen
Spielgelegenheit	Klassenfahrten, Schulstunden

Die Spielenden sitzen im Kreis und erhalten von der Spielleitung heimlich eine Zahl von 1 bis zur Anzahl der Spielenden. Eine Person steht mit verbundenen Augen in der Kreismitte und nennt zwei Zahlen. Die betreffenden beiden Spielenden müssen nun die Plätze wechseln, während die Person in der Mitte versucht, einen der beiden dabei zu berühren. Gelingt dies, so geht die berührte Person in die Mitte.

Variante

Die Person in der Kreismitte hat die Augen nicht verbunden. Die beiden genannten Spielenden müssen versuchen, sich unauffällig zu verständigen und in einem günstigen Moment die Plätze zu tauschen. Das ist anspruchsvoll, aber auch sehr reizvoll.

Pädagogischer Hinweis

Wenn eine Person die Augen nicht verbunden haben möchte, schließt sie einfach die Augen. Sind nach einiger Spielzeit die Zahlen der Spielenden bekannt, kann man neue vergeben.

Norbert Stockert

Swoosh

Ein Impuls wird weitergegeben.

Alter	ab 10 Jahren
Dauer	10 Minuten
Material	–
Gruppierung	im Kreis
Vorbereitung	–
Spielform	Kreisspiel
Bildungskompetenzen	Reaktionsvermögen
Spielgelegenheit	Warm-up, Ice-Breaker

Die Spielenden stehen im Kreis. Die Spielleitung erklärt das Spiel. Sie benötigt die Energie aller und lässt sich diese von den Spielenden transferieren, indem sie sie mit einer dramatischen Handbewegung in einen Ball vor sich saugt. Diese „Energie“ wird nun im Kreis mit einer großen Armbewegung weitergegeben (ähnlich dem Wurf einer Bowlingkugel). Dabei wird „Swoosh“ gerufen. Außerdem bestehen weitere Aktionen:

- Block: Die empfangende Person verschränkt die Arme über dem Kopf und ruft „Block.“ Dann wechselt die Energie die Richtung und wird dahin zurückgeworfen, wo sie herkam.
- Bird: Die weitergebende Person ruft „Bird“ und macht eine Bewegung, als werfe sie eine Kugel. Die Person neben ihr kann den Energie-Vogel fangen (laut „catch“). Oder sie duckt sich – dann fliegt die Energie über sie hinweg und die nächste Person ist an der Reihe. Auch sie kann fangen oder sich ducken etc.
- Arrow: Die weitergebende Person ruft „Arrow“ und macht eine Bewegung, als schieße sie mit einem Bogen. Damit kann sie zu jeder beliebigen Person im Kreis schießen, nicht nur zu ihren Nachbarn. Die angeschossene Person taumelt ein wenig nach hinten, hält sich die Hände auf die vermeintliche Wunde und ruft laut „hit“. Anschließend kann sie die Energie nach rechts oder links weitergeben (mittels „Swoosh“, „Bird“ etc.).

Marietheres Waschk

„Peace like a River“ (mit Bewegungen)

Das Singen wird von bestimmten Bewegungen begleitet.

Alter	ab 10 Jahren
Dauer	5 Minuten
Material	–
Gruppierung	im Kreis stehend
Vorbereitung	Text und Melodie des Liedes sicher können (auf Videoportalen leicht zu finden)
Spielform	Sing- und Bewegungsspiel
Bildungskompetenzen	Förderung von Musikalität und körperlicher Koordinierung
Spielgelegenheit	Projekt

Während das bekannte Lied gemeinsam gesungen wird, werden unten erklärte Bewegungen jeweils bei den vereinbarten Worten gemacht.

Strophe 1
I've got peace like a river, (2 x)
I've got peace like a river in my soul,
I've got peace like a river, (2 x)
I've got peace like a river in my soul.

Bewegungen

- Peace (Victoryzeichen mit einer Hand),
- River (Wellenbewegung mit der Hand),
- Soul (die flache Hand auf das eigene Herz legen; augenzwinkernde Alternative: mit den Fingern auf die eigenen Schuhsohlen tippen)

Strophe 2
I've got love like an ocean, (2 x)
I've got love like an ocean in my soul,
I've got love like an ocean, (2 x)
I've got love like an ocean in my soul.

Bewegungen

- Love (mit den Händen ein Herz formen)
- Ocean (mit einer Hand die Weite des Ozeans zeigen)
- Soul (die flache Hand auf das eigene Herz legen)

Strophe 3

I've got joy like a fountain, (2 x)
I've got joy like a fountain in my soul,
I've got joy like a fountain, (2 x)
I've got joy like a fountain in my soul.

Bewegungen

- Joy (mit beiden Zeigefingern einen lachenden Mund „zeichnen")
- Fountain (mit beiden Händen eine Fontäne nachempfinden)
- Soul (die flache Hand auf das eigene Herz legen)

Strophe 4

I've got strength like an eagle, (2 x)
I've got strength like an eagle in my soul,
I've got strength like an eagle, (2 x)
I've got strength like an eagle in my soul.

Bewegungen

- Strength (durch beide angewinkelte Arme Kraft / Stärke zeigen)
- Eagle (mit den Armen Adlerschwingen nachempfinden)
- Soul (die flache Hand auf das eigene Herz legen)

Pädagogischer Hinweis

Diese nicht ganz ernst zu nehmenden Bewegungen lockern auf und überfordern in einer Anfangssituation keine Spielenden, da alle auf ihrem Platz stehen bleiben können und auch nicht in Körperkontakt mit anderen treten müssen.

Friedemann Hönsch

„Beach"-Volleyball

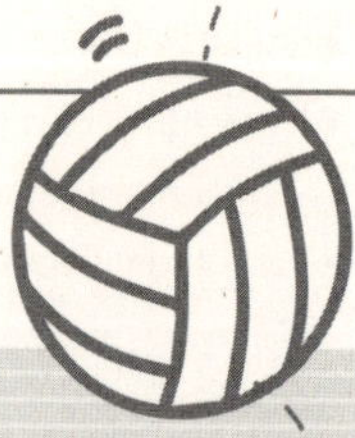

Zwei gleich große Teams spielen im Sitzen mit Luftballons Volleyball.

Alter	ab 6 Jahren
Dauer	10–15 Minuten
Material	2–4 Luftballons
Gruppierung	zwei Teams
Vorbereitung	Tische und Stühle zur Seite räumen
Spielform	Bewegungsspiel
Bildungskompetenzen	Reaktionsvermögen
Spielgelegenheit	Kinder- und Jugendgruppen, Klassen, Ferienfreizeit, Seminararbeit

Es bilden sich zwei gleich große Teams. Diese setzen sich gegenüber mit ausgestreckten Beinen. Die Fußsohlen der sich gegenübersitzenden Spielenden berühren sich. Innerhalb eines jeden Teams sitzen die Spielenden eng nebeneinander, sodass sich die Schultern fast berühren. Nun wird von der Spielleitung ein Ballon ins Spiel gebracht, indem sie ihn in die Mitte wirft. Die jeweiligen Teams versuchen, den Ballon so weit hinter das andere Team zu schießen, dass dieses ihn nicht mehr erreichen kann.

Kommt der Beachvolleyball hinter einem Team auf, so erhält das andere Team einen Punkt. Geht der Ballon zwischendurch ins Seitenaus, gibt die Spielleitung ihn wieder in der Mitte frei. Bei größeren Gruppen können auch mehrere Ballons als Beachvolleybälle ins Spiel gebracht werden.

Marietheres Waschk

Personen ticken

Die Person, deren Namen man auf dem Zettel hat, soll angetickt werden, ohne dabei selber gefangen zu werden.

Alter	ab 8 Jahren
Dauer	30 Minuten
Material	Zettel mit Namen von jedem
Gruppierung	einzeln
Vorbereitung	–
Spielform	Bewegungsspiel
Bildungskompetenzen	Bewegung, Taktik
Spielgelegenheit	Klassenfahrten, Seminare, Ferienfreizeiten

Jeder zieht einen Zettel mit einem Namen darauf (falls jemand seinen eigenen gezogen hat, muss neu gezogen werden). Der Name ist die Zielperson, die man fangen muss. Nun haben alle fünf Minuten Zeit, sich zu verstecken oder ins Gelände auszuschwärmen. Ziel des Spiels ist es, die Person, deren Namen man gezogen hat, zu finden, anzuticken und sie zum Sammelpunkt zu bringen. Anschließend erhält man den Zettel, den die getickte Person als Zielperson hatte, und hat damit eine neue Zielperson. Wer schafft es, am längsten im Spiel zu bleiben und die meisten Personen anzuticken?

Marietheres Waschk

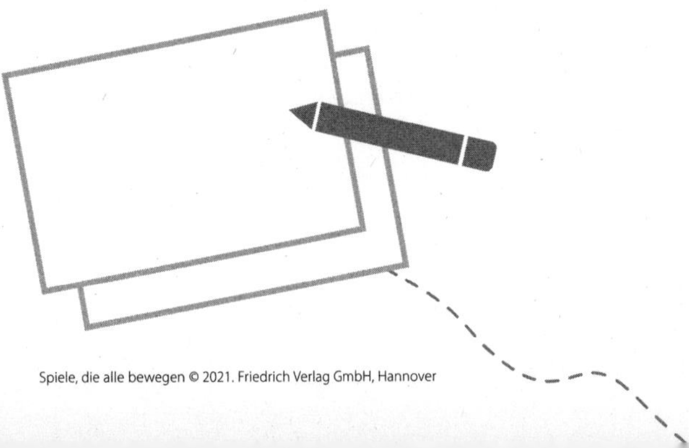

Meister, gib uns Arbeit heute

Ein Spielender ist Meister. Die Gruppe zeigt, was sie kann, der Meister muss den Beruf erraten und die Mitspielenden fangen.

Alter	ab 8 Jahren
Dauer	10 – 20 Minuten
Material	–
Gruppierung	Großgruppe
Vorbereitung	–
Spielform	Lauf- und Fangspiel, darstellendes Spiel
Bildungskompetenzen	Taktik, Kreativität, körperliche Gewandtheit
Spielgelegenheit	Klassen, Ferienfreizeit, Spielaktion, Hoffest, Straßenfest

Die Gruppe einigt sich auf eine Arbeit, die sie pantomimisch darstellen möchte. Dann stellt sie sich in einem Abstand von einem Meter vor den Meister, der auf einem Stuhl sitzt. Das Spiel beginnt mit dem Ritual:
Gruppe: „Meister gib uns Arbeit heute."
Meister: „Was für eine?"
Gruppe: „Eine feine, eine feine."
Meister: „Dann lasst mal sehen."

Dann stellen alle dem Meister pantomimisch die vorher vereinbarte Arbeit vor, und der Meister muss erraten, welche Arbeit dargestellt wird. Rät der Meister richtig, laufen die Arbeiter in die entgegensetzte Richtung bis zu einer Auslinie des Raumes weg, und er versucht, einen davon zu fangen. Die Arbeiter laufen deshalb weg, weil er zu wenig bezahlt. Achtung: Wenn der Meister den Begriff nicht ganz genau rät und die anderen trotzdem weglaufen, gelten diese ebenfalls als gefangen. Alle gefangenen Personen helfen bei der nächsten Runde dem Meister.

Gerhard Knecht

Sockeln

Durch ein Seil verbunden und auf Kisten stehend kämpfen die Spielenden um das Gleichgewicht.

Alter	ab 8 Jahren
Dauer	5 Minuten
Material	für jeden Spielenden eine Getränkekiste oder einen Rundling und zu zweit ein Seil von ca. 3 m Länge
Gruppierung	Paare, beliebig viele
Vorbereitung	Material bereitlegen
Spielform	Wettkampf- und Bewegungsspiel
Bildungskompetenzen	Gleichgewicht, Taktik
Spielgelegenheit	Spielfeste, Freizeit

Immer zwei Spielende stehen sich auf Getränkekisten gegenüber. Sie halten jeweils ein Seilende in den Händen. Durch Ziehen und Lockerlassen des Seils versuchen sie nun, den Mitspielenden aus dem Gleichgewicht zu bringen. Muss einer der beiden von der Kiste steigen, weil er das Gleichgewicht verliert, beginnt ein neues Spiel.

Variante

Die Kisten werden sternförmig im Kreis aufgestellt mit bis zu zwölf Spielenden. Alle Spielenden sind dabei über einen Karabinerhaken oder einen Ring, an dem die Seile befestigt sind, miteinander verbunden. Somit wirken verschiedene Kräfte auf die Mitspielenden ein.

Gerhard Knecht

Schlauchbootfahrt

Durch Luftballons verbunden absolvieren die Spielenden einen Parcours.

Alter	ab 6 Jahren
Dauer	20 Minuten
Material	je einen Luftballon pro spielender Person
Gruppierung	Gruppen ab 10 Personen
Vorbereitung	–
Spielform	Kooperationsspiel
Bildungskompetenzen	Geschicklichkeit, Grobmotorik, Kooperation
Spielgelegenheit	Gruppenstunden, Ferienfreizeit, Teamtrainings, Seminare, Klassenfahrten

Jeder Spielende bläst einen Luftballon auf. Nun stellen sich alle hintereinander in eine Reihe und jede Person hält den Luftballon vor ihren Bauch. Die Spielleitung ruft die Spielenden in ihr Szenario zusammen: „Da wir nun ein Schlauchboot bilden, rutschen wir ganz eng aneinander, sodass die Luftballons ohne die Hilfe der Hände halten."
Nun klemmen die Luftballons zwischen Bauch und Rücken der Spielendenschlange. Gemeinsam sollen sie so einen Parcours absolvieren, je nach Alter über Treppen und unter Hindernissen hindurch. Fällt auch kein Ballon zu Boden?

Marietheres Waschk

Gruppentwister

Die Spielenden reagieren mit den Händen auf Farbansagen.

Alter	ab 8 Jahren
Dauer	5 Minuten
Material	–
Gruppierung	Großgruppe
Vorbereitung	–
Spielform	Icebreaker
Bildungskompetenzen	Kooperation
Spielgelegenheit	Gruppenstunde, Ferienfreizeit, Teamtrainings, Seminare, Klassenfahrten

Viele kennen das Spiel Twister, bei dem die Spielenden sich verbiegen, um mit dem richtigen Körperteil die richtige Farbe zu berühren.
Bei dieser Spielvariante gibt es allerdings kein Spielfeld, vielmehr muss bei der Ansage durch die Spielleitung „Rechte Hand auf Blau!" geschaut werden, wer etwas Blaues trägt. Und so wandert die Hand an die Jeans eines Mitspielenden und darf auch nicht mehr weggenommen werden. Nun folgt für die linke Hand durch ein neues Kommando der Spielleitung eine weitere Farbe, die berührt werden muss. Dann ist der rechte Fuß dran, der z. B. „an Schwarz" muss. Zum Abschluss sollte die Spielleitung schnell ein lustiges Gruppenfoto für die Gruppe schießen.

Pädagogischer Hinweis

Bei diesem Spiel ist es wichtig, dass die Spielleitung vorab darauf hinweist, dass niemand an Stellen des Körpers fassen darf, an denen das Berührtwerden für die oder den anderen unangenehm sein kann.

Marietheres Waschk

Koop-Boule-Golf

Dieses Spiel ist eine kooperative Boule-Spielvariante.

Alter	ab 6 Jahren
Dauer	30–90 Minuten
Material	Alltagsmaterialien, die als Wurfgegenstände taugen
Gruppierung	Paare
Vorbereitung	–
Spielform	Bewegungsspiel
Bildungskompetenzen	Kooperation, motorische Sensibilisierung, Geschicklichkeit
Spielgelegenheit	Gruppenstunde, Ganztag, Projekt, Freizeitgelegenheiten

Ein eher nicht kugelförmiger Gegenstand wird als Wurfziel vier bis fünf Meter von der Abwurflinie auf den Boden gelegt. Geworfen wird immer paarweise, indem der zu werfende Gegenstand von einem Spielenden in der Hand gehalten wird und der andere Spielende dessen Hand hält. Die Gegenstände, die möglichst nahe an das Wurfziel geworfen werden sollen, können alle werfbaren kleinen (und beim Aufprallen möglichst nicht zu lauten) Gegenstände sein – je Runde sollten es aber für alle Spielpaare dieselben Sachen sein, z. B. Korken, Kugeln aus alten Computermäusen, Jonglierbälle, Tischtennisbälle, Schaumstoffwürfel.

Variante

Die Golfvariante besteht darin, dass das Wurfziel die neue Abwurfposition wird.

Ulrich Baer

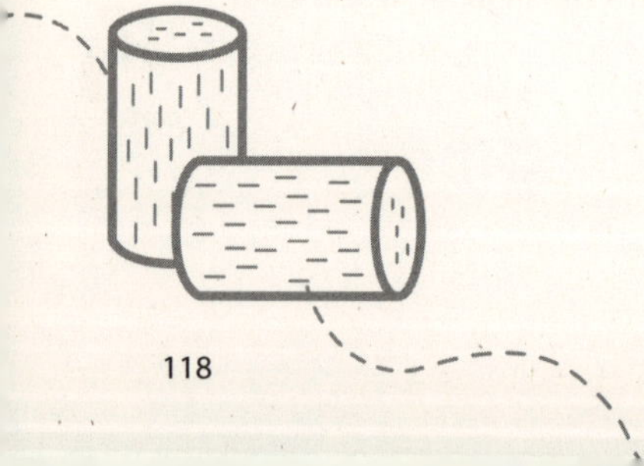

Schnell an Ort und Stell

Dieses Rechen- und Bewegungsspiel bereichert den Fachunterricht.

Alter	ab 10 Jahren
Dauer	5 Minuten
Material	DIN-A4-Blätter mit Ziffern
Gruppierung	Vierer- oder Dreierteams
Vorbereitung	passende Aufgaben ausdenken
Spielform	New Game / Mathespiel
Bildungskompetenzen	mathematische Fähigkeiten, Teamfähigkeit, Problemlösefähigkeit
Spielgelegenheit	im Matheunterricht, in Vertretungsstunden

Alle Teams stellen sich jeweils in eine Viererreihe auf. Jede Person erhält eine Ziffer am Körper befestigt (z. B. 1, 2, 3, 4). Die Spielleitung stellt nun Aufgaben, bei denen die Ziffern in unterschiedlicher Reihenfolge das Ergebnis bilden (z. B. 3000 – 659).
Die Mannschaft versucht, das Ergebnis zu errechnen und sich dann in die richtige Reihenfolge (z. B. 2341) zu bringen. Sprechen ist dabei nicht erlaubt. Das Ergebnis zählt, wenn die Gruppe „Schnell an Ort und Stell" ruft. Für jüngere funktioniert das Spiel natürlich auch in Dreierteams.

Variante

Das Spiel funktioniert auch im Sprachunterricht (z. B. mit Verb, Nomen, Adjektiv und Artikel). Dann liest die Spielleitung einen Satz vor.

Pädagogischer Hinweis

Viele New Games eignen sich für die Einführung bestimmter Themen im Fachunterricht.

Björn Lengwenus

Stuntman-Training

Die Spielenden trainieren gefährliche Bewegungen, um als Stuntman arbeiten zu dürfen.

Alter	ab 6 Jahren
Dauer	15 – 30 Minuten
Material	großer, freier Raum notwendig, Turnmatten, Körperschutzpolster wie für Skater
Gruppierung	überwiegend Paare oder Einzelspielende verteilt im Raum
Vorbereitung	Polster anlegen und Matten auslegen
Spielform	Bewegungsspiel
Bildungskompetenzen	motorische Differenzierung, Kooperation, Koordination, gegenseitige Hilfe
Spielgelegenheit	Gruppenstunde, Ganztag, Projekttag, Sportunterricht

Verschiedenste Stuntman-Aufgaben werden trainiert, um als Stuntdouble bei Film- und Fernsehproduktionen arbeiten zu können. Bevor man als Stuntman angeheuert wird, muss ein Training absolviert werden, welches die Versicherung vorschreibt, damit man bei den Filmaufnahmen keine ernsthaften Verletzungen davonträgt. Alle werden zu diesem Training eingeladen. Nachdem die Schutzpolster gruppenweise angezogen sind, werden die Übungen (zum Teil mit persönlichem Helfer) von den Gruppen absolviert.

Aufgabenbeispiele

- Sich auf der Stelle ohne Abstützen mit den Händen fallen lassen
- liegend über eine Tischkante rollen (und auf eine dicke Matte fallen lassen)
- sich steif stehend nach hinten (in die Arme eines Helfers) fallen lassen
- über eine Slackline (oder eine umgedrehte Turnlangbank) balancieren.

Variante

Die Übungen vor und auf einem großen, grünen (oder blauen) Tuch ausführen und mit Video aufnehmen. Mit entsprechender Videoschnittsoftware können die Aufnahmen in einen passenden Videofilm (Häuserschluchten, Berge, Autodächer, reißender Fluss usw.) mit Bluescreentechnik hineinkopiert werden.

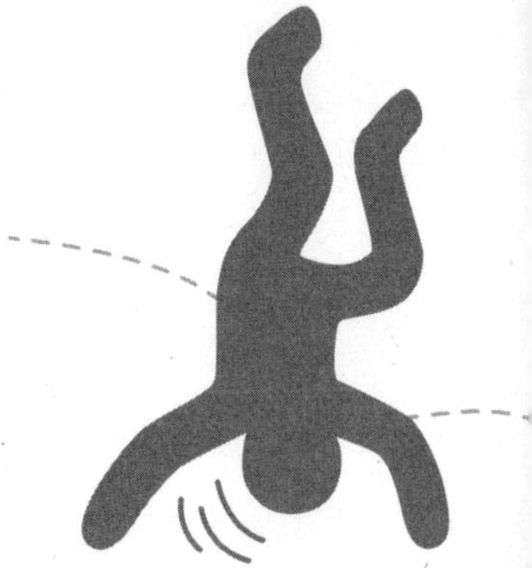

Pädagogischer Hinweis

Die Spielleitung muss die einzelnen Aufgaben so konzipieren und absichern, dass keine ernsthafte Verletzungsgefahr besteht und die Spielenden dennoch ein bewältigbares Risiko empfinden können. Der Spielcharakter tritt besonders dann zutage, wenn die gespielten Gefahren in tatsächlicher Sicherheit stattfinden. Für die Sicherheitsvorkehrungen kann es hilfreich sein, den Rat von sport- oder zirkuspädagogischen Fachkräften einzuholen.

Ulrich Baer

Ist die Luft raus, werden alle unkonzentriert, ist es Zeit für Bewegung? Dann bietet dieses Kapitel anregende Spielideen, um aufzulockern oder sich kurz auszupowern – schon ist wieder Raum für Aufmerksamkeit oder zum Weitermachen.

Geisterjäger (S. 126)

Fangspiele gibt es in allen Kulturen und schon ab frühestem Kindesalter. Dieses Fangspiel gibt auch den Spielenden, die gefangen wurden, die Möglichkeit, weiter mitzuspielen, wenn der Geist sie wieder erweckt. So bleibt der Spielreiz auch für „Gefangene" erhalten.

Moskitospiel (S. 139)

Dieses Spiel ist erstaunlich bewegungsintensiv und schnell. Dabei wird nicht viel gerannt, hier verteidigen zwei Spieler den Anzutippenden gegen ein Moskito. Unbedingt sollen die Rollen gewechselt werden, so dass jeder einmal Moskito ist.

Der Platz neben mir ist frei (S. 146)

Dieses kleine und feine Stuhlkreisspiel ist eine Abwandlung von „Mein rechter, rechter Platz ist frei" und bietet jede Menge Spaß. Hier wird deutlich, dass mit nur einer kleinen Änderung im Spielablauf ein völlig neues Spiel entsteht!

Action

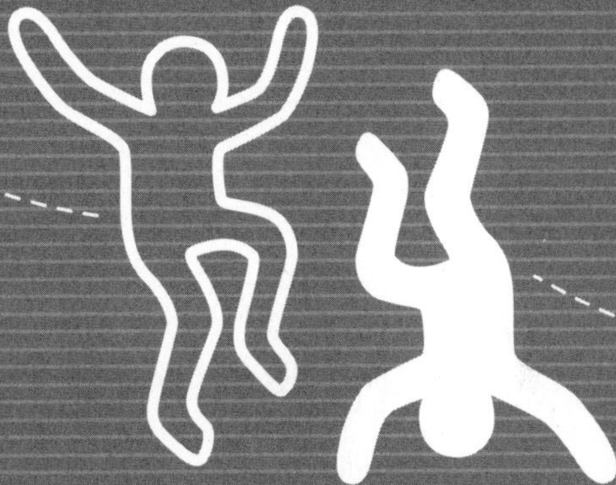

Wasserballon-Volleyball (S. 148)

Wird herkömmliches Material neu ersetzt, so gibt das dem Spiel einen völlig neuen Spielreiz. Auch wenn dieses Spiel eigentlich einen leichten Wettkampfcharakter hat, steht an warmen Sommertagen der Spielspaß im Vordergrund.

Where is my chicken? (S. 149)

Dieses Spiel erfordert Konzentration und Reaktionsvermögen im ersten Teil. Im zweiten Teil ist es eine kooperative Aufgabe für die Gruppe – besonders schön ist es, wenn die Gruppe gegen die Spielleitung ihre Aufgabe erfolgreich absolviert.

Eisbärenjagd

Zwei Eisbären gehen auf die Jagd und versuchen, alle Fische einzufangen.

Alter	ab 4 Jahren
Dauer	5 – 15 Minuten
Material	etwas Kreide
Gruppierung	Großgruppe
Vorbereitung	Kreis auf den Boden malen
Spielform	Bewegungsspiel
Bildungskompetenzen	Bewegung, Kooperation, Koordination, Fantasie
Spielgelegenheit	Freispiel, Aufwärmen, Klassen-, Ferienfreizeit, Spielaktion, im Freien oder auch im großen Raum

Ein gemalter Kreis stellt eine Eisscholle dar, auf der zwei Spielleitende, die Eisbären, stehen. Die übrigen Spielenden (Fische) laufen darum herum. Die Eisbären gehen auf die Jagd, verlassen die Eisscholle und halten sich dabei an den Händen. Wenn sie einen Fisch eingefangen haben, umfassen sie ihn mit den freien Händen. Der Fisch wird so zur Eisscholle gebracht. Die Eisbären gehen sofort wieder auf Jagd, um einen weiteren Fisch zu fangen.
Die beiden gefangenen Fische werden automatisch zu Eisbären und gehen ebenfalls zusammen Hand in Hand auf Jagd. Das heißt, jedes neue Paar von Fischen geht zusammen mit den anderen auf die Jagd. Das Spiel endet, wenn alle Fische gefangen wurden. Die letzten beiden gefangenen Fische sind im neuen Spiel nun die Eisbären und gehen auf Fischjagd.

Eva Hofmann

Fischernetz

Wer das Fischernetz durchquert, kann gefangen werden.

Alter	ab 4 Jahren
Dauer	10 – 15 Minuten
Material	keines, lediglich ein großer Raum oder ein Spielfeld
Gruppierung	Gruppen ab zehn Personen
Vorbereitung	–
Spielform	Fang- und Bewegungsspiel
Bildungskompetenzen	Kooperation, Reaktionsvermögen, Bewegung
Spielgelegenheit	Freizeiten, Kindergruppen, Kurse, Offener Ganztag

Zwei Spielende fassen sich an den Händen und bilden so das Fischernetz. Sie vereinbaren heimlich eine Zahl zwischen eins und zehn. Dann heben sie die Arme und zählen laut ab eins.

Die anderen Spielenden „schwimmen" derweil als Fische unter dem Netz hindurch. Bei der vereinbarten Zahl senken die beiden Netzspielenden schnell die Arme.

Wer sich im Netz befindet, ist gefangen und wird Teil des Netzes. Dieses wird dadurch immer größer, die Wahrscheinlichkeit, gefangen zu werden, wird immer höher, bis auch der letzte Fisch im Netz zappelt.

Norbert Stockert

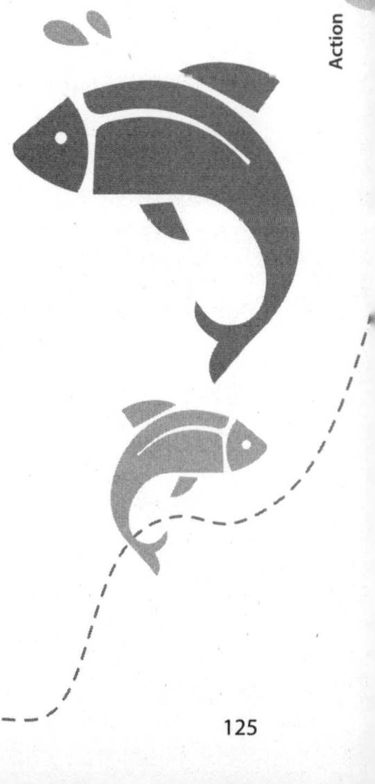

Paarfangen

Fänger versuchen, ihre Partner abzuschlagen; mit Rollentausch.

Alter	ab 5 Jahren
Dauer	10 – 15 Minuten
Material	keines, lediglich ein großer Raum oder ein Spielfeld
Gruppierung	paarweise in Gruppen ab 12
Vorbereitung	–
Spielform	Fang- und Bewegungsspiel
Bildungskompetenzen	Bewegung, Reaktionsvermögen
Spielgelegenheit	Freizeiten, Kindergruppen, Offener Ganztag

Die Spielenden finden sich paarweise zusammen, bestimmen jeweils eine Person als Fänger und verteilen sich im Raum. Auf ein Startzeichen hin verfolgt jeder Fänger seinen Partner und versucht, ihn abzuschlagen. Gelingt das, werden die Rollen getauscht: Der oder die fangende Spielende wird nun verfolgt. Damit die nun verfolgte Person Vorsprung gewinnen kann, muss sich die neue Fängerperson erst dreimal um sich selbst im Kreis drehen, ehe sie auf Fang gehen darf.

Norbert Stockert

Geisterjäger

Der Geisterjäger versucht, den Geist zu identifizieren.

Alter	ab 8 Jahren
Dauer	10 – 20 Minuten
Material	keines, lediglich ein großer Raum oder ein Spielfeld
Gruppierung	ab zehn Personen
Vorbereitung	–
Spielform	Fang- und Bewegungsspiel
Bildungskompetenzen	Bewegung, Taktik, Wahrnehmung
Spielgelegenheit	Freizeiten, Gruppenstunde, Offener Ganztag

Ein Geisterjäger verfolgt die anderen Spielenden. Diese haben vorab heimlich einen Geist bestimmt. Wer vom Geisterjäger abgeschlagen wird, „erstarrt" auf der Stelle, kann aber vom Geist wieder freigeschlagen werden. Wird der Geist abgeschlagen, erstarrt auch er, kann sich aber selbst befreien und in einem günstigen Moment einfach losrennen. Es kann also geschehen, dass alle gebannt sind und das Spiel dennoch nicht zu Ende ist. Dies ist erst der Fall, wenn der Geisterjäger den Geist abgeschlagen und identifiziert hat, indem er zu ihm sagt: „Du bist der Geist!"

Norbert Stockert

Letztes Paar nach vorn

Ein Fänger versucht, eine Person zu fangen, ehe sie wieder mit ihrem Partner oder ihrer Partnerin ein Paar wird.

Alter	ab 5 Jahren
Dauer	5 – 10 Minuten
Material	–
Gruppierung	paarweise in der Gruppe
Vorbereitung	–
Spielform	Bewegungsspiel
Bildungskompetenzen	Schnelligkeit, Taktik, Reaktion
Spielgelegenheit	Ferienfreizeit, Auflockerung zwischendurch, Ganztag

Die Spielenden stellen sich paarweise hintereinander in einer Reihe auf. Eine einzelne Person (Fänger) steht vor den Paaren und ruft: „Letztes Paar nach vorn!" Daraufhin trennt sich das letzte Paar und die Spielenden laufen, jeder auf der eigenen Seite, nach vorne. Ist das Paar vorne, versucht der Fänger, einen von beiden zu fangen, bevor sich die beiden an den Händen festhalten können und wieder ein Paar werden. Schafft es der Fänger, bildet er mit der gefangenen Person ein neues Paar und stellt sich ganz vorne auf. Die übrig gebliebene Person ist nun der Fänger.

Eva Hofmann

Nudelfangen

Mit einer Poolnudel wird Fangen auf Distanz gespielt.

Alter	ab 6 Jahren
Dauer	10 Minuten
Material	pro Fänger eine Poolnudel oder einen Teil eines Isolierungsschaumrohrs, das normalerweise um Rohre im Baugewerbe gelegt wird
Gruppierung	einer oder zwei gegen alle anderen
Vorbereitung	–
Spielform	Fangspiel
Bildungskompetenzen	Bewegung, Reaktionsvermögen
Spielgelegenheit	Pausen, Ferienprogramm, Gruppenstunden

Fangspiele sind neben Versteckspielen in jeder Kultur zu finden. Besonders Kinder lieben diese Spiele und entdecken sie schon sehr früh für sich. Ihren Bewegungsdrang bedient das Fangen perfekt. Während Versteckspiele das Physical Distancing schon voraussetzen, muss das Abstandhalten beim Fangenspiel anders umgesetzt werden, z. B. indem die fangende Person die anderen mit einer Poolnudel antippt. Der oder die Angetippte muss nun fangen.
Auch bei dem Fangspiel, in dem alle gegen alle spielen („Beute"), können Poolnudeln genutzt werden. Hierbei setzt sich eine gefangene Person auf den Boden, bleibt aber im Spiel. Läuft ein Spielender vor einem anderen davon und dabei nah an einer sitzenden Person vorbei, kann diese ihn mit ihrer Poolnudel antippen. Die sitzende Person steht auf und fängt wieder mit, die angetippte Person setzt sich hin und beobachtet, wer ihr „zu nahe" kommt. Bei der Variante „Beute" ist es wichtig, das Spielfeld vorher einzugrenzen, sodass am Boden Sitzende auch immer wieder mit ins Spiel kommen können.

Tipp: Viele haben Lieblingsfangspiele, nicht alle können mit Distanz umgesetzt werden, z. B. wenn gefangene Personen nur befreit werden können, wenn eine andere durch die gegrätschten Beine der gefangenen kriechen muss. Aber „Kettenfangen" o. Ä. kann auf die Poolnudel-Variante überprüft werden.

Variante

Beim einfachen Fangspiel kann die fangende Person die Bewegungsart vorgeben, z. B. Hüpfen, Rückwärtslaufen o. Ä. Diese Fortbewegung müssen dann sowohl Fänger als auch Gejagte in dieser Runde beibehalten.

Marietheres Waschk

Zeitungsklatsch

Durch Antippen mit der Zeitung wird der Platz gewechselt.

Alter	ab 8 Jahren
Dauer	5 – 15 Minuten
Material	Zeitung, Papierkorb
Gruppierung	Großgruppe
Vorbereitung	einen Stuhlkreis aufstellen
Spielform	Kreis-, Bewegungsspiel
Bildungskompetenzen	Bewegung, Reaktionsvermögen
Spielgelegenheit	Klassenfahrten, Schulstunden, zum Auflockern

In der Kreismitte stehen eine Person mit einer Zeitungsrolle in der Hand und ein Papierkorb. Sie schlägt mit der Rolle einem sitzenden Spielenden aufs Knie und steckt die Zeitung in den Papierkorb. Die oder der Getroffene springt auf, schnappt sich die Zeitungsrolle und versucht, damit zurückzuschlagen, bevor die andere Person auf dem frei gewordenen Stuhl sitzt. Gelingt das, versucht es die ursprünglich schlagende Person bei einer anderen. Gelingt es nicht, ist die jagende Person in der Mitte.

Pädagogischer Hinweis

Die Spielleitung sollte darauf achten, dass nicht zu fest zugeschlagen wird. Auch kann sie darauf schauen, dass alle an die Reihe kommen.

Norbert Stockert

Fliegenklatschen-Spiel

Zwei Teams versuchen, so viele Tore wie möglich mit den Fliegenklatschen zu erzielen.

Alter	ab 6 Jahren
Dauer	10 – 20 Minuten
Material	2 – 4 Fliegenklatschen, 1 Tischtennisball oder etwas größerer, leichter Plastikball, 2 Stühle
Gruppierung	Großgruppe
Vorbereitung	Material bereitstellen
Spielform	Bewegungsspiel
Bildungskompetenzen	Bewegung, Wahrnehmung, Schnelligkeit, Reaktion, Geschicklichkeit
Spielgelegenheit	Freizeit, Gruppenstunden, Spielaktionen, Feste

Die Spielenden teilen sich in zwei gleich große Teams auf und stehen sich in einem Abstand von ca. zehn Metern mit zugewandtem Gesicht gegenüber. Alle Spielenden der Mannschaft werden durchnummeriert, der erste Spielende erhält die Nummer 1, der zweite die 2 usw. So hat jetzt jede und jeder Spielende eine gegenspielende Person mit der gleichen Zahl. In der Mitte des Spielfeldes liegen die Fliegenklatschen und der Ball. Die Spielleitung ruft nun eine Zahl auf. Daraufhin eilen die genannten Spielenden zur Mitte, schnappen sich ihre Fliegenklatsche und versuchen, den Ball in ihr Tor zu schießen. Je ein Stuhl (oder Tisch, alternativ auch zwei Kegel/Pylone) auf den Stirnseiten des Spielfeldes, stellen die Tore dar. Der Ball muss zwischen den Stuhlbeinen (oder Tischbeinen) hindurchgeschossen werden.
Ist ein Tor erzielt, werden Ball und „Schläger" wieder in die Mitte gelegt und die Spielenden gehen zu ihren Teams zurück. Die Spielleitung ruft erneut eine Zahl und das Spiel geht weiter wie beschrieben. Waren alle Spielenden mindestens einmal an der Reihe, endet das Spiel. Wer es als Wettkampfspiel spielen möchte (was nicht sein muss), krönt das Team mit den meisten Toren zum Sieger.

Eva Hofmann

Wackelpudding

Alle Spielenden wechseln auf das Kommando die Position und suchen sich neue Puddingschüsseln. Bei „Wackelpudding" wechseln alle Spielenden ihre Position.

Alter	ab 6 Jahren
Dauer	10–15 Minuten
Material	–
Gruppierung	Großgruppe
Vorbereitung	–
Spielform	Reaktionsspiel
Bildungskompetenzen	Bewegung, Kooperation, Wahrnehmung, Reaktion
Spielgelegenheit	Freizeit, Gruppenstunden, Spielaktionen, Feste, Ganztag

Die Spielenden teilen sich in Dreiergruppen auf. Zwei bilden die Schüssel und reichen sich die Hände (rechte und linke Schüsselseite) und eine Person stellt sich als Pudding in die Schüssel, sodass die Schultern zu den Schüsselseiten zeigen. Damit ist auch klar, wer rechte oder linke Seite der Schüssel ist, immer von der Blickrichtung des Puddings aus gesehen. Ein Spielender steht allein in der Mitte und möchte auch Teil eines Puddings werden, so ruft er: „rechte Schüssel", „linke Schüssel" oder „Pudding". Die Genannten müssen nun ihre Schüssel verlassen und sich eine neue suchen. Sind alle Schüsseln fertig, bleibt wieder ein Spielender übrig, der erneut rufen darf. Bei „Wackelpudding" wechseln alle Spielenden ihre Positionen und müssen sich neu finden. So kann ein Pudding auch zur Schüssel werden und umgekehrt.

Eva Hofmann

Hilfe, die Katz!

Bei diesem Fangspiel kann die Maus mithilfe der Gruppe neue Wege schaffen.

Alter	ab 8 Jahren
Dauer	10 – 15 Minuten
Material	–
Gruppierung	Großgruppe
Vorbereitung	–
Spielform	Bewegungsspiel
Bildungskompetenzen	Bewegung, Reaktion
Spielgelegenheit	zum Warmwerden, zum Auspowern

Eine Person wird zur Katze – also zum Fänger, eine weitere Person wird zur Maus. Die Aufgabe des Fängers ist es, die Maus zu fangen. Die restlichen Spielenden stellen sich in mehreren gleich langen Reihen hintereinander auf und blicken in dieselbe Richtung. Sie spreizen die Arme von sich und erzeugen so drei oder vier Wege:

```
-X- -X- -X- -X-
-X- -X- -X- -X-          M     K
-X- -X- -X- -X-
-X- -X- -X- -X-
```

Innerhalb dieser Wege versucht die Katze, die Maus zu fangen. Doch wenn es für die Maus brenzlig wird, kann sie „Hilfe, die Katz" rufen. Nun drehen sich alle Spielenden, die die Wege bilden, um eine Vierteldrehung, also 90°, nach links. Dadurch entstehen neue Wege, die Katze kann vor einer Mauer stehen und muss weiterhin versuchen, die Maus zu fangen.

Pädagogischer Hinweis

Agiert die Maus pfiffig, kann es für die Katze fast unmöglich werden, sie zu fangen. Nach etwas Zeit sollten die Rollen getauscht werden oder Katze und Maus tauschen mit zwei Spielenden, die im Karree stehen.

Marietheres Waschk

Obstkorb

Dieses Spiel verspricht turbulente Platzwechsel.

Alter	ab 6 Jahren
Dauer	5–15 Minuten
Material	Papierkorb o. Ä., ggf. Zettel mit Obstsorten in Anzahl der Teilnehmenden
Gruppierung	Großgruppe
Vorbereitung	einen Stuhlkreis aufstellen
Spielform	Kreis-, Bewegungsspiel
Bildungskompetenzen	Bewegung, Reaktionsvermögen
Spielgelegenheit	Klassenfahrten, Schulstunden

Das Spiel ist eine Variante des klassischen „Obstsalat"-Spiels. Auch hier erhält jeder Spielende zunächst durch Einflüstern, eine Wort- oder Bildkarte eine Obstsorte zugewiesen. Diese sollten etwa gleich häufig vorhanden und allen bekannt sein. In der Kreismitte steht der „Obstkorb", z. B. ein Papierkorb. Eine Person in der Kreismitte nennt eine oder mehrere Obstsorten. Die betreffenden Spielenden einschließlich der Person in der Mitte suchen sich nun einen neuen Platz. Bei der Ansage „Obstsalat" ist allgemeiner Platzwechsel.
Der Unterschied ist: Bevor alle Spielenden den Platz wechseln, müssen sie den Obstkorb mit der Hand berühren. Das Spiel ist wesentlich dynamischer als die klassische Form, in der Kreismitte kann es recht turbulent zugehen, besonders natürlich bei „Obstsalat".

Norbert Stockert

Völkerball mal anders

In diesem Völkerballspiel wird der Ball durch Wasserballons ersetzt – Spielfreude pur an heißen Sommertagen.

Alter	ab 7 Jahren
Dauer	bis zu 2 Stunden
Material	sehr viele gefüllte Wasserballons, Völkerballfeld, bei einem Turnier evtl. Stoppuhr
Gruppierung	Kleingruppen
Vorbereitung	–
Spielform	Bewegungsspiel
Bildungskompetenzen	Bewegung
Spielgelegenheit	Klassenfahrten, Seminare, Ferienfreizeiten

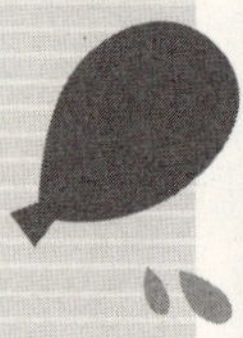

Anstelle des bekannten Völkerballturniers wird ein Wasserballonturnier gespielt. Die Regeln bleiben gleich: Zwei Teams spielen gegeneinander und stehen sich in zwei Feldern gegenüber. An den Grundlinien steht jedem Team der eigene „König" oder Hintermann gegenüber. Jeder Feldspielende hat ein Leben, der König hat drei.

Nun beginnt das Abwurfspiel, wobei ein Leben nur verloren wird, wenn der Ballon am Körper platzt. Beim Platzen auf dem Boden erhält das andere Team den Ball bzw. den Ballon und darf ihn werfen. Wird ein Feldspieler abgeworfen, sodass der Ballon platzt, geht er an die Grundlinie zum König und kann von dort auch noch einmal werfen. Sind alle Feldspieler eines Teams abgeworfen, wird der König zum Feldspieler.

Dieses Spiel endet regelmäßig in einer Wasserschlacht. Das anschließende gemeinsame Einsammeln der Ballonhüllen ist Pflicht.

Marietheres Waschk

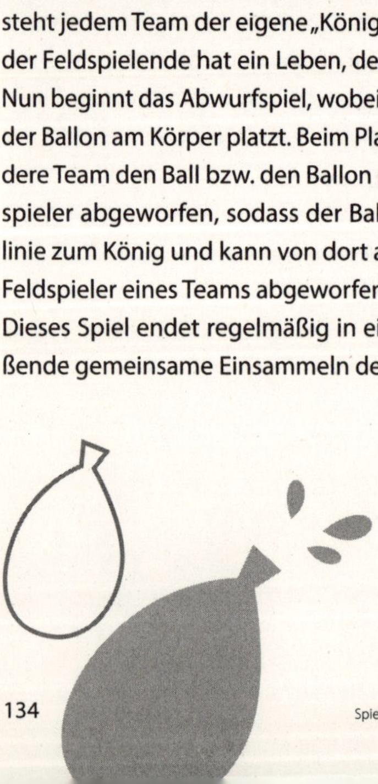

Besetzung

Die Gruppe versucht zu verhindern, dass eine einzeln spielende Person einen freien Stuhl besetzt.

Alter	ab 8 Jahren
Dauer	10–15 Minuten
Material	ein Stuhl pro Kopf, ein großer Raum
Gruppierung	Gruppen ab zehn Personen
Vorbereitung	–
Spielform	Bewegungsspiel
Bildungskompetenzen	Kooperation, Reaktionsvermögen, Bewegung
Spielgelegenheit	Freizeiten, Gruppenstunde, Offener Ganztag

Die Spielenden setzen sich mit ihrem Stuhl beliebig verteilt im Raum hin. Ein Stuhl ist frei. Eine einzelne Person schreitet langsam darauf zu, um sich zu setzen. Um dies zu verhindern, setzt sich ein anderer Spielender auf diesen Stuhl. Dadurch wird wiederum dessen Stuhl frei, auf den die einzelne Person nun zugeht. Ein weiterer Spielender reagiert jedoch schnell und setzt sich nun auf diesen Stuhl usw.
Das heißt, die Gruppe versucht, durch fortwährendes Sichumsetzen zu verhindern, dass die einzelne Person einen Platz findet. Weil dies erstaunlich schwer ist, dürfen die Spielenden der Gruppe rennen, die einzelne Person darf nur langsam gehen. Wenn man einmal aufgestanden ist, darf man sich nicht gleich wieder auf denselben Stuhl setzen.

Norbert Stockert

Aleikum salam

Zwei Spielende laufen um die Wette und begrüßen sich.

Alter	ab 6 Jahren
Dauer	5 Minuten
Material	–
Gruppierung	im Kreis
Vorbereitung	–
Spielform	Bewegungsspiel
Bildungskompetenzen	Reaktionsvermögen
Spielgelegenheit	Gruppenstunden, Freizeiten, zum Auflockern

Eine freiwillige Person A geht außen um den Kreis herum und tippt einer Person B im Kreis auf die Schulter. Person B geht aus dem Kreis heraus und entgegen der Person A ebenfalls um den Kreis herum, bis sich beide begegnen. Person A kreuzt die Hände vor dem Oberkörper, verbeugt sich und sagt „Salam Aleikum". Person B tut es ihr gleich und antwortet „Aleikum salam". Danach laufen beide in ihrer ursprünglichen Richtung weiter, bis einer zuerst wieder am freien Platz im Kreis ankommt und somit gewonnen hat. Die andere Person läuft nun weiter um den Kreis und tippt eine neue Person an, so geht das Spiel weiter.

Varianten

- Statt „Salam Aleikum" und „Aleikum salam" sagen die Spielenden beim Treffen „Hallo wie geht's?" Die andere Person antwortet und beide geben sich die Hände.
- Die Kreisaufstellung erfolgt mit Händehalten, zwei umrunden den Kreis und halten sich dabei ebenfalls an den Händen. Die Freiwilligen tippen auf die gehaltenen Hände zweier Spielender, welche daraufhin gemeinsam loslaufen. Treffen die beiden Paare beim Umkreisen zusammen, begrüßen sich alle vier wie vorgegeben und es geht weiter.

Frauke Haselhorst

Das habe ich noch nie gemacht

Alle, die das Genannte noch nie gemacht haben, wechseln die Plätze.

Alter	ab 8 Jahren
Dauer	10 Minuten
Material	ein Stuhl weniger als Teilnehmerzahl
Gruppierung	Stuhlkreis
Vorbereitung	–
Spielform	Bewegungsspiel
Bildungskompetenzen	Kreativität, Reaktion, Bewegung
Spielgelegenheit	Warm-up

Die Spielenden sitzen im Kreis, eine Person steht in der Mitte, deren freier Stuhl wird aus dem Kreis entfernt. Die Person in der Mitte nennt etwas, das sie noch nie gemacht hat:

- Ich habe noch nie Sushi gegessen.
- Ich war noch nie in den USA.
- Ich bin noch nie einen Marathon gelaufen …

Alle Personen, auf die diese Aussage ebenfalls zutrifft, müssen nun die Plätze wechseln – diese Spielenden müssen also einen anderen (freien) Platz ergattern, auch die Person, die gerade in der Mitte stand. Eine Person wird übrig bleiben und keinen (neuen) Platz mehr bekommen – diese steht nun in der Mitte und präsentiert etwas, das sie noch nicht gemacht hat. Bei wenigen Spielenden oder viel Zeit kann man auch diejenigen kurz zu Wort kommen lassen, die das Genannte doch bereits gemacht haben.

Marietheres Waschk

Ja-Nein-Fangen

Zwei Gruppen fangen sich gegenseitig, je nach Antwort.

Alter	ab 10 Jahren
Dauer	10–15 Minuten
Material	–
Gruppierung	in zwei Gruppen
Vorbereitung	ggf. vorbereitete Fragen
Spielform	Denk-, Bewegungsspiel
Bildungskompetenzen	Denken, Bewegung
Spielgelegenheit	Ice-Breaker, Warm-up

Es werden zwei Gruppen gebildet, eine „Ja"- und eine „Nein"-Gruppe. Diese stellen sich in der Mitte des Spielfeldes mit ein bis zwei Metern Abstand gegenüber auf. Etwa 15 bis 20 Meter hinter einem Team ist dessen eigene Grundlinie. Pro Runde stellt die Spielleitung nun eine Frage, die mit „Ja" oder „Nein" beantwortbar ist. Z. B.: „Bei den Bremer Stadtmusikanten ist das zweite Tier von oben ein Hund!" Die richtige Antwort ist „Nein, denn die Katze ist in diesem Märchen das zweite Tier von oben." Da „Nein" die korrekte Antwort ist, wird die „Nein"-Gruppe zu Fängern; wäre die Behauptung richtig, wäre es die „Ja"-Gruppe. Die jeweils anderen müssen versuchen, nach hinten wegzulaufen und ein Ziel am Rande des Spielfeldes oder die Grundlinie zu erreichen.
Weglaufende Spielende, die von einer Person aus dem Fängerteam berührt werden, bevor sie ihr schützendes Ziel erreichen, scheiden je nach Variante entweder aus oder wechseln zur Gruppe, von der sie gefangen worden sind.

Marietheres Waschk

Moskitospiel

Eine Person versucht, einen festgelegten Spielenden abzutippen, während die anderen diesen zu schützen versuchen.

Alter	ab 8 Jahren
Dauer	10–15 Minuten
Material	–
Gruppierung	in der Vierergruppe
Vorbereitung	Tische und Stühle zur Seite räumen
Spielform	Bewegungsspiel
Bildungskompetenzen	Kooperation und Reaktionsvermögen trainieren
Spielgelegenheit	zum Auflockern für Schulklassen, Kinder- und Jugendgruppen, Ferienfreizeit, Seminararbeit

Die Gruppe teilt sich in Kleingruppen von je vier Spielenden auf. Eine Person wird zum Moskito, die versuchen wird, einen anderen Mitspielenden zu stechen. Dies geschieht, wenn sie ihn mit dem Finger auf dem Rücken, am Rumpf oder am Arm antippen kann. Die drei anderen Spielenden fassen sich an den Händen und bilden einen Kreis.
Eine oder einer der drei Spielenden wird als Ziel des Moskitos bestimmt, nur diese Person versucht der Moskito zu stechen. Die beiden anderen Spielenden versuchen, die angezielte Person zu schützen, indem sie sich vor sie stellen, sich drehen oder den Moskito einfach versuchen abzuhalten. Dabei halten sich die drei Spielenden permanent an den Händen. Wenn der Moskito erfolgreich zugestochen hat, werden die Rollen gewechselt.

Marietheres Waschk

Beute

Alle fangen alle. Gefangene bleiben auch im Spiel.

Alter	ab 8 Jahren
Dauer	5 – 10 Minuten
Material	–
Gruppierung	einzeln in der Großgruppe
Vorbereitung	Spielfeld relativ eng abgrenzen
Spielform	Bewegungsspiel
Bildungskompetenzen	Bewegung, Reaktion
Spielgelegenheit	Warm-up, zum Auspowern

Dies ist ein sehr schnelles und intensives Fangspiel. Alle fangen alle – da müssen die Spielenden schon klug wählen, ob sie in dem einen Moment weglaufen oder auf Jagd gehen. Sobald jemand angetippt wurde, setzt die Person sich auf den Boden.

Doch auch hier wird weiter mitgespielt: Laufen andere, die noch nicht angetippt wurden, beim Fangen an einer auf dem Boden sitzenden Person vorbei, kann die sitzende Person versuchen, sie anzutippen. Schafft die sitzende Person dies, steht sie wieder auf und spielt wieder wie zu Beginn mit, die angetippte Person muss sich nun hinsetzen. Das Spiel wird nach einiger Zeit durch die Spielleitung beendet.

Marietheres Waschk

Evolution

Es wird in einem Schnick-Schnack-Schnuck-Duell Evolution gespielt.

Alter	ab 6 Jahren
Dauer	5 – 10 Minuten
Material	–
Gruppierung	im Raum verteilt
Vorbereitung	–
Spielform	Bewegungsspiel, darstellendes Spiel,
Bildungskompetenzen	Einschätzen des Gegenübers, Taktik
Spielgelegenheit	Projektwoche, Klassenfahrt, Biologieunterricht

Die Gruppe bewegt sich als Eier (gebeugt, in der Hocke) im Raum. Wenn ein Ei dem anderen begegnet, spielen die Eier „Schnick-Schnack-Schnuck“ (Schere, Stein, Papier). Das Ei, welches gewinnt, verwandelt sich in eine Henne (mit den Ellenbogen schlagen und wie ein Huhn gackern). Nach dem Schnick-Schnack-Schnuck-Spiel bewegen sich die Mitspieler weiterhin im Raum und suchen sich einen weiteren Spieler ihrer Art. Alle Hühner und alle Eier spielen also miteinander. Die Gewinner des Hühnerspiels entwickeln sich weiter zum Affen; sie kraulen sich unter den Achseln kraulen und kreischen. Die Verlierer entwickeln sich wieder eine Stufe zurück (Huhn à Ei) und bitten nun wieder ein Ei zum Duell. Die Affen versuchen, eine Evolutionsstufe zu erklimmen, indem sie gegen weitere Affen spielen. Die Verlierer werden zum Huhn, die Gewinner zum Menschen. Alle Menschen steigen aus dem Spiel aus und stellen sich mit Denkerpose (Daumen am Kinn, Zeigefinger an der Wange) an den Rand des Spielfeldes und beobachten die weitere Evolution.

Action

Pädagogischer Hinweis

Aus der Spiellogik heraus bleibt einer immer auf der untersten Stufe. Hier kann ein besonderes Wesen mit seinen übermagischen Fähigkeiten heraushelfen – die Spielleitung.

Gerhard Knecht

Gemetzel

Im Vierfüßlerstand müssen die Spielenden versuchen, sich gegenseitig von der Spielfläche zu drängen.

Alter	ab 8 Jahren
Dauer	10 Minuten
Material	–
Gruppierung	Großgruppe
Vorbereitung	–
Spielform	Bewegungsspiel
Bildungskompetenzen	Reaktionsvermögen trainieren
Spielgelegenheit	Spielaktion im Raum oder im Freien, Kinder- und Jugendgruppen, Klassenfahrt

Eine Spielfläche wird markiert. In dieser Spielfläche gehen alle Spielenden auf Händen und Knien. Das Ziel des Spiels ist es, die anderen Spielenden aus der Spielfläche zu drängen. Wichtig ist dabei, dass hier nicht gezerrt werden darf oder Ähnliches, denn Hände und Knie müssen immer den Boden berühren. Es darf sich allein mit dem Körper gegenseitig vom Spielfeld gedrängt werden.
Natürlich kann man sich kurzfristig Verbündete suchen, um gemeinsam einen Größeren vom Feld zu drängen. Oder als kleinere und flinke Person sich dem Gedrängel zuerst einmal durch Wegkriechen zu entziehen. Wer schafft es, am längsten auf der Spielfläche zu bleiben?

Marietheres Waschk

Ohnmacht in der Gruppe

Wenn ein Teil der Gruppe in Ohnmacht fällt, helfen die anderen schnell.

Alter	ab 10 Jahren
Dauer	5 – 10 Minuten
Material	–
Gruppierung	Großgruppe
Vorbereitung	Großgruppe je nach Größe in 3–5 Kleingruppen einteilen
Spielform	Ice-Breaker, Warm-up, Bewegungsspiel
Bildungskompetenzen	Wahrnehmung und Darstellen
Spielgelegenheit	zum Auflockern

Action

Jede Kleingruppe erhält eine bestimmte Zahl: 1, 2, 3 usw. Die Spielleitung erzählt eine kurze Geschichte, während die Spielenden sich durch den Raum bewegen. Nennt die Spielleitung in dieser Geschichte eine Zahl, so fallen alle, deren Kleingruppe diese Zahl genannt bekam, laut seufzend und äußerst theatralisch langsam in Ohnmacht. Die Spielenden der anderen Gruppen versuchen, das „Zu-Boden-Sinken" zu verhindern, indem sie die einzelnen Personen stützen.

Variante

Es kann auch ein Kartenspiel verteilt werden und die Gruppen werden zu Kreuz, Pik, Karo oder Herz. Die Spielleitung erzählt keine Geschichte, sondern zieht immer wieder Karten von einem Stapel und nennt die Farbe dazu.

Marietheres Waschk

Piratenspiel

Piraten fangen Schiffbrüchige, indem sie mit ihnen kämpfen und sie auf die Pirateninsel bringen, von der sie von anderen befreit werden können.

Alter	ab 7 Jahren
Dauer	ca. 45 – 60 Minuten mit Spielstopps und Pausen
Material	halbierte dünne Schaumstoff-Heizungsisolationsröhren in der Anzahl der Spielenden, Teppich (ca. 4 x 2 m), Automatten, Taue, Reifen, Tische, Bänke, Hocker, Hula-Hoop-Reifen, eingeklappte Tischplatten, 3 Kopftücher
Gruppierung	zu dritt und gruppenweise
Vorbereitung	s. Ablauf
Spielform	Fang- und Bewegungsspiel
Bildungskompetenzen	Geschicklichkeit, Bewegung, Kooperation, Fantasie
Spielgelegenheit	offene Tür, Gruppenarbeit, Freizeiten, Offener Ganztag

Auf der einen Seite des Raumes wird ein Teppich bündig an die Wand gelegt zur Pirateninsel. Der Teppich wird in ca. zwei Metern Abstand mit einem Tau umrandet, welches den Meeressaum und Strand symbolisiert. Auf der anderen Seite des Raumes wird auf dem Boden eine große Schiffsplanke, z. B. mit zwei eingeklappten Tischen, ausgelegt. Im ganzen Raum dazwischen „treiben Schiffteile auf dem Wasser": Automatten oder Ähnliches werden so weit voneinander entfernt auf dem Boden verteilt, dass die Spieler darübergehen können, ohne den Boden zu berühren bzw. ins Wasser zu fallen.

Zu Beginn wird die wichtigste Regel für den Kampf mit den Schaumstoffschwertern genannt: Es darf nur von der Seite auf die Beine geschlagen werden. Danach werden drei Piraten festgelegt und mit einem Kopftuch ausgestattet. Alle Spielenden bekommen ein Schaumstoffschwert und finden sich ihrer Rolle entsprechend auf der „Pirateninsel" oder der „Schiffsplanke" ein.

Beim Signal der Spielleitung versuchen die Piraten, die Schiffbrüchigen zu fangen, indem sie diese mit dem Schwert an den Beinen treffen. Sowohl Piraten wie Schiffbrüchige dürfen nicht den Boden (= das Wasser) berühren, sonst „zieht der Meergott Neptun sie in seinen Bann": Sie dürfen sich für fünf Sekunden nicht von der Stelle bewegen.
Wenn die Schiffbrüchigen vom Schaumstoffschwert am Körper getroffen werden, werden sie von dem Piraten auf die Insel gebracht. Die Piraten dürfen sich nicht auf der Insel aufhalten. Die Schiffbrüchigen können dort von anderen befreit werden, indem sich die Schaumstoffschwerter berühren. Ein Spielender kann immer nur einen Spielenden befreien, dann muss er zuerst wieder die mit dem Tau markierte Strandzone verlassen.
Eine Spielrunde endet, wenn die Piraten alle gefangen und damit gewonnen haben. Dann werden drei neue Piraten ausgesucht. Wenn sich jedoch nach fünf Minuten nicht alle Schiffbrüchige auf der Pirateninsel befinden, haben diese gewonnen und die Spielleitung wählt drei neue Piraten aus.

Pädagogischer Hinweis

Das Spiel hat eine sehr große Eigendynamik. Es ist wichtig, die Verletzungsgefahren im Blick zu haben, genug Trinkpausen einzurichten und das Spiel zu beenden bzw. Piraten auszuwechseln, wenn sie es nicht schaffen, alle zu fangen.

Rainer Kreuz

Der Platz neben mir ist frei

Dieses Stuhlkreisspiel ist rasant schnell.

Alter	ab 6 Jahren
Dauer	10 Minuten
Material	1 Stuhl mehr als Teilnehmer
Gruppierung	Stuhlkreis
Vorbereitung	Stuhlkreis aufstellen
Spielform	Kennenlernspiel
Bildungskompetenzen	Namen festigen
Spielgelegenheit	zum weiteren Kennenlernen

„Mein rechter, rechter Platz ist frei" kennt nahezu jeder. Nun dürfen sowohl die rechten als auch die linken Nachbarn gleichzeitig auf den Stuhl schlagen und unabgesprochen irgendwen aus der Gruppe auf den freien Platz rufen. Das sind meist zwei unterschiedliche Leute, die sich dann ein Laufduell zum freien Platz liefern. Sowie die Plätze der herangerufenen Spielenden frei sind, können schon wieder vier neue Leute auf die Sitzflächen klopfen und jemand anderen heranrufen. Ein sehr schnelles Spiel!

Marietheres Waschk

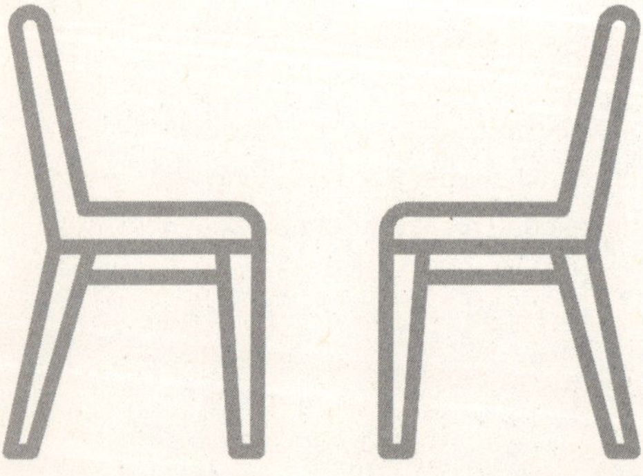

Becher flitzen lassen

Mit Wasserspritzen werden Pappbecher an Schnüren von A nach B befördert.

Alter	ab 6 Jahren
Dauer	5–10 Minuten
Material	Schnüre, Pappbecher, Schaumstoffwasserspritzen, Eimer
Gruppierung	ab 8 Personen, je nach Spiel einzeln, zu viert oder in der Großgruppe
Vorbereitung	zwei Strecken auf dem Geländer in etwas über Kopfhöhe vorbereiten, dazu in den Boden je eines Pappbechers am Rand ein Loch machen, jeden Becher auf eine Schnur fädeln und beide Schnüre spannen
Spielform	lustiges Wettrennen
Bildungskompetenzen	Taktik, Geschwindigkeit, Schnelligkeit
Spielgelegenheit	Feste, Ferienaktionen, Sommerspiele

Zwei Spielenden treten gegeneinander an. Jede Person bekommt eine Wasserspritze und einen mit Wasser gefüllten 10 l-Eimer an den eigenen Startpunkt. Nun gilt es, den Becher, der horizontal mit der Öffnung zum Spielenden an der Schnur hängt, mittels des Wasserstrahles die ganze Schnur entlangflitzen zu lassen. Ist die Wasserspritze leer, muss sie am Startpunkt wieder aufgefüllt werden.

Wichtig dabei ist, dass die Strecken gleich lang sind, sodass gleiche Chancen bestehen. Das Spiel kann auch als Stafette in zwei Teams gespielt werden. Die Person, die den Becher bis nach hinten flitzen lässt, bringt ihn an der Schnur schnellstmöglich per Hand zurück und übergibt die Schaumstoffspritze dem bzw. der Nächsten. Eine weitere Variante, bei der es um Genauigkeit und nicht um Schnelligkeit geht, ist zu messen, wie oft die Teams es schaffen, mit 5 l Wasser die Becher die gesamte Schnur entlangflitzen zu lassen.

Marietheres Waschk

Wasserballon-Volleyball

Mit Wasser gefüllte Luftballons werden mit einem Bettlaken hin- und hergeworfen.

Alter	ab 8 Jahren
Dauer	15 – 30 Minuten
Material	Luftballons, 2 Bettlaken
Gruppierung	ab 8 Personen, je nach Spiel einzeln, zu viert oder in der Großgruppe
Vorbereitung	viele Luftballons mit Wasser füllen
Spielform	Bewegungsspiel
Bildungskompetenzen	Kooperation, Taktik, Geschicklichkeit
Spielgelegenheit	Feste, Pausen, Gruppenstunden, Sommerspiele

Je vier Spielende postieren sich an einem der beiden Bettlaken und halten alle einen Zipfel des Lakens fest. So wird automatisch der Abstand gehalten. Auf dem Spielfeld ist eine Mittellinie eingezeichnet. Bei älteren Spielenden kann auch ein Badmintonnetz oder eine Schnur in Überkopfhöhe an der Mittellinie gespannt sein. Das Startteam wird ausgelost. In die Mitte seines Lakens wird ein prall gefüllter Wasserballon gelegt. Die Aufgabe des Teams ist es, den Ballon mittels des Schwungs vom Bettlaken in die andere Spielfeldhälfte zu werfen. Das andere Team versucht, den Ballon auf der anderen Seite mit dem Laken aufzuschnappen. Zerplatzt ein Ballon in einer Spielfeldhälfte, so bekommt das Team, dessen Spielfeldhälfte es nicht ist, einen Punkt.

Marietheres Waschk

Where is my chicken?

Die Gruppe will das Huhn unbemerkt heimbringen, der Bauer den Hühnerdieb entlarven.

Alter	ab 6 Jahren
Dauer	20 Minuten
Material	Stofftier (Hühnchen = chicken)
Gruppierung	Gruppe
Vorbereitung	–
Spielform	Kooperationsspiel
Bildungskompetenzen	Wahrnehmung und Kooperation
Spielgelegenheit	Gruppenstunden, Klassenfahrten, Pausen, im Freien oder auch im großen Raum

Eine Person ist der Bauer. Er steht der Gruppe wie bei „Ochs am Berge" in etwa 20 bis 30 Metern Entfernung gegenüber. Einen halben Meter bis zu einem Meter entfernt liegt der Gruppe zugewandt das Stoffhuhn. Zunächst gilt das gleiche Spielprinzip wie bei dem Spiel „Ochs am Berge". Der Bauer dreht sich um 360° um sich selbst und ruft laut „Where is my chicken?" Inzwischen versucht die Gruppe, sich dem Hühnchen zu nähern, wenn der Bauer sie nicht sehen kann. Sobald der Bauer die Gruppe wieder sehen kann, frieren die einzelnen Spielenden in ihrer Bewegung ein. Sollte sich jemand noch bewegen, wird er zur Grundlinie zurückgeschickt.

Bei „Ochs am Berge" ist das Spielziel, den Bauern anzutippen. Bei dieser Variante versucht die Gruppe im gleichen Spielprinzip, also zwischendurch wieder einfrierend, das Chicken auch nach Hause zu bringen. Der Bauer versucht, denjenigen, der das Hühnchen gerade in den Händen hält, zu entlarven. Die Gruppe bringt das Huhn in Richtung Grundlinie und der Bauer darf nach jeder Umdrehung einen verdächtigen Spielenden auffordern, seine Hände zu zeigen. Findet er das Hühnchen, startet die Gruppe von vorn. Die Gruppe kann ihre Taktik, wie sie das Hühnchen auf dem Rückweg vor dem Bauer verbergen möchte, absprechen.

Marietheres Waschk

Farben schießen

Die Teams versuchen, die Gegner bunt zu spritzen.

Alter	ab 8 Jahren
Dauer	45 Minuten
Material	altes weißes T-Shirt für jeden Spielenden, Eimer oder Zuber pro Gruppe, Wasser, Lebensmittelfarben, eine Schaumstoffwasserspritze für jeden Spielenden, Klebeband
Gruppierung	in Kleingruppen
Vorbereitung	–
Spielform	Bewegungsspiel
Bildungskompetenzen	Bewegung, Taktik
Spielgelegenheit	Klassenfahrten, Seminare, Ferienfreizeiten

Die Spielenden werden in Teams unterteilt. Jedes Team erhält einen großen Zuber mit Wasser in ihrer Teamfarbe. Auf ein akustisches Signal der Spielleitung beginnt die Spritzaktion. Nun versucht jeder Spielende, einen Spielenden aus dem anderen Team bunt zu markieren, ohne dabei selbst markiert zu werden. Jeder Spielende, der einen Spritzer abbekommen hat, muss zur Spielleitung und den Farbklecks erst einmal mit Klebeband abkleben lassen. Dann kann er wieder zu seinem Zuber laufen und seine Wasserspritze erneut auffüllen.

Wenn die Zuber leer sind, endet das Spiel. Nun werden zum Abschluss in jedem Team die Kleckse und Klebestreifen auf den Shirts gezählt, das Team mit den wenigsten gewinnt. An heißen Sommertagen rückt das Gewinnen absolut in den Hintergrund, das sich gegenseitige Nassmachen macht einfach Spaß!

Marietheres Waschk

Vom Volleyball zum Affentennis

Ausgangspunkt ist ein Volleyballturnier nach neuen Regeln, das nicht nur den Sportcharakter in den Mittelpunkt stellt.

Alter	ab 6 Jahren
Dauer	variabel, bis zu einem halben Tag
Material	Ball, Volleyballnetz oder gespannte Schnur, Bananen
Gruppierung	Großgruppe geteilt in mehrere Kleingruppen à 6 Personen
Vorbereitung	Spielfeld markieren
Spielform	Bewegungsspiel, nachher Strategiespiel
Bildungskompetenzen	Bewegung und Sport, nachher Taktik und Kommunikation
Spielgelegenheit	Klassenfahrten, Schulungswochenenden, Ferienfreizeit oder Ferienprogramm

Da z. B. jüngeren Kindern das Volleyballspielen nicht immer gelingt, werden die Regeln in „Affentennis" umgewandelt. Das bedeutet, dass der Ball gefangen werden darf und zwischen Spielerberührungen jeweils einmal den Boden berühren darf (auch im eigenen Feld). Berührt der Ball zweimal den Boden im eigenen Feld oder landet nicht im gegnerischen Feld, sondern im Aus, erhält das andere Team einen Punkt. Gespielt wird nach Absprache bis 10 oder 15 Punkte. Für jedes gewonnene Spiel erhält das Siegerteam eine Banane. Die Teams spielen im Turniersystem gegeneinander. Den Rest des Tages dürfen die Teams versuchen, sich außer mit Gewalt gegenseitig die Bananen abzuluchsen. Jedes Team muss während des normalen Programms (Küchendienst, Seminarzeit, Freispiel etc.) auf seine Bananen aufpassen. Welches Team hat zum Ende des Tages die meisten Bananen und darf sich als Affentennischampion präsentieren? Gemeinsam kann man beim Bananenshake das Spiel auswerten. Viele andere klassischen Turnierspiele lassen sich um diese Taktikvariante erweitern. So kommen auch nicht so sportbegeisterte Kinder zu ihrem Spielspaß.

Marietheres Waschk

Kick-Ball

Bei dieser Mischung aus Brennball und Baseball darf auch geschossen werden.

Alter	ab 6 Jahren
Dauer	30–60 Minuten
Material	1 Fußball, Hütchen als Male, Sand, um Feldlinien aufzumalen
Gruppierung	in Kleingruppen gegeneinander
Vorbereitung	–
Spielform	Bewegungsspiel
Bildungskompetenzen	Bewegung, Taktik
Spielgelegenheit	Klassenfahrten, Seminare, Ferienfreizeiten

Zunächst wird ein Spielfeld aufgemalt, welches dem eines Baseballfeldes gleicht. Es gibt die Homebase, dann drei weitere Bases, die mit der Homebase ein großes Viereck bilden, welches auf einer Spitze steht. Etwas entfernt von der Homebase ist der Platz des „Rollers", von hier kommt der Ball ins Spiel, und an diesen Platz muss der Ball auch schnellstmöglich zurück. Das Startteam sucht einen Startspielenden aus, der an der Homebase startet. Das andere Team verteilt sich auf dem Feld und auch an den Seiten darüber hinaus.

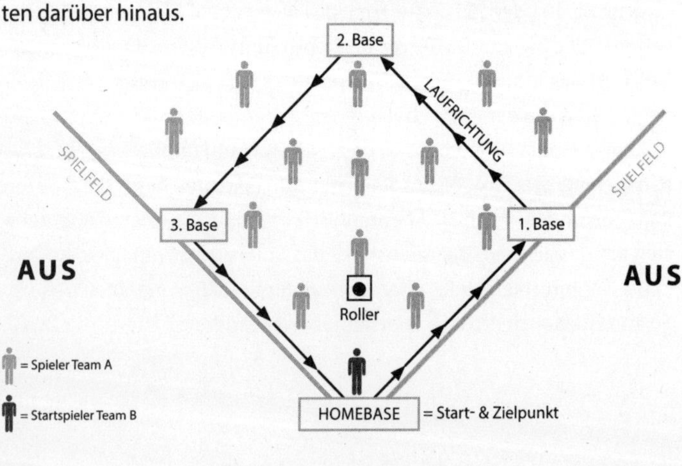

Ein Mitglied des anderen Teams geht in das „Rollerfeld" und rollt dem Startspielenden den Ball zu. Dieser muss ihn nun in das Feld schießen, aber auch darüber hinaus. Dann beginnt er wie beim Baseball zu laufen und entscheidet, wie weit er laufen mag. Nur wenn er an einer Base angekommen ist, bevor der Ball wieder im Feld des Rollers ist, ist er sicher.
Die Spielenden des anderen Teams versuchen, so schnell wie möglich den Ball in das Feld des Rollers zu bringen, sei es durch Schießen oder Werfen. Wird der Ball volley in der Luft nach dem Schuss des Startspielenden geschnappt, so ist die oder der Spielende raus. Erreicht jemand erfolgreich die Homebase, bekommt das Team dafür einen Punkt.
Die Anzahl der Durchgänge wird vorher festgelegt, die Teams wechseln ihre Positionen, wenn eine vorher festgelegte Anzahl Spielender ausgeschieden sind.

Marietheres Waschk

Spielend Geschichten erfinden und erzählen, Sprachbastelwerkstatt und Spielketten umsetzen sind Elemente, die bei Freizeiten, Schullandheimaufenthalten, Klassenfahrten und Gruppenstunden zum Repertoire einer Spielleitung gehören. Die Sprach- und Erzählspiele wollen zu kreativen Sprachbasteleien, lustigen Spielgeschichten und fantasievollen und unterhaltsamen Kreationen in der Gruppe anregen. Die Spielideen dienen dazu, dass Abenteuer im Kopf entstehen und sich durch das Spiel mit den Worten die Freude am Schreiben und Erzählen einstellt.

Kleines grünes Monster (S. 156)

Die Kombination von Fangspiel und Geschichtenerzählen führt dazu, dass nicht die Geschichte im Vordergrund steht, sondern das Miteinander beim Spielen und Reden.

Ein Duell mit Worten (S. 164)

Dieses Spiel bringt den Kopf in Bewegung und fördert den Wortschatz. Es ist einfach von der Grundregel her und wird auch ohne Spielleitung gespielt, weil die Idee und die Spielregeln einfach sind und gut zu zweit gespielt werden kann.

Namen verstecken (S. 179)

Dieses Schreibspiel eignet sich gut, wenn eine Gruppen sich beim zweiten oder dritten Treffen kennenlernt. Es geht es darum, die Namen, die man schon mal gehört hat, in einem Text wiederzuentdecken und beim Schreiben des Textes kreativ zu sein, um den Namen gekonnt unterzubringen. Durch die Verbindung mit dem Schreiben bleibt der Name im Gedächtnis.

Sprache

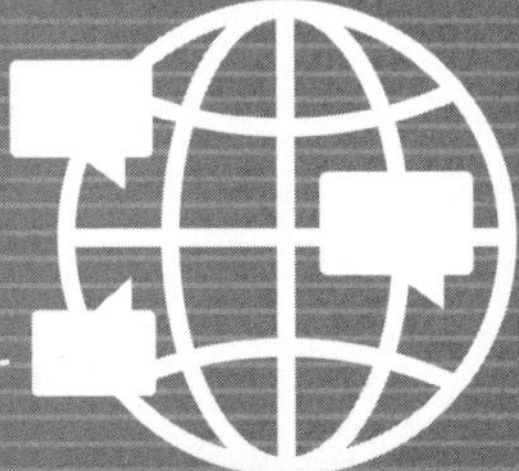

Fundsachen erzählen ihre Geschichten (S. 183)

Originelle Fundsachen sind ein anregendes Element zum Erfinden von Geschichten, weil sie in sich eine Geschichte bergen: Warum sind sie verloren gegangen? War das Liegenlassen der Blockflöte in der Straßenbahn wirklich ein Verlust oder eher eine Befreiung von einer ungeliebten Tätigkeit?

Diskussion mit Gruppenschutz (S. 184)

Dieses Spiel lädt dazu ein, sich für ein inhaltliches Streitgespräch zu wappnen und zu üben, sachlich über ein Thema zu diskutieren – verbunden mit dem Ziel, aus der Kontroverse einen Kompromiss zu schmieden. Ein Spiel bietet eine gute Übung, sich über unterschiedliche Einstellungen zu Themen zu streiten, ist aber anderseits von dem Willen getragen, eine Einigung zu finden und nicht die individuelle Position um jeden Preis durchzusetzen.

Kleines grünes Monster

Eine Person beginnt, eine Geschichte von einem kleinen grünen Monster zu erzählen, und verwandelt sich zur Fängerin oder zum Fänger.

Alter	ab 6 Jahren
Dauer	10 Minuten
Material	kleines grünes Monster aus Filz oder Plastik
Gruppierung	nah beieinander
Vorbereitung	–
Spielform	Bewegungsspiel, Erzählspiel
Bildungskompetenzen	Reaktionsvermögen, Sprache, Fantasie
Spielgelegenheit	Seminare, Freizeiten, Gruppenarbeit, Offener Ganztag

Die Spielleitung zeigt ein kleines grünes Monster. Alle berühren mit einem Finger die Spielleitung an Stellen, wo es nicht unangenehm ist. Die Spielleitung beginnt, irgendetwas zu erzählen, z. B.: „Ich war einkaufen, als ich im Regal auf einmal ein kleines grünes … Glas sah. Ich ging weiter und …" Sobald sie die Worte „kleines grünes Monster" ausspricht, verwandelt sich die erzählende Person zur Fängerin bzw. zum Fänger. Wer gefangen wird, bekommt das kleine grüne Monster und beginnt zu erzählen.

Rainer Kreuz

Märchenfangen

Wer gefangen wird, wird erlöst, wenn sie oder er die richtigen Märchentitel kennt.

Alter	ab 6 Jahren
Dauer	10 Minuten
Material	–
Gruppierung	einzeln im Raum
Vorbereitung	–
Spielform	Lauf- und Fangspiel
Bildungskompetenzen	Bewegungsförderung
Spielgelegenheit	beliebige Spielsituation

Wer von dem Fänger oder der Fängerin berührt wird, „versteinert“ und kann nur noch den Mund bewegen. Die versteinerte Person wird dadurch erlöst, dass sich jemand vor sie stellt, die versteinerte Person den Anfang eines Märchentitels, z. B. „Der Wolf …“ oder „Schnee …“ sagt und das Gegenüber das Ende nennt: „… und die sieben Geißlein“ oder „… wittchen“.

Variante

Es werden mehrere Fängerinnen und Fänger benannt. Statt mit Märchentiteln lassen sich auch Schlagertitel oder Länder, zu denen dann eine Stadt oder ein Fluss genannt werden muss, verwenden.

Pädagogischer Hinweis

Das Spiel eignet sich gut bei Gruppenarbeiten zum Thema Märchen als Auflockerung.

Rainer Kreuz

Mein Kuscheltier erzählt

Die Spielenden erfinden Erlebnisse, die ihre Kuscheltiere erlebt haben.

Alter	ab 4 Jahren
Dauer	10 – 20 Minuten je nach Größe der Gruppe
Material	Spielende bringen ihre Kuscheltiere mit
Gruppierung	im Kreis
Vorbereitung	Schuhkartons bereitstellen
Spielform	Erzählspiel
Bildungskompetenzen	Kreativität, Sprachförderung
Spielgelegenheit	Schulklasse, Freizeit

Die Spielenden sitzen im Kreis und haben ihr Kuscheltier mitgebracht. Diese sind zu Beginn in Schuhkartons versteckt. Der Karton wird erst geöffnet, wenn das Kuscheltier an der Reihe ist. Im Karton sind noch weitere Informationen zur Veranschaulichung der Geschichte, z. B. ein Gegenstand, den das Kuscheltier entdeckt oder verloren hatte oder ein Foto mit dem Kuscheltier an dem Ort, wo die Geschichte spielt.

Pädagogischer Hinweis

Die Kuscheltiere sind sehr persönliche Tiere. Es ist wichtig, sie bei der Erzählung wertzuschätzen.

Literatur

Jentgens, Stephanie; Knecht, Gerhard: Fabula Held, *Der Erzählkoffer,* DVD, Akademie Remscheid, 2011

Gerhard Knecht

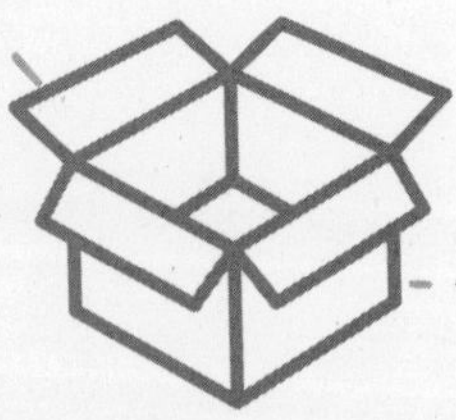

… und wusch!

Die Spielenden werfen sich einen imaginären Ball zu.

Alter	ab 6 Jahren
Dauer	5 Minuten
Material	–
Gruppierung	Klein-/Großgruppe
Vorbereitung	–
Spielform	Kommunikations- und Kooperationsspiel
Bildungskompetenzen	Kommunikation, Kreativität, Kooperation
Spielgelegenheit	Freizeiten, Ausflüge, Wartesituationen

Nicht immer ist in Wartesituationen ein Ball zur Hand. Für solche Fälle gibt es den „Wusch-Ball", der immer dabei sein sollte. Die Spielenden bilden einen Kreis, und die Spielleitung formt beide Hände zu einem imaginären Ball, der unterschiedlich groß sein kann. Durch verschiedene Fragen werden die Spielenden aufgefordert, den Ball zu gestalten: Welche Farbe hat der Ball? Ist es ein großer oder ein kleiner Ball? Können ihn jetzt alle sehen?

„Sehen" alle den Ball (mit ein wenig Fantasie sollte das möglich sein), benennt die Spielleitung eine Besonderheit, dass nämlich der Ball ein Geräusch macht, wenn er geworfen wird, z. B. „wusch". Der Spielende, zu dem der Ball nun geworfen wird, wiederholt beim Fangen dieses Geräusch und wirft den Ball mit einem neuen Geräusch (z. B. „ratazong") zum nächsten Spielenden. So geht es dann hin und her: mit dem zugeworfenen Geräusch den Ball fangen, das Geräusch wiederholen und den Ball mit einem neuen Geräusch werfen.

Der Ball kann auch andere Eigenschaften annehmen, die von der Spielleitung genannt werden und über eine längere Zeit andauern, z. B.: Es ist ein kalter / heißer / schleimiger / ekliger / … Ball. Sicherlich fallen den Spielenden beim Spielen weitere Eigenschaften ein.

Ralf Brinkhoff

Sprache

Schmelzendes Orangeneis

Beim Musikstopp werden kleine Aufgaben erledigt

Alter	ab 8 Jahren
Dauer	5 – 10 Minuten
Material	ein orangener Ball
Gruppierung	Gruppe im Kreis sitzend
Vorbereitung	kleine, schnell zu erledigende und fröhliche Aufgaben überlegen
Spielform	Interaktion
Bildungskompetenzen	Kommunikation, Kreativität, Spontaneität
Spielgelegenheit	beliebige Spielsituationen

Ein Orangeneis ist nicht so beliebt. Deswegen wird die Kugel (z. B. orangener Ball) im Kreis möglichst schnell von Nachbar zu Nachbarn weitergereicht, während Musik abgespielt wird. Die Spielleitung bestimmt durch Musikstopp, wo das Weitergeben endet. Die Person, die das unbeliebte Eis als Letzte in der Hand hält, muss spontan ein Lied singen oder eine kleine Aufgabe erledigen. Sobald die Aufgabe erledigt ist, geht die Musik und somit das Spiel weiter.

Mögliche Aufgaben

- Fünf Gruppenmitglieder mit Namen und Handschlag freundlich begrüßen.
- Einmal um den Stuhlkreis hinken, schnell, langsam, „schön", rückwärts (etc.) herumlaufen.
- Ein Lied singen.
- Einen Spontanreim aufsagen.
- Sich eine Bewegung ausdenken, die alle sofort nachmachen.
- Eigene Hobbys nennen …

Friedemann Hönsch

„Ja genau“-Geschichte

Alle erzählen gemeinsam eine Geschichte, die mit der Phrase „Ja genau … und dann …“ miteinander verbunden wird.

Alter	10 Jahre
Dauer	15 Minuten
Material	–
Gruppierung	zu zweit/zu dritt und im Kreis
Vorbereitung	–
Spielform	Sprachspiel, Improvisationstheater, Ideenfindung
Bildungskompetenzen	Sprache, Spontanität, Kreativität
Spielgelegenheit	Theaterworkshops, Gruppenstunden, Ausflüge, lange Fahrten

Die Spielenden erzählen Satz für Satz eine Geschichte. Der Satz der vorher erzählenden Person wird übernommen mit „Ja genau … und dann …!“ Eine Variante wäre: „Ja genau … und deshalb …!“ Auf keinen Fall: „… aber dann…!“. Das „aber“ verneint die Idee im vorangehenden Satz.

Ein Beispiel: „Ich war gestern mit dem Fahrrad unterwegs.“ – „Ja genau, ich war gestern mit dem Fahrrad unterwegs und dann bin ich in einen Reißnagel gefahren.“ – „Ja genau, ich bin in einen Reißnagel gefahren und deshalb hatte ich einen platten Reifen.“ – …

Sprache

Pädagogischer Hinweis

Dieses Spiel verfestigt auf spielerische Art und Weise den Satz „Ja genau“ in den Köpfen der Spielenden, was eine positive Grundstimmung für Theaterspiele und gemeinsame Improvisationen mit sich bringt.

Michael Dietrich

Paarvermittlung

Die Schuhe aller Spielenden müssen wieder zu Paaren zusammengestellt werden.

Alter	ab 8 Jahren
Dauer	45 Minuten und mehr, je nach Kommunikationskompetenz
Material	die eigenen Schuhe
Gruppierung	in einer Gruppe bis zu 10 Personen
Vorbereitung	–
Spielform	Wahrnehmungs- und Kommunikationsspiel
Bildungskompetenzen	Sensibilisierung der Wahrnehmung, Förderung der Beschreibungsfähigkeit
Spielgelegenheit	Gruppenstunde, Vertretungsstunde, methodischer Einstieg in die Themen Beschreibung bzw. Wahrnehmung

Die Schuhe aller Spielenden werden auf einen Haufen geworfen. Nun fischen sich alle Spielenden blind zwei unterschiedliche Schuhe heraus. Durch gegenseitiges Beschreiben der Schuhe sollen sich nach und nach die Paare wiederfinden.

Einigen Spielenden kann es unangenehm sein, die eigenen Schuhe auszuziehen. Entweder springt die Spielleitung ein oder es zieht nur die Hälfte beide Schuhe aus und jeder erhält zunächst nur einen Schuh.

Marietheres Waschk

Wahrsagen

Die oder der Wahrsagende bietet einen Blick in die Zukunft, die positiv gestaltet ist und die eigene Fantasie anregt.

Alter	ab 12 Jahren
Dauer	10–30 Minuten
Material	Glaskugel, Wahrsagekarten oder Kaffeesatz, Verkleidung, Sessel, kleines Zelt oder Tücher
Gruppierung	–
Vorbereitung	ein kleines Zelt oder ein Sessel für den Wahrsagenden, ein Tisch mit Kugel und ausgelegten Bildkarten
Spielform	Fantasie- und Sprachspiel
Bildungskompetenzen	Sprache, Fantasie
Spielgelegenheit	Ferienfreizeit, Gruppenabend

Die wahrsagende Person bittet eine andere, eine Hand auf die magische Kugel zu legen und mit der anderen Hand drei Bildkarten aufzudecken. Er sagt nun die Zukunft voraus, die auf jeden Fall positive Fantasien freisetzen soll.

Variante
Anstelle einer magischen Kugel kann man Knöchelchen nehmen oder im Kaffeesatz rühren.

Pädagogischer Hinweis
Es ist wichtig, darauf zu achten, dass die Wahrsagungen positiv bleiben und offen für eigene Interpretationen sind.

Gerhard Knecht

Ein Duell mit Worten

Im Wechsel werden Begriffe genannt, die den gleichen Anfangsbuchstaben haben.

Alter	ab 10 Jahren
Dauer	5 – 10 Minuten
Material	–
Gruppierung	Paare
Vorbereitung	–
Spielform	Kommunikationsspiel
Bildungskompetenzen	Kommunikation
Spielgelegenheit	Freizeiten, Ausflüge, Wartesituationen

Das Spiel wird paarweise gespielt. Ein Spielender nennt einen Buchstaben, der nachfolgend immer benutzt werden soll, z. B. D. Abwechselnd werden nun Wörter genannt, die mit D beginnen, also Dose – Donner – Döner – Datteln – … Tritt eine Pause von mehr als 5 Sekunden ein, wird von dem Spielenden , der das letzte Wort gesagt hat, ein neuer Buchstabe benannt, mit dem das Spiel fortgesetzt werden soll.

Variante

Ein Spielender sagt stumm das Alphabet auf. Sagt ein anderer „Stopp", wird der Buchstabe laut gesagt, bei dem der Aufsagende gerade war. Dieser ist der ausgewählte Buchstabe für eine nächste Runde.

Alternativ schaut sich eine Person um und nennt einen Gegenstand, den sie sieht. Mit dessen Anfangsbuchstaben beginnt dann die neue Runde.

Ralf Brinkhoff

Kommunikationschaos

Eine Person diktiert dem Gegenüber ihren Text, den dieser aufschreibt.

Alter	ab 12 Jahren
Dauer	5 – 10 Minuten + Reflexionszeit
Material	pro Paar Klemmbrett, Papier und Stift sowie unter schiedliche Texte mit 50 Wörtern
Gruppierung	Paare
Vorbereitung	Material bereitlegen
Spielform	Kommunikationsspiel
Bildungskompetenzen	Teambuilding, Wahrnehmung, Reflexionsfähigkeit
Spielgelegenheit	Ferienfreizeiten, Seminare, Teamtrainings, Klassenfahrten

Die Hälfte der Spielenden erhält je einen Text mit 50 Wörtern Umfang und sucht sich einen Partner. Alle Tandems postieren sich zehn Meter weit auseinander. Die Aufgabe der Gegenüberstehenden besteht darin, den Text, den der Partner oder die Partnerin vorliest, aufzuschreiben. Da es eine Zeitvorgabe gibt, begeben sich die Paare schnell in einen Konkurrenzkampf: Wer schafft es am schnellsten, seinen Text niederzuschreiben? Und auch die Vorlesenden werden meist immer lauter. In der Reflexion geht es dann um die Frage, welche anderen Lösungen möglich gewesen wären.

Pädagogischer Hinweis

Gut wäre, an dieser Stelle einen Text über Kommunikation einzuflechten und diesen anschließend vorzulesen.

Marietheres Waschk

Sprache

Aber nein, das ist doch kein …

Die Spielenden statten einen Gegenstand mit zwei lustigen Eigenschaften aus.

Alter	12 Jahre
Dauer	10 – 20 Minuten
Material	–
Gruppierung	Klein-/Großgruppe
Vorbereitung	–
Spielform	Kommunikationsspiel
Bildungskompetenzen	Kommunikation, Kreativität, Fantasie
Spielgelegenheit	Freizeiten, Ausflüge, Wartesituationen

Alle Spielenden schauen sich in ihrer Umgebung um, merken sich einen Gegenstand und überlegen sich zwei fantasievolle Tätigkeiten, die dieser kann. Eine Person tippt nun einer anderen auf die Schulter, zeigt auf den Gegenstand und sagt z. B.: „Da, siehst du die Bahnhofsuhr? Sie kann Ansagen machen und freundlich lächeln." Die angesprochene Person erwidert: „Nein, das ist doch keine Bahnhofsuhr, die Ansagen machen und freundlich lächeln kann." Der oder die Nächste wird angetippt und auf einen neuen Gegenstand aufmerksam gemacht, z. B.: „Da, siehst du den Koffer, der ist voll mit Geld und kann sprechen." „Das ist doch kein Koffer, der …"
Und so geht es dann weiter, antippen und zeigen, widersprechen, neuer Gegenstand. Je nach Ort, an dem gewartet wird, werden immer andere Gegenstände und Dinge in den Fokus genommen (Wald, Flughafen, Zoo …)

Ralf Brinkhoff

Assoziationsspiel

Assoziationen werden abwechselnd in verbaler und nonverbaler Form im Kreis herumgegeben.

Alter	ab 11 Jahren
Dauer	5–10 Minuten
Material	–
Gruppierung	im Kreis stehend
Vorbereitung	–
Spielform	Assoziationsspiel
Bildungskompetenzen	Sprache, Bewegung, Fantasie, Imagination
Spielgelegenheit	Seminare, Freizeiten, Theatergruppen

Alle stehen mit einer Armlänge Abstand im Kreis zueinander. Die Spielleitung A wendet sich zum rechten Nachbarn B und sagt ein Wort , z. B. „Sonne". B wendet sich zum rechten Nachbarn C und stellt eine Assoziation zu dem Begriff dar, macht z. B. eine Sonnenstrahlenbewegung mit den Armen. C wendet sich zu seinem rechten Nachbarn D und sagt ein Assoziationswort dazu, z. B. „Ballett", die die oder der andere wiederum pantomimisch aufnimmt.
Bei gerader Spielendenzahl wechselt die Spielleitung nach ein oder zwei Runden den Rhythmus, indem sie kein Wort weitergibt, sondern eine pantomimische Bewegung.

Sprache

Pädagogischer Hinweis

Das Spiel eignet sich für Gruppen mit gemeinsamer Spielerfahrung, u. a. als Vorbereitung zur Improvisation von Geschichten oder Theaterszenen.

Rainer Kreuz

Das ist meine Nase

Die Spielenden stehen im Kreis und folgen den Impulsen der Spielleitung.

Alter	ab 5 Jahren
Dauer	10 Minuten
Material	–
Gruppierung	Gruppe bis 20 Personen
Vorbereitung	–
Spielform	Gruppenspiel, Konzentrationsspiel, Sprachspiel
Bildungskompetenzen	Koordination, Konzentration, Bewegung
Spielgelegenheit	Gruppenstunde

Die Spielenden stehen im Kreis, die Spielleitung deutet auf ein Körperteil und sagt: „Das ist meine Nase." Die Spielenden wiederholen das und zeigen ebenfalls auf das Körperteil. Dann geht es weiter mit Mund, Augen, Ohren, Bauch usw. Das ist leicht und hilft, die Körperteile richtig zu benennen.

Im zweiten Teil sagt die Spielleitung wieder: „Das ist meine Nase", deutet dabei aber auf den Mund. Die Spielenden sollen es richtig zeigen, indem sie gut zuhören und nicht auf das achten, was die Spielleitung zeigt. Wer es dennoch falsch zeigt, dreht sich einmal um die eigene Achse und zeigt es danach richtig. Die Gruppe klatscht dann, bevor der nächste Impuls durch die Spielleitung kommt.

Literatur

Spielimpulse, aus der Praxis für die Praxis, Spielmobile e.V., Freiburg 2017

Gerhard Knecht

Autokennzeichen in Sätzen

Die Spielenden formulieren mit den Buchstaben eines Autokennzeichens Sätze.

Alter	ab 10 Jahren
Dauer	unbegrenzt
Material	–
Gruppierung	Klein-/Großgruppe, Paare
Vorbereitung	–
Spielform	Kommunikationsspiel
Bildungskompetenzen	Kommunikation, Kreativität, Fantasie
Spielgelegenheit	Freizeiten, Ausflüge

Bekannt ist allen das Spiel, Autokennzeichen den richtigen Städten zuzuordnen. Eine lustige Variante ist es, aus den Buchstaben eines Kennzeichens einen Satz zu bilden, der dann auch noch einigermaßen sinnvoll und verständlich ist.

Beispiele

- HF – GS: Hallo Fred, geht's so?
- D – RB: Dort rennen Bären.

Ralf Brinkhoff

Die Geschichte auf einem Bein

In einer Geschichte darf ein bestimmtes Wort nicht genannt werden.

Alter	ab 10 Jahren
Dauer	10 – 15 Minuten
Material	–
Gruppierung	Klein-/Großgruppe
Vorbereitung	–
Spielform	Kommunikationsspiel
Bildungskompetenzen	Kommunikation, Kreativität, Fantasie
Spielgelegenheit	Freizeiten, Ausflüge, Wartesituationen

Ein Spielender beginnt eine Geschichte zu erzählen, die nach einer Minute enden soll. Vorab wird von der Gruppe ein Wort festgelegt, das in der Geschichte nicht vorkommen darf, z. B. „und". Immer wenn es doch gesagt wird, werden die Anforderungen für die erzählende Person erschwert. So muss sie beim Weitererzählen z. B.

- auf einem Bein stehen,
- mit der rechten Hand ans linke Ohrläppchen fassen,
- mit geschlossenen Augen oder
- singend erzählen.

Varianten

- Alle Spielenden bekommen drei 1-Cent-Münzen. Immer wenn das „verbotene" Wort gesagt wird, muss eine Münze abgegeben werden. Wer kein Geldstück mehr hat, scheidet aus. Bei dieser Spielvariante sagt jeder Spielende drei Sätze und die Geschichte wird reihum fortgesetzt.
- Alle „verstecken" den Namen eines Gegenstandes, den sie bei sich haben, in ihrer Geschichte. Nach dem Erzählen raten die Zuhörenden, welches Wort es gewesen ist. Der Erzähler zeigt dann den Gegenstand (z. B. die rote Socke, die Brille, die Flasche …).

Ralf Brinkhoff

Alles hat ein Ende

Die Spielenden verpacken ihre Erlebnisse in Vierzeiler.

Alter	ab 10 Jahren
Dauer	5 – 10 Minuten
Material	Stifte, Zettel
Gruppierung	Kleingruppen oder Paare
Vorbereitung	Material verteilen
Spielform	Schreibspiel
Bildungskompetenzen	Kommunikation
Spielgelegenheit	zum Ende einer Freizeit, eines Ausflugs

Die Spielenden finden sich paarweise oder zu dritt zusammen und bekommen die Aufgabe, einen Vierzeiler über ein besonderes Erlebnis in der gemeinsamen Zeit zu schreiben. Wer fertig ist, kann den Vierzeiler vortragen.

Pädagogischer Hinweis

Es sollte betont werden, dass es sich um lustige und positive Erlebnisse handeln soll.

Ralf Brinkhoff

Sprache

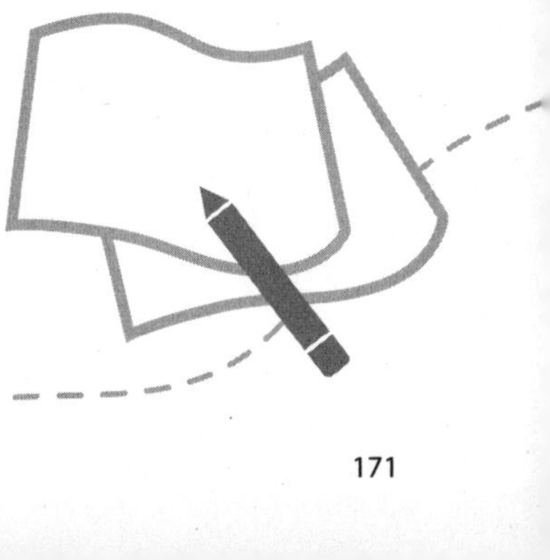

Assoziationsketten

Die Spielenden assoziieren zu Begriffen, die sie hören – spontan und ohne Bewertung.

Alter	ab 7 Jahren
Dauer	10 Minuten
Material	–
Gruppierung	zu zweit und im Kreis
Vorbereitung	–
Spielform	Sprachspiel
Bildungskompetenzen	Assoziation, Spontanität, Kreativität
Spielgelegenheit	Theaterworkshop, Klassenfahrt, zwischendurch

Eine Person nennt einen Begriff zusammen mit einer schenkenden Bewegung. Der Begriff wird von einer anderen wiederholt und ergänzt mit einem Wort, welches der zweiten Person spontan dazu einfällt. Es gibt keine „falschen" Assoziationen. Jede Idee ist die richtige! (Z. B. Theater –> Theater – Bühne –> Bühne – Schauspieler –> Schauspieler – Maske usw.) Es muss dabei immer nur das letzte Wort wiederholt werden. Dieses Spiel kann anfangs im Kreis und anschließend in Zweier- oder Dreiergruppen gespielt werden.

Pädagogischer Hinweis

Die Spielenden sollen die schenkende Bewegung immer beibehalten. Das fördert die Kreativität. Auch wenn einer Person kein Wort einfällt, sollte sie die Bewegung einfach mehrmals wiederholen – dann kommt oft schnell eine Idee. Erlauben Sie auch Geräusche, Fantasieworte und Wiederholungen. Jede Assoziation ist richtig!

Michael Dietrich

Markt der Geschichten

„Marktverkäufer“ preisen erzählend einen Gegenstand an.

Alter	ab 8 Jahren
Dauer	15 Minuten
Material	verschiedene Gegenstände, die Erinnerungen wecken, z. B. Feder, Hundeleine, Steine
Gruppierung	zu zweit mit wechselnden Partnern im Stuhlkreis
Vorbereitung	Stuhlkreis aufstellen
Spielform	Sprach- und Erzählspiel
Bildungskompetenzen	Sprache, Fantasie, Assoziation, freies Erzählen
Spielgelegenheit	Schule, Seminare, Freizeiten, Theatergruppen

Ein „Markt“ wird in Form eines Stuhlkreises aufgebaut, indem die Stühle („Markstände“) abwechselnd nach innen und nach außen gerichtet sind. Auf jedem Stuhl liegt ein Gegenstand. Hinter dem Stuhl im Innenkreis steht der „Marktmann“, der diesen Gegenstand anpreist, indem er eine Geschichte zu diesem Gegenstand erfindet und erzählt. Im Außenkreis steht vor jedem „Stand“ eine „Kundin bzw. ein „Kunde“, die bzw. der zuhört.

Die Kunden wechseln auf ein Zeichen im Uhrzeigersinn von erzählender Person zu erzählender Person. Danach werden die Rollen getauscht (die im Außenkreis stellen sich hinter einen Stuhl und die im Innenkreis rotieren).

Rainer Kreuz

Schau mal, da ist ein B …

Die Spielenden nennen zu vereinbarten Anfangsbuchstaben Gegenstände.

Alter	ab 10 Jahren
Dauer	unbegrenzt
Material	–
Gruppierung	Paare
Vorbereitung	–
Spielform	Wahrnehmungs- und Kommunikationsspiel
Bildungskompetenzen	Kommunikation, Kreativität, Fantasie, Wahrnehmung
Spielgelegenheit	Freizeiten, Ausflüge, Wartesituationen

Das Spiel eignet sich besonders in Wartesituationen oder während einer Wanderung. Es bilden sich Paare. Diese einigen sich auf fünf Buchstaben, die sie während des Spiels benutzen wollen, und legen eine Reihenfolge fest. Beginnend mit dem ersten Buchstaben (z. B. B) klopfen sie sich immer dann gegenseitig auf die Schulter, wenn sie eine Sache oder einen Gegenstand entdecken, der mit B beginnt. Sind eine bestimmte Anzahl Gegenstände entdeckt worden (z. B. vier), setzt sich das Spiel mit dem nächsten Buchstaben fort. Es endet mit dem letzten Buchstaben der verabredeten Reihenfolge.

Variante

Die mitspielenden Paare überlegen sich eine Farbe und klopfen sich immer dann gegenseitig auf die Schulter, wenn sie diese sehen (z. B. grüner Frosch, grünes Blatt, grüner Abfalleimer …).

Ralf Brinkhoff

Verrückte Zeitungsmeldungen

Überschriften kurioser Nachrichten werden vorgelesen. Die Geschichten und Hintergründe werden erfunden.

Alter	ab 10 Jahren
Dauer	15 – 30 Minuten
Material	kuriose Meldungen von den „Vermischtes"- oder „Panorama"-Rubriken von Tageszeitungen oder Online-Nachrichtenseiten im Internet
Gruppierung	Paare oder mehrere Kleingruppen mit 3 Personen
Vorbereitung	Die Spielleitung sichtet Zeitungen bzw. Online-Nachrichten und schneidet unter der Rubrik Vermischtes unwahrscheinliche Geschichten aus bzw. kopiert die Internetmeldungen.
Spielform	Fantasiespiel
Bildungskompetenzen	Sprachförderung, besonders: Geschichten erfinden und vortragen
Spielgelegenheit	Gruppenstunde, Deutsch- und Fremdsprachenun-ter-richt, interkulturelle Arbeit, Ganztagsaktivitäten, Förderunterricht

Sprache

Die Spielleitung liest aus ihrer Sammlung von Zeitungs- und Internetmeldungen die Schlagzeilen vor. Die Spielenden sollen sich von der Schlagzeile inspirieren lassen und den zur Headline passenden Artikel erfinden und kommentieren. Die neu erfundenen Artikel werden von den Kleingruppen vorgestellt. Die Spielleitung liest am Schluss die kompletten Meldungen vor und miteinander werden die Unterschiede zu den erfundenen Geschichten besprochen.

Variante

Die erfundenen Meldungen können von den Gruppen auch wie ein Nachrichtensprecher oder als Korrespondentenbericht, Live-Schaltung usw. inszeniert werden.

Ulrich Baer / Gerhard Knecht

Die lebendige Hörbox

Die Spielenden setzen sich in den Karton und erzählen anderen eine kurze Lieblingsgeschichte.

Alter	ab 6 Jahren
Dauer	10 Minuten
Material	Waschmaschinenkarton bzw. ähnlich großer Karton, Kartons, Scheren, Dispersionsfarben, Blankokarten, Papier und Buntstifte
Gruppierung	Paare oder Kleingruppen
Vorbereitung	einen Waschmaschinenkarton bemalen und als Hörbox gestalten; kleine Öffnungen in Form von Ohren in den Karton schneiden, die man auch schließen kann.
Spielform	Hörspiel mit eigenen Geschichten
Bildungskompetenzen	Lesen, Gestalten, Sprache
Spielgelegenheit	Schulfest, Ferienfreizeit, Unterricht

Die Spielenden gestalten eine Kurzgeschichte, die sie gerne erzählen, als kleine Bildergeschichte. Diese Bilder hängen sie in ihrem Karton auf oder legen sie vor sich ab, sodass sie den Faden nicht verlieren. Die Erzählenden erzählen ihre kurzen Geschichten im Karton, sodass sie für die Zuhörenden nicht sichtbar sind.
Besonders hilfreich ist es, wenn sie für ihre Erzählungen eine Geschichte erzählen, die sie schon kennen. Zwei andere Spielende legen ihr Ohr an den Karton und lauschen.

Variante
Die Geschichten werden zu zweit erfunden und gemeinsam erzählt. Oder sie werden nacheinander vorgestellt.

Pädagogischer Hinweis
Die Pädagogen müssen darauf achten, dass die zuhörenden Spielenden ihr Ohr sorgsam an die Hörboxen legen, damit die Box nicht umfällt.

Literatur

Jentgens, Stephanie; Knecht, Gerhard: Fabula Held, *Der Erzählkoffer,* DVD, Akademie Remscheid, 2011.

Gerhard Knecht

Reimlegespiel

Die Spielenden gestalten ein Reimlegespiel und spielen es.

Alter	ab 8 Jahren
Dauer	je nach Größe des Spiels 30 Minuten
Material	Kartei- oder kleine Blankokarten als Grundlage für das Spiel, Stifte
Gruppierung	Kleingruppen bis 4 Spielende
Vorbereitung	–
Spielform	Legespiel selbst gemacht
Bildungskompetenzen	Sprache, Zeichnen, Kombination, Zuordnen
Spielgelegenheit	Schulklasse, Ferienfreizeit, Gruppenstunde, Familienspiel

Sprache

Zu Beginn erhält jede Person zwei Karten und zeichnet zunächst als zusätzliches Erkennungszeichen ganz klein ein Symbol auf die Rückseite ihrer zwei Karten, z. B. einen Hasen. Dann wird ein zweizeiliger Reim erfunden, dessen erster Teil auf das eine Kärtchen, der andere auf das andere Kärtchen gemalt wird. Der Reim könnte lauten:
Auf meinem schönen Rasen,
da hoppeln weiße Hasen.

Im Spielverlauf werden immer zwei Karten aufgedeckt, der Reim wird vorgelesen und wenn er passt, kann das Paar abgelegt werden. Wenn man sich unsicher ist, kann man gucken, ob beide Karten das gemeinsame Symbol haben.

Gerhard Knecht

Das Genie aus einem fernen Land

Das Genie aus einem fernen Land erzählt in Fantasiesprache von einer bahnbrechenden Erfindung – mit Übersetzung.

Alter	ab 8 Jahren
Dauer	30 Minuten
Material	–
Gruppierung	Paare / im Kreis
Vorbereitung	–
Spielform	Sprachspiel, Improvisationstheater
Bildungskompetenzen	Fantasie, Sprache, Kreativität, Spontanität, Körperlichkeit
Spielgelegenheit	Theaterworkshop, Bühne, Ausflug, Deutschunterricht, Gruppenstunde

Ein Spielender ist ein Genie aus einem weit entfernten Land, dessen Sprache niemand versteht – bis auf die übersetzende Person, die versucht, durch genaue Beobachtung des Genies verständliche Sätze für die Zuschauenden zu formulieren.
Das Genie erklärt also Satz für Satz in einer frei improvisierten Fantasiesprache, wie es auf die Idee zu dieser Erfindung gekommen ist und wie sie funktioniert. Dabei ist es wichtig, dass das Genie mit viel Körpereinsatz, Gestik und Mimik spricht, da diese die oder den Übersetzenden am meisten inspirieren. Nach jedem Satz wiederholt die übersetzende Person die Gesten und spricht dabei in verständlichen Sätzen. Wichtig: Die Aufgabe der übersetzenden Person ist es nicht, die Aussage des Genies zu erraten, sondern eine eigene Interpretation zu finden.

Pädagogischer Hinweis

Lassen Sie sich vom Rest der Gruppe vorgeben, welche Erfindung das Genie präsentiert. Animieren Sie das Genie zu großen Bewegungen und die übersetzende Person zu freien Assoziationen. Es gibt hier kein „Falsch", sondern nur witzige Kreationen, die in Teamwork entstehen.

Michael Dietrich

Namen verstecken

Es wird ein Text geschrieben mit doppelt so vielen Sätzen, wie Spielende da sind. In den Text werden die Namen der Spielenden so versteckt, dass sie nicht sofort zu entdecken sind.

Alter	ab 12 Jahren
Dauer	20–30 Minuten
Material	Flipchart, Papier
Gruppierung	Kleingruppen mit bis zu 6 Personen
Vorbereitung	–
Spielform	Kennenlernspiel, Schreibspiel, Ratespiel
Bildungskompetenzen	Kreatives Schreiben, Fantasie, Kooperation
Spielgelegenheit	Freizeit, Klasse, Gruppe, die sich neu kennenlernt

Die Spielenden überlegen, wie sich ihr Name (in Silben) zerlegen lässt. Sie bilden daraus Sätze, in denen der Name gut versteckt ist – z. B.: **An ne**un Tagen im November w**ar es** kalt. Der Bag**ger, d**er sprang nicht an, sosehr man sich bemüht**e. Va**seline half auch nicht. (Lösung: **Anne, Ares, Gerd, Eva**)

Pädagogischer Hinweis

Dieses Spiel ist geeignet für Spielende, die Freude am Fabulieren und an Sprachbasteleien haben.

Gerhard Knecht

Sprache

Stille Post …

Die Stille Post wird genutzt, um Ungesagtes zu sagen, eine Idee oder einen Wunsch zu präzisieren.

Alter	ab 14 Jahren
Dauer	30 Minuten
Material	Stoppuhr bzw. Sanduhr (1 Minute)
Gruppierung	eine Gruppe mit gerader Teilnehmerzahl
Vorbereitung	persönliche Fragestellung bzw. Thema festlegen
Spielform	Interaktion
Bildungskompetenzen	Kommunikation
Spielgelegenheit	Gruppenthemen, Ideenentwicklung

Die oder der Erste in der Kette wird instruiert: „Erzähle genau eine Minute lang, was du bezüglich des gemeinsamen Themas denkst bzw. vorhast bzw. was dich daran interessiert – allerdings im Flüsterton." (Zeit stoppen.)
Die Postkette wird instruiert: „Hört gut zu und stellt keine Fragen. Gebt im Flüsterton an die nächste Person in der Kette knapp und mit einfachen Worten weiter, wessen Botschaft ihr weitergebt und was ihr davon verstanden habt." (Kürzere Zeit geben.)
Die oder der Letzte in der Kette erhält die Instruktion: Notiere als „Empfänger" knapp und präzise das, was du verstanden hast.

Modus für die gleichzeitige Weitergabe zum Zeitsparen
Eine gerade Personenanzahl wird in nebeneinandersitzende Paare eingeteilt. Wer links sitzt, wird seine eigene Botschaft nach links senden, wer rechts sitzt, nach rechts. Gleichzeitig beginnen alle links Sitzenden, ihre Botschaft weiterzugeben. Die Botschaften werden am Kettenende von den rechts sitzenden Paar-Partnern notiert.
Wenn diese Richtung abgeschlossen ist, beginnen alle rechts Sitzenden, ihre Botschaft weiterzugeben. Die Botschaften werden am Kettenende von den links sitzenden Paar-Partnern notiert.

Schluss

Am Ende wird die empfangene Botschaft mit der gesendeten Darstellung im Plenum verglichen: Die empfangende Person liest ihre Notizen vor; die sendende kommentiert sie kurz.
Bei einer Beratung in Paaren diskutieren die sendende und die empfangende Person das Ergebnis:

- Wie hat sich die Formulierung verändert? Was ist verloren gegangen?
- Welche Auswirkungen haben Missverständnisse?

Stille Post funktioniert so nur mit gerader Personenzahl. Die Leitung könnte notfalls mitspielen.

Variante

Die Stille Post wird im Kreis weitergegeben. Nach fester Zeitvorgabe (z. B. fünf Minuten) berichtet jeder das zuletzt Gehörte.

Thomas Reyer (methodenkabinett.de)

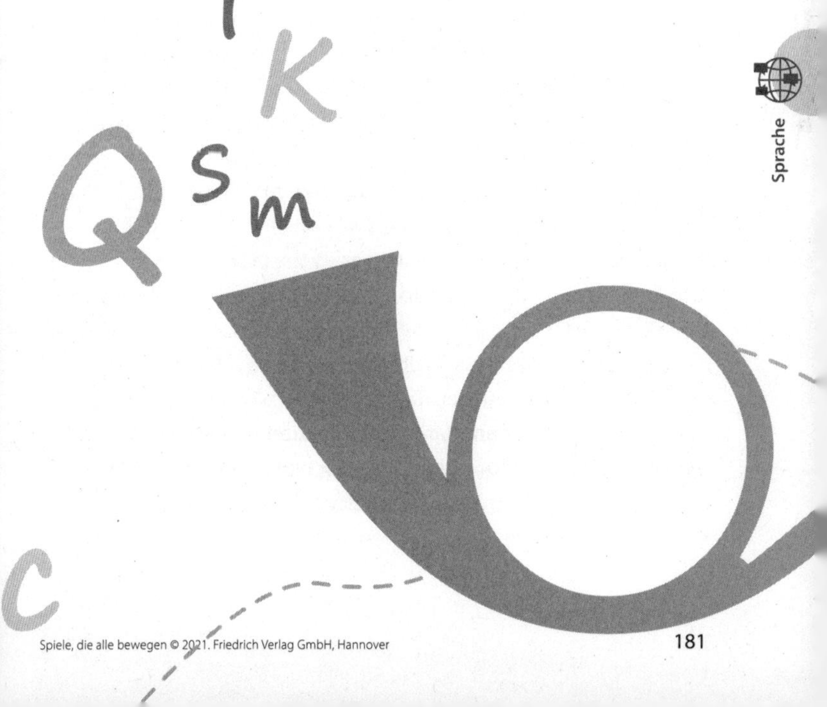

Mein Kreuzworträtsel

Aus persönlichen Wörtern wird ein Kreuzworträtsel erstellt.

Alter	ab 10 Jahren
Dauer	30–90 Minuten
Material	Computer, Drucker oder Karopapier
Gruppierung	einzeln, dann Paare
Vorbereitung	–
Spielform	ein Spiel selbst erstellen
Bildungskompetenzen	Selbstbewusstsein, Sprachförderung, Empathie
Spielgelegenheit	Gruppenstunde, Beratung

Jeder sammelt viele Wörter, die mit der eigenen Person zu tun haben: Lieblingsschulfächer, Namen von Freunden, Reiseziele, Lieblingssänger, Begriffe aus dem Hobby, Wohnort, Eigenschaften … – darunter viele kurze Wörter. Dann wird aus einigen Wörtern ein Kreuzworträtsel erstellt. Die Begriffe werden auf Karopapier geschrieben, und zwar so, dass jeder Buchstabe in ein Quadrat von 2 x 2 Kästchen passt. Jeder Begriff wird einmal horizontal und einmal vertikal aufgeschrieben. Die Wörter werden als Streifen ausgeschnitten und können so zu einem Kreuzworträtsel arrangiert werden, wobei sich an den Kreuzungspunkten gleiche Buchstaben befinden müssen. Nun wird eine Zeichnung erstellt mit den Kästchen, die von den Ratenden mit Wörtern zu füllen sind, und mit geschwärzten Kästchen, wo keine Buchstaben einzutragen sind.

Im nächsten Schritt werden die Anfangsbuchstabenkästchen aller verwendeten Begriffe durchnummeriert. Zu jedem nummerierten Begriff wird nun eine Umschreibung erfunden, aufgrund derer die Ratenden die Begriffe herausfinden sollen. Diese Liste kommt unter die Zeichnung. Damit ist das Rätsel fertig und kann an Rate-Paare (!) gegeben werden. Es können auch Dreiergruppen gebildet werden: Zwei in jedem Dreierteam versuchen, das Rätsel des Dritten zu lösen, der notfalls kleine Hilfen geben kann und ansonsten die Beschäftigung des Rate-Paars mit seiner Person genießt.

Ulrich Baer

Fundsachen erzählen ihre Geschichten

Immer zwei Spielende überlegen, wie ein Fundstück verloren ging, welche Bedeutung es für den Besitzer hatte und wie es zu dem „Unglück" des Vergessens kam.

Alter	ab 12 Jahren
Dauer	20–30 Minuten
Material	Originelle Sachen aus dem Fundbüro oder Bilder von Gegenständen, die gefunden sein könnten.
Gruppierung	Gruppen von ca. 10 Personen
Vorbereitung	Fundstücke oder Fotografien auslegen
Spielform	Darstellendes Spiel, Sprachspiel
Bildungskompetenzen	Weckung von Fantasie, Sprachförderung
Spielgelegenheit	Ganztag, Spielaktion

Jeder verlorene Gegenstand hat seine Geschichte: So kann der verlorene Tennisschläger von quälenden Trainerstunden befreien. Wurde der Stock vergessen, weil der Besitzer wieder ohne ihn gehen konnte? Es werden Fundstücke ausgelegt, die zum Erzählen herausfordern. Die Spielenden sollen sich zu zweit einen Gegenstand aussuchen. Sie haben zehn Minuten Zeit, eine Geschichte über den Gegenstand zu erfinden, die nicht länger als drei Minuten dauern soll. Einer beschreibt die Geschichte aus der Sicht des Gegenstandes, der andere aus der Sicht der Person, die ihn verloren hat. Die Spielleitung hilft durch Fragen, der Geschichte eine Struktur zu geben. Das Paar stellt ihre Geschichte einem anderen Paar vor, das sich mit seinen Geschichten revangiert.

Pädagogischer Hinweis

Nach einer Versteigerung übrig gebliebene Fundstücke bekommt man oft gratis. Fotografien (z.B. von Musikinstrumenten, Zauberstäben, Gebissen, Ketten, Puppen, Taschen, Schulsachen) eignen sich ebenso zum Erzählen. Die Spielenden können auch einen eigenen Gegenstand mitbringen, zu dem sie etwas zu erzählen haben.

Gerhard Knecht

Diskussion mit Gruppenschutz

Zu einem aktuellen Thema wird eine Pro-und-Kontra-Diskussion durchgeführt. Die Vertreterinnen und Vertreter der gegensätzlichen Positionen können sich Unterstützung holen.

Alter	ab 14 Jahren
Dauer	30 bis 45 Minuten
Material	–
Gruppierung	zwei Kontrahenten im Abstand von ca. 3 m gegenüber, dicht hinter beiden jeweils 3-4 Personen, alle übrigen Spielenden sind Publikum
Vorbereitung	–
Spielform	Diskussionsspiel
Bildungskompetenzen	Sprachförderung, Argumentieren lernen
Spielgelegenheit	beliebige Spielsituation

Die Gruppe teilt sich in zwei Teams auf, wobei jedes Team eine Position zu einer Streitfrage vertritt. Jedes Team wählt eine Person aus ihrer Mitte, die mit Argumenten die Position verteidigt. Alle anderen bilden das Publikum.

Die Phasen des Streitgesprächs

- Fight: Die beiden Kontrahenten tauschen fünf Minuten lang ihre Argumente aus. Während des Streitgesprächs sitzen die beiden Teams hinter ihnen und mischen sich nicht in das Gespräch ein.
- Timeout: Beide Kontrahenten wenden sich zu ihren jeweiligen Teams und besprechen das weitere taktische Argumentieren. In jedem Timeout kann die Gruppe ihren Kontrahenten auswechseln.
- Fight: Fortsetzung des Streitgesprächs. Während jedes Streitgesprächs kann jeder der Kontrahenten jederzeit „Timeout" beantragen, beispielsweise wenn er nicht mehr weiterweiß. Dann haben beide Kontrahenten kurz Gelegenheit, sich mit ihren Teams zu beraten.

Die Diskussion dauert so lange, bis eine einvernehmliche Lösung gefunden worden ist oder die Argumente der Teams sich wiederholen.

Variante

Es können im „Publikum" vorher und nachher Abstimmungen zur Streitfrage durchgeführt werden. Zur Auflockerung könnte auch eine Phase „Publikumsfragen an die Kontrahenten" eingeschoben werden.

Pädagogischer Hinweis

Das ist ein wirklich sehr effektives Verfahren, um die sprachlichen Fähigkeiten zum Darstellen und Durchsetzen der eigenen Meinung zu fördern – besonders für die politische Bildung geeignet. Dieses Diskussionsspiel auf hohem Niveau kann sogar als Podiums-Schulveranstaltung durchgeführt werden.

Ulrich Baer

Spiele mit elektronischen Medien sind für Kinder und Jugendliche inzwischen Spiele mit Alltagstechnik. Hier geht es nicht um den kritischen Umgang mit Computerspielen, sondern um die fantasievolle, spielerische Nutzung von Smartphones, Computern und Tablets. Digital-fiktive und analog-reale Welten sind keine Gegensätze, sondern begegnen sich und gehen ineinander über – in spiel- und medienpädagogischen Gruppenprojekten von Schule und Jugendarbeit.

Geräuschekarte (S. 188)

Bei diesem Spielprojekt werden die Spielenden für die auditive Wahrnehmung ihrer Umgebung sensibilisiert, lernen ihren Ortsteil mit Ohren und Mikrofon genauer kennen und dokumentieren alles elektronisch.

Songtexte neu einkleiden (S. 190)

Hier geht es darum, zu bekannten Songtexten witzige Szenen zu stellen und eigene Videoclips zu schaffen. Das ist keine völlig neue Idee, aber ein Medienspiel, das bei Kindern eine ungeheure Kreativität entfaltet.

Hans im Glück – digital (S. 191)

Das bekannte Tauschspiel wird mit Digitalkamera oder Smartphone begleitet. Damit wird jede Phase der Spielaktion dokumentiert und kann anschließend den anderen Spielteams präsentiert werden.

Medien

Foto-Fragekarten gestalten (S. 197)

Das ist ein Spiel mit Vermutungen: Wer ist da abgebildet? Um was für ein Ereignis handelt es sich? Die Spielenden sehen, spekulieren, assoziieren, rätseln. Das ist spielerischer Politikunterricht oder kreative Geschichtsstunde!

Lernspiele erstellen (S. 198)

Mit einfachen Spielvorlagen in einer Browser-basierten Software können ältere Kinder, Jugendliche und Erwachsene für jüngere Kinder kleine Lernspiele herstellen: z.B. ein Quiz zu einem selbst recherchierten Wissensgebiet. Ein gemeinnütziges deutsch-schweizer Projekt, das wirklich „pädagogisch wertvoll" ist.

Geräuschekarte

Alle Geräusche aus der Umgebung werden in eine Karte übertragen.

Alter	ab 6 Jahren
Dauer	5 – 10 Minuten
Material	Smartphone und für jeden Spielenden ein Klemmbrett oder eine stabile Schreibunterlage, Papier, Stift
Gruppierung	einzeln
Vorbereitung	–
Spielform	Wahrnehmungsspiel
Bildungskompetenzen	Differenzierung der auditiven Wahrnehmung, Konzentration auf Alltagsgeräusche, Üben von dokumentarischen Aufzeichnungen, Naturerleben
Spielgelegenheit	Projektwoche, Klassenfahrt, Ausflug

Jede Person sucht sich einen Platz und markiert den eigenen Standort mit einem Kreuz ungefähr in der Mitte eines leeren Blattes Papier. Alle Geräusche, die nun in einem Zeitraum von etwa zwei bis fünf Minuten zu hören sind, werden da, wo sie sich wahrscheinlich befinden, eingezeichnet. Das kann durch Symbole, aber auch Worte geschehen, wie Vogel, Auto o. Ä.

Ziel des Spiels ist es, zu erfahren, dass es weitaus mehr Geräusche gibt, als wir normalerweise bewusst hören. Erst wenn wir uns darauf konzentrieren, beginnt sich das Hintergrundgeräusch, das wir wahrnehmen, zu differenzieren.

Variante

Die Geräusche werden mit dem Handy aufgenommen und in eine digitale Karte eingetragen. Bei einer Klassenfahrt, Stadtteilerkundung oder Wanderung kann ein Geräusche-Atlas erstellt werden und z. B. mit der App „Book Creator" digital gestaltet und mit Fotos sowie bewertenden Texten ergänzt werden.

Pädagogischer Hinweis

Natürlich ist es absolut notwendig, dass alle Spielenden dabei still sind. Außer in Wald und Feld ist dieses Spiel durchaus auch an Orten in der Stadt möglich oder sogar auf den Fluren in einem größeren Gebäude.

Günter Klarner / Ulrich Baer

Der Natur einen Rahmen geben

Mithilfe eines Rahmens können besondere Details in der Natur sichtbar werden.

Alter	ab 6 Jahren
Dauer	30 – 60 Minuten
Material	pro Person / Gruppe einen Rahmen aus Pappe, Kameras oder Smartphones
Gruppierung	einzeln oder Kleingruppe
Vorbereitung	–
Spielform	Wahrnehmungsspiel, Gestalten
Bildungskompetenzen	Wahrnehmung, Konzentration, Gestaltung
Spielgelegenheit	Kunstunterricht, Ganztag, Ferienaktion

Jede Kleingruppe oder jeder Spielender schneidet einen Rahmen aus einer DIN-A4-Pappe. Der Ausschnitt in der Mitte soll ungefähr die Größe einer Postkarte (15 x 10 cm) haben. Die Spielenden gehen nun auf Entdeckungsreise. Der Rahmen kann genutzt werden, um bestimmte Details zu fokussieren. Er kann direkt auf ein Naturmaterial gelegt, aber auch in die Luft gehalten werden, um z. B. eine Baumkrone oder ein Astloch in den Mittelpunkt zu rücken. Wird ein besonderes Motiv gefunden, hält man es mit der Kamera fest. Anschließend kann eine Diashow der besonderen Blicke und Bilder erstellt werden.

Marietheres Waschk

Songtexte neu einkleiden

Ein Songtext wird medial umgesetzt.

Alter	ab 8 Jahren
Dauer	45 – 60 Minuten
Material	je nach Altersstufe Buntstifte, Handys, Digitalkameras, Fotodrucker
Gruppierung	5 – 10 Spielende
Vorbereitung	–
Spielform	Medienspiel, Gestaltungsspiel
Bildungskompetenzen	Kreativität, Medieneinsatz, Sprachverständnis
Spielgelegenheit	Ganztag, Klassenfahrten, Projektwochen

Die Spielenden suchen sich einen bekannten Songtext aus. Nun setzen sie diesen in eigene Bilder um. Dies können nachgestellte Szenen sein, die den Text widerspiegeln, Gesichtsregungen, die die Gefühle ausdrücken, oder andere mediale Inhalte, die die Stimmung wiedergeben. Von der einfachen Satz-zu-Satz-Umsetzung bis zu hochkomplexen Nacherzählungen ist je nach Alter alles möglich. Grundschulkinder können Textzeilen nachmalen, Jugendliche oder Erwachsene empathische Fotos oder Videosequenzen verwenden. Es entsteht ein Video-Clip, so unterschiedlich und einzigartig wie die Persönlichkeiten der Spielenden. Statt den Song mit den neuen Inhalten visualisiert zu präsentieren, kann man auch erst einmal raten lassen, um welchen Song es sich handelt. Das Verfremden und Umsetzen bekannter Inhalte in eigene Bildwelten kommt immer gut an – bei Kindern, Jugendlichen und vielen Erwachsenen.

Pädagogischer Hinweis

Da es sich höchstwahrscheinlich um einen Song handelt, bei dem jemand die Lizenzrechte besitzt, ist eine Veröffentlichung der Ergebnisse außerhalb der Präsentation in der Gruppe nicht möglich. Dies sollte den Spielenden vorab klar sein, um Enttäuschungen zu vermeiden.

Ali Ergüvenc

Hans im Glück – digital

Jede Kleingruppe soll eine 10-Cent-Münze tauschen, Erhaltenes weitertauschen und den Prozess fotografieren.

Alter	ab 8 Jahren
Dauer	45 Minuten – 3 Stunden
Material	pro Kleingruppe ein 10-Cent Stück und eine Digitalkamera
Gruppierung	in Kleingruppen
Vorbereitung	–
Spielform	Kommunikationsspiel
Bildungskompetenzen	Kommunikation, Kreativität
Spielgelegenheit	Klassenfahrten, Seminare, Ferienfreizeiten, Ganztag

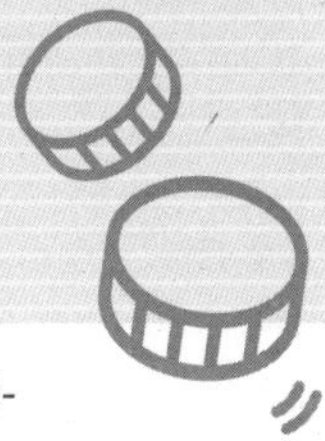

Jede Kleingruppe wird mit einer Münze und einer Digitalkamera ausgestattet. Und nun kann das große Tauschen in der Umgebung beginnen. Jeder Tausch, den die Gruppe tätigt, wird mit der Kamera festgehalten. Frau Schmitz tauscht beispielsweise die Münze gegen eine Einkaufstasche, Herr Maier bietet den Kindern für die Einkaufstasche einen Schlüsselanhänger. Der Kioskbesitzer tauscht den Schlüsselanhänger gegen ein Comicheft und so weiter. Jeder Tausch wird im Bild festgehalten. Nach einer festgelegten Zeit treffen sich alle Kleingruppen wieder und zeigen ihren „Endgegenstand" sowie den Weg dahin anhand einer kommentierten Fotoshow, am besten durch eine große Projektion mittels Beamer, Whiteboard o. Ä.
Anschließend empfiehlt es sich, bei einer Gesprächsrunde die Erfahrungen, Schwierigkeiten und positiven Momente gemeinsam zu besprechen.

Marietheres Waschk

Live-Hörspiel erstellen

Mit Geräuschen wird eine kurze Geschichte erzählt.

Alter	ab 8 Jahre
Dauer	20–40 Minuten
Material	Handy zur Soundaufnahme, Stift und Papier
Gruppierung	Paare, Gruppen bis 8 Personen
Vorbereitung	großen Stuhlkreis für die Präsentation stellen, Arbeitsbereiche für Kleingruppen (Tisch mit Stühlen)
Spielform	Gestaltungs- und Sprachspiel, Medienspiel
Bildungskompetenzen	Mediennutzung, Kreativität, Kommunikation
Spielgelegenheit	Ganztag, Klassenfahrten, Projektwochen, Ausflug

Ein Paar sammelt mit dem Handy fünf bis zehn Geräusche in der Umgebung. Danach erfindet es eine kurze Geschichte, die die Geräusche fantasievoll verbindet. Bei der Aufführung erzählt eine Person, die andere spielt die aufgenommenen Soundfiles an den passenden Stellen ab. Bei größeren Gruppen können die Spielenden abwechselnd erzählen. Alternativ kann eine Gruppe Sounds aufnehmen, aus der eine andere eine Geschichte entwickelt. Oder die Geschichte steht zuerst fest und man sammelt entsprechende Geräusche. Auch Zeitbegrenzungen steigern die Herausforderung. Es können auch Geräusche zu einem bestimmten Thema gesammelt werden.

Pädagogischer Hinweis

Man kann das Spiel gut als Einstieg in die Medienarbeit nutzen. Zurückhaltende Kinder und Jugendliche können Töne sammeln, ohne Angst zu haben, etwas falsch zu machen. Eher Extrovertierte können beim Geschichtenerfinden und -präsentieren ihre Stärken zeigen. Oder man tauscht bewusst die Rollen, damit sich die Spielenden erproben können.

Variante

Die Geschichte kann mit Audacity (Freeware) aufgenommen werden.

Ali Ergüvenc

Fotosafari: Zeichen entdecken

Bei einem Stadtrundgang werden Ziffern und Buchstaben als Fotomotive gesucht und fotografiert.

Alter	ab 8 Jahren
Dauer	mindestens 1 Stunde, besser ein halber Tag
Material	Smartphone, Tablet oder Digitalkamera, evtl. Bildbearbeitungs-App
Gruppierung	Kleingruppen mit je 3 Spielenden
Vorbereitung	–
Spielform	Medienspiel
Bildungskompetenzen	Wahrnehmung, Zusammenarbeit, Digitalfotografie, Kreativität, Stadtteil kennenlernen
Spielgelegenheit	Gruppenstunden, Ganztag, Projekttag, Ausflug

Alle Teams können zur gleichen Zeit zur Fotosafari aufbrechen, sollten aber möglichst verschiedene Richtungen einschlagen. Sie haben die Aufgabe: „Fotografiert eine Motivserie, in der Zahlen von 1 bis 10 (oder 100 bis 120 oder Buchstaben von A bis Z) enthalten sind." Nicht zugelassen sind fortlaufende Aufnahmen wie Hausnummern einer Straße. Jedes Zeichen soll als Nahaufnahme und als Bild mit der umgebenden Szenerie fotografiert werden. Sind alle Teams nach einer vorgegebenen Zeit zurück, können die Aufnahmen ggf. bearbeitet werden. Danach werden sie gezeigt. Zahlenbilder werden aufsteigend vorgeführt und nach jedem Zahlenbild wird das Bild der Szenerie gezeigt. Bevor die Szenerie gezeigt wird, können alle anderen Teams raten, wo diese Zahl aufgenommen wurde.

Ulrich Baer

Fotosafari: Thema finden

Die Kleingruppen schießen Fotos zu je einem Oberthema.

Alter	ab 12 Jahren
Dauer	90 Minuten
Material	pro Kleingruppe ein Digicam oder Smartphone, Beamer
Gruppierung	Kleingruppen mit je 4 – 5 Spielenden
Vorbereitung	Themenkarten vorbereiten
Spielform	Stadtspiel
Bildungskompetenzen	Wahrnehmung, Fantasie, Kreativität, Kommunikation
Spielgelegenheit	Klassenfahrten, Seminare, Ferienfreizeiten

Die Gesamtgruppe teilt sich in Kleingruppen von vier bis fünf Spielenden ein. Aus einem Hut zieht jede Gruppe ein Thema, z. B.: Liebe, Horror, Zukunft, Natur, typisch Mann, typisch Frau, Schönheit, Freundschaft … Nun schwärmen die Kleingruppen auf Fotosafari aus. Wichtig ist dabei, dass sie keine eigenen Fotos stellen, sondern den neuen Ort entdecken! Der Baumarkt in der Nähe kann beispielsweise von der Gruppe mit dem Thema „typisch Mann", der Friseursalon dagegen von der Gruppe „typisch Frau" festgehalten werden. Zum Thema Zukunft findet eine Gruppe einen überquellenden Mülleimer, eine andere zum Thema Freundschaft zwei zusammen angeschlossene Fahrräder. Ungefragt Passanten zu fotografieren, ist dabei natürlich ein absolutes „No-Go".
An einer anschließenden Präsentation über Beamer nehmen alle Gruppen teil. Das Gespräch über die Bilder im Anschluss gibt Aufschluss über die Motivwahl sowie ggf. vorhandenes „Klischeedenken".

Variante für jüngere Spielende
Im Stadtbild sind überall Buchstaben versteckt: zwei nahe aneinanderwachsende Bäume bilden ein V, ein rundes Fenster ein O, Metallstreben eines Baugerüsts zeigen ein H und ein Z. Wer schafft es, so viele unterschiedliche Buchstaben wie möglich zu finden?

Marietheres Waschk

Roboting

Ein „Roboter" wird mit auditiven Signalen gesteuert.

Alter	ab 10 Jahren
Dauer	Aufbau: 30 – 45 Minuten, Spiel: 5 – 10 Minuten
Material	Hindernisse: Kartons, Stühle, Reifen, Seile etc.; Gegenstände: Bälle, Ringe etc.; allgemein: Augenbinden, Kopfhörer, Handschuhe, Mobiltelefone
Gruppierung	Paare/Großgruppe
Vorbereitung	–
Spielform	Kommunikationsspiel, Bewegungsspiel
Bildungskompetenzen	präzises Sprechen, Wahrnehmung, Koordination
Spielgelegenheit	Pausenspiel, Ganztag, Klassenfahrten, Ferienaktion

Gemeinsam wird ein Hindernisparcours aufgebaut, in dem Gegenstände deponiert und Aufgaben für den Roboter platziert werden. Aufgaben können z. B. sein, Schrauben in Muttern zu schrauben, Bälle in Becher zu legen etc. Durch die Anzahl der Aufgaben und die Zahl erlaubter Kommandos kann die Schwierigkeit des Spiels variiert werden.
Zwei Spielende bilden das Controller-Roboter-Paar. Der Roboter wird mit Augenbinde, Handschuhen und Kopfhörer versehen und an den Start gebracht. Er soll möglichst schnell alle Gegenstände im Parcours einsammeln und die Aufgaben lösen. Dazu steuert ihn der Controller von außerhalb des Feldes via Sprachnachrichten über einen Messengerdienst. Der Roboter muss sich ducken, Dinge nehmen, legen … krabbeln etc. und am Ende ein Ziel erreichen. Der Controller achtet darauf, dass der Roboter sich nicht verletzen kann. Im Anschluss werden die Gegenstände wieder an die gleichen Orte gelegt und das nächste Paar geht an den Start. Wer es am schnellsten geschafft hat, ist das Siegerteam.

Pädagogischer Hinweis

Dies ist ein extremes Vertrauensspiel. Eine entsprechende Gruppenatmosphäre muss gewährleistet sein.

Ali Ergüvenc

Der Fotoroman

Eine bekannte Geschichte wird szenisch umgesetzt, die Szenen werden fotografiert und die Geschichte wird erraten.

Alter	ab 10 Jahren
Dauer	45–60 Minuten
Material	Handy oder Digitalkamera, PC mit Monitor oder Beamer, ggf. Fotodrucker, evtl. Verkleidungskiste
Gruppierung	2 Gruppen mit je maximal 5 Spielenden, mehr Gruppen je nach Raumangebot möglich
Vorbereitung	keine
Spielform	Medienspiel, Gestaltungsspiel
Bildungskompetenzen	Kreativität, Medienkompetenz, Sprachverständnis
Spielgelegenheit	Projektwoche, Ganztag, Sprachunterricht

Zwei Gruppen treten gegeneinander an. Beide suchen sich eine gemeinsame, bekannte Geschichte aus (Märchen, Kinderbuch, Jugendroman etc.). Ihre Aufgabe besteht nun darin, die Kernszenen der Geschichte zu extrahieren und diese in einer möglichst straffen Kurzhandlung szenisch nachzustellen. Diese Szenen werden fotografiert und später auf dem Bildschirm präsentiert oder an die Wand projiziert.
Man kann auch nicht beteiligte Personen dazuholen, die die Geschichte erraten sollen. Oder beide Gruppen haben unterschiedliche Geschichten, sodass man die der anderen erraten muss. Hier können die Gruppen das Erkennen bewusst erschweren, ohne die Auflösung unmöglich zu machen. Mit Storytelling, Kreativität oder Selbstdarstellung kann sich nahezu jeder Charakter einbringen und in der Gruppe punkten.

Variante

Man kann die entstandenen Fotos auch verfremden oder nachzeichnen, um noch mehr eigene Akzente bei der Erzählung der Geschichte einzubeziehen. Bei einer Veröffentlichung müssen Rechte gewahrt werden. Der Froschkönig ist unkompliziert, Harry Potter juristisch schwierig.

Ali Ergüvenc

Foto-Fragekarten gestalten

Online-Fotos von aktuellen oder historischen Ereignissen werden zusammengestellt, mit Wissensfragen versehen und anderen Kleingruppen zum Vermuten und Bewerten gegeben.

Alter	ab 14 Jahren
Dauer	45 Minuten
Material	Smartphone oder Tablet-PC oder Digitalkamera, Drucker
Gruppierung	zwei oder mehrere Kleingruppen
Vorbereitung	–
Spielform	Medien- und Wissenslernspiel
Bildungskompetenzen	Wissensvermittlung, Medienpädagogik, Politische Bildung, Bildkritik, Umgang mit Mobilgeräten oder Computer
Spielgelegenheit	Politikunterricht, Kunstunterricht, Gruppenstunde, Ganztag, Projektarbeit

Jede Kleingruppe sucht aus Bildmaterial im Internet zehn Abbildungen von geschichtlichen oder aktuellen Ereignissen heraus, die auf den ersten Blick nicht das exakte Ereignis oder die abgebildeten Personen erkennen lassen. Jedes Bild wird auf die obere Hälfte einer Word-Seite kopiert und in die untere Hälfte werden untereinander die vier Fragen „Was? Wer? Wo? Wann?" und das Wort „Kommentar" so hingeschrieben, dass unter jeder Frage zwei Zeilen für Vermutungen frei bleiben. Diese zehn Seiten werden ausgedruckt oder elektronisch an die Partner-Kleingruppe gegeben, die wiederum ihre erstellte Word-Datei an die Gruppe gibt.
Allein aufgrund des Bildes sollen die Antworten auf die Fragen vermutet werden. Es darf wild spekuliert werden. Die Vermutungen werden eingetragen und kommentiert. Die ausgefüllten Seiten werden von allen angeschaut, die jeweilige Autorengruppe gibt die richtigen Antworten bekannt, und alles wird dann insgesamt diskutiert.

Ulrich Baer

Lernspiele erstellen

Jugendliche erstellen für Jüngere kleine Lernspiele.

Alter	ab 12 Jahren
Dauer	2 Stunden
Gruppierung	3 – 4 Personen in einer Entwicklergruppe
Material	Tablet-PC, Autoren-Apps, Internetzugang
Spielform	Medienspiel
Vorbereitung	Beispiele von Lernspielen für Vorschulkinder sollten als Anregung zur Verfügung stehen
Bildungskompetenzen	Kreativität, Zusammenarbeit, Umgang mit Digitalfotografie, Mobilgeräten und Autoren-Apps, Entwicklung und Abwandlung von Spielen
Spielgelegenheit	Ganztag, Projektarbeit

Das deutsch-schweizerische Projekt LearningApps.org bietet online eine Gratissoftware, mit der ältere Kinder und Jugendliche spielerische Lernanwendungen mit multimedialen und interaktiven Elementen schnell selber erstellen können. Das können Quizaufgaben, Rätsel, Zuordnungsaufgaben, Lückentexte und ähnliche Lernelemente sein – ausgestattet mit Tonaufnahmen, Bildern, Videos und eigenen Texten. Die Entwicklergruppe kann auf unzählige Spielvorlagen zurückgreifen. Den Link zu den erstellten Lernapps kann dann die Erfindergruppe per E-Mail verschicken oder als Html-Snippet in eine Webseite einfügen. Alle Kinder können die Spiele und Aufgaben dann direkt online in ihrem Browser aufrufen und mit viel Spaß nutzen.

Variante
Im App-Store von Apple stehen einige überwiegend englischsprachige Apps zur Verfügung, mit denen man kleine Lernspiele für Vor- und Grundschulkinder erstellen kann. Es handelt sich v. a. um Rate- und Zuordnungsspiele und um alterstypische Intelligenzleistungen.
Empfehlenswerte Apps, bei denen sich das Ausprobieren lohnt, sind „Make it" und „Bitsboard".

Ulrich Baer

Bravo BRAVO!

Die Spielenden erfinden Love-Storys oder verändern Storys aus Jugendzeitschriften.

Alter	ab 10 Jahren
Dauer	variabel, je nach Variante, mindestens 45 Minuten
Material	Jugendzeitschriften, Schere, Klebstoff, Papier, Stifte, Plakate, Kamera, Computer, Drucker
Gruppierung	Teeniegruppe, Schüler, Konfirmandengruppe usw.
Vorbereitung	einige Foto-Love-Storys ohne Sprechblasen und Texte ausschneiden
Spielform	kreatives Kommunikationsspiel
Bildungskompetenzen	Kommunikation, Empathie
Spielgelegenheit	Gruppenarbeit, Ganztagsbetreuung, thematischer Einstieg zum Thema Freundschaft, Liebe und dgl.

Für die Arbeit mit Love-Storys gibt es verschiedene Varianten:

- Für die ausgeschnittene Love-Story ohne Sprechblasen entwickeln die Gruppen eigene Sprechblasen. Die Bilder werden in die für die Gruppe richtige Reihenfolge gebracht.
- Die Gruppe bastelt aus den Foto-Love-Storys neue Geschichten bzw. ein alternatives Ende.
- Es wird eine eigene Geschichte entworfen, gespielt, fotografiert und beschriftet.
- Zwei Kleingruppen erfinden eine eigene Geschichte, decken die Sprechblasen ab, lassen die andere Gruppe jeweils die Sprechblasen entwickeln und vergleichen diese mit den Ursprungstexten.

Marietheres Waschk

Emotionen machen die Musik

Emotionen werden ausgedrückt, fotografiert und mit einfachen Sätzen konfrontiert.

Alter	ab 8 Jahren
Dauer	30–45 Minuten
Material	Handy oder Digitalkamera, Fotodrucker
Gruppierung	Kleingruppen, berührungslos
Vorbereitung	Stuhlkreis zur Präsentation
Vorbereitung	keine
Spielform	Darstellendes Spiel, Medienspiel
Bildungskompetenzen	Medienkompetenz, Kommunikation, Kreativität, soziale und emotionale Kompetenz
Spielgelegenheit	Pause, Ganztag, Sprachunterricht, Gruppenstunde

Ein Kleingruppe fotografiert sich mit verschiedenen Gefühlsregungen (aggressiv, erstaunt, traurig etc.). Eine andere Kleingruppe verfasst einfache Sätze des alltäglichen Lebens: „Ich war heute einkaufen und habe die Gurken nicht gefunden." „Oma macht den besten Kirschkuchen." „Im Urlaub möchte ich nach Südtirol." usw. Die Mimik-Fotos werden ausgedruckt und gemischt. Reihum erhalten alle eine Anzahl an ausgedruckten Gefühlsregungen sowie einige Sätze und tragen diese nun entsprechend gekoppelt vor.
Erfahrungsgemäß ist es ein Riesenspaß und lockert jede Gruppenaktivität auf, wenn Sätze und Emotionen überhaupt nicht passen. Im Anschluss entwickeln sich stets Diskussionen über die Kurzlebigkeit von schlechter Laune und wie man mit ihr umgeht.

Variante

Es ist spannend, die Sätze thematisch zu fokussieren, z. B. auf Migration, sexuelle Ausrichtung, Rassismus etc. Hier ist das Zusammenspiel mit den medial erstellten Emotionen vielschichtiger und kann zu intensiven Diskussionen führen, die pädagogisch gut begleitet werden müssen.

Ali Ergüvenc

Rolle rückwärts

Werbeinhalte und ihre Rollenklischees werden hinterfragt.

Alter	ab 14 Jahre
Dauer	45 – 60 Minuten
Material	eventuell Verkleidungskiste, Videokamera, Beamer zur Präsentation, evtl. Farbdrucker
Gruppierung	2 Gruppen à 3 bis 5 Spielende bewegt und sitzend
Vorbereitung	–
Spielform	Kommunikationsspiel, Darstellendes Spiel
Bildungskompetenzen	Kommunikation, Wertebildung, Medienkritik
Spielgelegenheit	Klassenfahrt, Ganztag, Jugendzentrum, Sozialkunde

Influencende und Bloggende bedienen Rollenklischees sehr stark – das kann mit diesem Spiel thematisiert werden. Bei diesem Spielangebot werden Videoclips gestaltet, selbst gespielt und aufgenommen, in denen die Rollenklischees auf den Kopf gestellt werden. Traditionelle Frauen- und Männerbilder werden hinterfragt und aufgebrochen. Ein und derselbe Inhalt (z. B. die Präsentation einer Tagescreme oder die Vorzüge des neuen Porsches) wird von verschiedenen Rollen unterschiedlich präsentiert. In einer anschließenden Diskussion wird hinterfragt, wie eng die Grenzen von Rollen oft sind und wie schwierig es ist, sie zu durchbrechen, ohne Konsequenzen zu erfahren.

Medien

Pädagogischer Hinweis

Rollen aufzubrechen muss im pädagogischen Prozess sehr behutsam angegangen werden, da z. B. Jugendliche mit entsprechendem kulturellem Hintergrund intolerant und verletzend reagieren können. Daher muss hier sehr genau auf die Gruppenzusammensetzung geachtet werden.

Variante

Mittels Bildbearbeitung kann eine Printwerbung nachgestellt werden, in der die Charaktere für sie ungewöhnliche Produkte anbieten.

Ali Ergüvenc

Lebenslang sind wir mit Fragestellungen konfrontiert, die es kreativ zu lösen gilt. Schön ist es dann, wenn das Gestalten und Darstellen schon früh gefördert wurde. Darstellen und Gestalten im Spiel fördern die Kreativität und schaffen einen Zugang zu Kunst und Kultur. Ideen auf den Kopf zu stellen oder Ja zu sagen zu dem, was die Mitspielenden machen, ist ein Erfahrungsschatz, den es im Leben zu bewahren gilt.

Bauklotz-Welten (S. 206)

Mit Klötzen oder Stäbchenparkett entstehen Gebäude, Kunstwerke und Landschaften. Kinder, Jugendliche und Erwachsene können sich hier kreativ „austoben". Als Erweiterung kann die Spielleitung der Gruppe auch Aufgaben stellen, z. B.: Jede Person baut ein eigenes Gebäude und alle werden nachher mit einem Straßennetz miteinander verbunden.

Die Zaunmurmelbahn (S. 210)

Ein einfacher Zaun kann durch kreative Gestaltung zu einem begehrten Spielobjekt werden. Schön ist hier, dass mit Alltagsmaterial immer wieder umgebaut, neu gestaltet und erweitert werden kann. Unterschiedliche Spielvorschläge mit Murmeln findet man hier auch.

Mein Leben in Schachteln und Hausbau (S. 215, S. 216)

Seine eigene kleine Welt nur in einem Pappkarton zu präsentieren, bedarf einer guten Idee, wie diese gestaltet werden soll. Die einzelnen Schachteln können auch zu einem Gruppenkunstwerk und fantasievoll ergänzt werden. Das reine Gestalten geht so über in einen kreativen kooperativen Prozess.

Gestalten

Einen Escape-Room selber gestalten (S. 226)

Um einen abenteuerlichen Spielraum mit einer spannenden Spielgeschichte zu gestalten, braucht es ein gutes und kreatives Team. Das Spielen und das Anleiten der spielenden Teams ist anschließend auch eine gute Herausforderung für Jugendliche.

Endlostheater (S. 227)

Improvisation bedeutet Ja zu sagen zu dem, was die mitspielende Person mir anbietet. Das Endlostheater ist eine Form des Improvisationstheaters, das schon einige Übung voraussetzt. Zuzuschauen oder aber mitzumachen bietet grenzenlose Freude.

Bewegungen lügen

In diesem Spiel benennt man die Bewegung, die man vormacht, bewusst falsch. Die nächste Person muss sie umsetzen.

Alter	ab 8 Jahren
Dauer	5 – 10 Minuten
Material	–
Gruppierung	im Kreis, aber auch am Tisch möglich
Vorbereitung	–
Spielform	kreatives, darstellendes, bewegtes Kreisspiel
Bildungskompetenzen	Kreativität, Abstraktionsvermögen
Spielgelegenheit	Aufwärmen, Gruppen- und Vertretungsstunden, Pause

Die Gruppe steht im Kreis mit ausreichendem Abstand oder an ihren Tischen, wobei hier vorher eine klare Reihenfolge festgelegt werden muss. Eine Person beginnt und macht pantomimisch eine Bewegung vor, wie z. B. Zähne putzen. Die Person neben ihr fragt sie: „Was machst du da?" Nun gibt die erste Person bewusst eine falsche Antwort, wie z. B.: „Ich kämme mir die Haare!" Die Person, die gefragt hat, ist nun an der Reihe und beginnt, sich pantomimisch die Haare zu kämmen, denn das ist die Bewegung, die die erste Person benannt hat! Die nächste Person fragt nun auch: „Was machst du da?" Und auch sie erhält die falsche Antwort, z. B: „Ich jogge!" Sie übernimmt das Joggen und antwortet, mit einer neuen Tätigkeit, die wiederum die nächste Person übernimmt. Wichtig ist, dass die Bewegungen einfach nachzumachen und nicht so schwer sind, dass die nächste Person sie nicht umsetzen kann (wie z. B.: Ich mache einen Kopfstand oder einen Salto o. Ä.).

Varianten

Eine Variante zum Kennenlernen kann eine Vorstellungsrunde sein, in der sich jede Person mit einer Bewegung vorstellt. Eine Person beginnt und sagt beispielsweise: „Ich heiße Farah und jogge gerne!" Dabei beginnt sie, auf der Stelle zu joggen. Nun ruft die ganze Gruppe: „Das ist Farah und sie joggt gerne!", und alle joggen auf der Stelle.

Schwieriger wird es, wenn die Bewegungen wie bei dem Spiel „Ich packe meinen Koffer“ immer wieder einzeln aufgezählt und nachgemacht werden müssen. Z. B.: „Das ist Farah, sie joggt gerne (auf der Stelle joggen), das ist Malte, er schwimmt gerne (mit den Armen Schwimmbewegungen machen), das ist Mohammed, er spielt gerne Fußball (einen Fußschuss andeuten) und ich heiße Conny und jongliere gern (mit den Händen Bewegungen machen, die das Jonglieren andeuten). Diese Variante ist recht lang. Schön ist es, wenn die ganze Gruppe immer die Bewegungen mitmacht.

Marietheres Waschk

Das spielen wir gern

Immer zwei Spielende denken sich ein Spiel aus, das sie gern spielen, und stellen es dann pantomimisch dar.

Alter	ab 5 Jahren
Dauer	10 – 20 Minuten
Material	Fragebögen, Schreibzeug, Wand für die Ergebnisse
Gruppierung	Paare, bis 20 Spielende
Vorbereitung	–
Spielform	Scharade, Darstellendes Spiel
Bildungskompetenzen	Schulung der Ausdrucksfähigkeit
Spielgelegenheit	Schulklasse, Kinder- und Jugendgruppe

Alle Spielende in Zweiergruppen erhalten die Aufgabe, ein Spiel auszusuchen, das sie nachher zu zweit pantomimisch den anderen Spielenden vorspielen. Diese raten in ihren Zweierteams, um welches Spiel es sich handelt. Sie schreiben es auf einen Zettel. Nach der Spielrunde wird vorgelesen, welche Spiele sie gesehen und erraten haben.

Gerhard Knecht

Bauklotz-Welten

Mit Bauklötzen unterschiedlicher Größe wird eine Miniaturwelt gebaut und dann erzählend präsentiert.

Alter	ab 6 Jahren
Dauer	ca. 45 Minuten, variiert nach Gruppengröße
Material	Holzbausteine in unterschiedlichen Größen und Formen
Gruppierung	einzeln oder zu zweit im Raum
Vorbereitung	Bauklötze bereitstellen
Spielform	Bau- und Erzählspiel
Bildungskompetenzen	Gestalten, Bauen, Sprache, Fantasie
Spielgelegenheit	Gruppenarbeit, Freizeiten, Offener Ganztag

Die Spielenden bauen aus den Bauklötzen eine kleine Welt. In einer Präsentationphase wird den anderen beschrieben, was für eine Welt es ist und was sie enthält (z. B. einen Spielplatz mit Spezialrutsche und riesigem Eisstand).

Variante

Die Miniaturwelt wird belebt: entweder mit Bauklötzen, die zur Figur werden, oder mit einfachen Kegelfiguren. Anschließend werden die erlebten kleinen Geschichten erzählt.

Rainer Kreuz

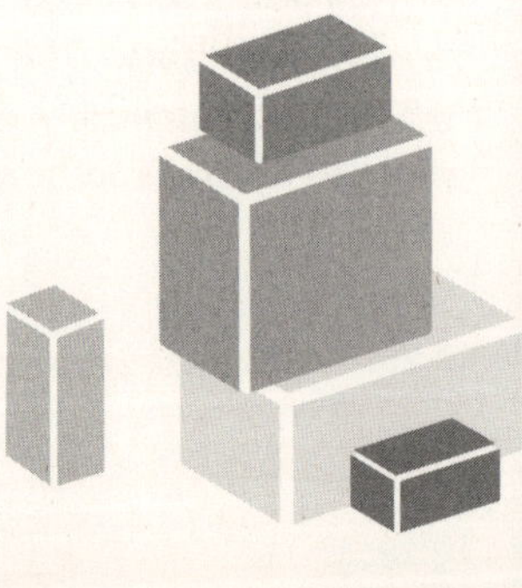

Spiele aus Naturmaterialien

Die Spielenden stellen aus Naturmaterialien verschiedene Gesellschaftsspiele her.

Alter	ab 6 Jahren
Dauer	abhängig vom gewählten Spiel
Material	Naturmaterialien aus der Umgebung, evtl. Schnitzmesser, Möhren und Kohlrabi
Gruppierung	in der Gruppe
Vorbereitung	–
Spielform	Gesellschaftsspiel
Bildungskompetenzen	Kreativität, Gestaltung
Spielgelegenheit	Projektwoche, Kunst- und Sachunterricht, AG im Ganztagsbereich

Bekannte Gesellschaftsspiele können ganz einfach aus Naturmaterialien hergestellt werden. Unterschiedlich farbige Steine können zum „Tic-Tac-Toe-Spiel" werden. Lange Äste, die man vielleicht noch etwas mit dem Schnitzmesser bearbeitet, werden zum „Natur-Mikado". Auch ein ganzes Schachbrett oder Damespiel kann aus zwei unterschiedlich farbigen Materialien, die in Quadraten ausgelegt werden, entstehen. Aus kleinen Stöckchen kann ein Halmafeld gelegt werden, in dem mit Kastanien oder kleinen Steinen die Knotenpunkte markiert werden. Auch die Spielsteine können aus Naturmaterialien gemacht werden, bei „Mensch ärgere dich nicht" und „Dame" ist dies einfach umsetzbar. Die komplexen und anspruchsvollen Schachfiguren können die Spielenden nach Absprache, wie die unterschiedlichen Figuren auszusehen haben, aus Möhren oder Kohlrabi schnitzen.

Marietheres Waschk

Körperwelten

Gemeinsam wird aus Naturmaterialien ein Körperumriss gelegt.

Alter	ab 8 Jahren
Dauer	30 Minuten pro Umriss
Material	Naturmaterialien aus der Umgebung
Gruppierung	Kleingruppen zu dritt oder viert
Vorbereitung	–
Spielform	Gestaltungsspiel, Materialspiel, Geländespiel
Bildungskompetenzen	Teamarbeit, Gestaltung, Reflexion
Spielgelegenheit	Kunststunde im Freien, kreative Gruppenstunde im Wald

Die Gruppe teilt sich in Kleingruppen zu dritt oder viert auf. Ein Spielender legt sich auf den Rücken. Sein Körperumriss wird von den anderen Spielenden entweder mit einem Stock in der Erde nachgezeichnet oder mit Steinchen oder kleinen Stöcken nachgelegt. Nachdem der Umriss nun für alle sichtbar ist, gilt es, diesen zu füllen. Die Spielenden einigen sich auf die Materialien, mit denen sie den Kopf, den Rumpf und auch Arme und Beine auslegen. Anschließend kann der Körperumriss eines anderen Spielenden gelegt werden. Danach werden die gestalteten Umrisse den anderen Kleingruppen präsentiert.

Pädagogischer Hinweis

Dieses Spiel kann auch gut als Reflexionsmethode eines Land-Art-Tages genutzt werden. Fragestellungen wären dann: Was geht mir noch im Kopf umher (Gestaltung des Kopfes)? Was erdet mich (Gestaltung der Beine und Füße)? Was nehme ich mit (Gestaltung der Arme und Hände)? Was berührt mich (Gestaltung des Bauches)?

Marietheres Waschk

Stock-Jenga

Gemeinsam baut die Gruppe einen möglichst hohen Turm aus Stöcken.

Alter	ab 6 Jahren
Dauer	30 Minuten
Material	möglichst gerade Stöcke in unterschiedlicher Größe
Gruppierung	in der Gruppe
Vorbereitung	–
Spielform	Gruppenspiel
Bildungskompetenzen	Geschicklichkeit in der Gestaltung, Kooperation
Spielgelegenheit	Station bei einer Geländespielrallye, Klassenfahrt

Die Spielenden gehen auf Suche nach möglichst geraden Stöcken, je mehr, desto besser. Die Länge der Stöcke kann unterschiedlich sein. Nun soll die Gruppe einen möglichst hohen Turm daraus bauen. Dazu werden zunächst die beiden längsten Stöcke parallel auf den Boden gelegt. Die nächsten zwei Stöcke werden nun wieder parallel, aber im 90 °-Winkel zu den unteren Stöcken, obenauf gelegt. Wie hoch wird der Turm werden? Wenn alle Stöcke im Turm verbaut sind, kann reihum versucht werden, einen Stock aus dem Turm wieder zu entnehmen, ohne dass der Turm zusammenbricht. Wie viele Stöcke lassen sich herausnehmen?

Marietheres Waschk

Die Zaunmurmelbahn

Eine Murmelbahn am Zaun wird erdacht und konstruiert. Sie ermöglicht Kindern fantasievolle Beschäftigung auf Distanz. Für diese Spielaktion werden drei Einzelspiele vorgestellt.

Alter	Konstruktion: ab 10 Jahren, Spiele: ab 4 Jahren
Dauer	Konstruktion: ca. 1 Stunde, Spiele: ab 3 Minuten
Material	aus dem Baumarkt (s. Beschreibung), (Dekupier-) Säge, Cutter, Bohrer, Murmeln
Gruppierung	Paare oder Kleingruppen
Vorbereitung	Materialbeschaffung
Spielform	Gestaltungspiel, Materialspiel, Konstruktionsspiel
Bildungskompetenzen	Teamarbeit, technische Konstruktion, Kreativität, Funktionslust
Spielgelegenheit	Konstruktion: Projektwoche, Arbeitsgemeinschaft, Spiele: spontan von allen Passanten mit einer Murmel

Muss man sich überlegen, was Kinder spielen können, wenn sie zueinander auf Abstand bleiben müssen und man von seinem Fenster aus auf viele Meter ungenutzten Metallzaun blickt, kommt man schnell auf die Idee, eine Murmelbahn am Zaun zu installieren. Ebenso gut können sich ältere Kinder und Jugendliche an diese Konstruktion – etwa am Schulzaun – wagen.

An einer Zaunmurmelbahn können Kinder mal eben beim Vorbeigehen eine Murmel durchlaufen lassen, oder sie verharren und kommen ins Spielen und probieren dabei unterschiedliche Spiele mit der Murmelbahn aus. Doch bis es so weit ist, müssen erst einmal die Materialien herbeigeschafft werden, die den Metallzaun in eine Murmelbahn verwandeln.

Der Ideenvielfalt sind bei der Auswahl der Materialien erst einmal keine Grenzen gesetzt. Es gibt nur zwei Bedingungen:

- Eine Murmel muss darin oder darauf oder dadurch rollen können.
- Man muss das Material am Zaun befestigen können.

Materialbeschaffung

Am einfachsten ist es, wenn man in einen Baumarkt geht und sich von dem Material inspirieren lässt. Man sollte dabei eine Murmel in der Tasche haben, um zu testen, ob diese auch durch- oder drüberrollen kann. In der Gartenabteilung findet man bunte, aber auch durchsichtige Wasserschläuche, die sich hervorragend eignen, um sie mit Kabelbindern an einem Zaun zu befestigen. Durchsichtige Schläuche sind besonders attraktiv, da man hier sehen kann, wie die Murmel durchrollt.

In der Abteilung für Baustoffe gibt es jede Menge Materialien, die man für die Murmelbahn verwenden kann. Sehr gut geeignet sind Dachrinnen aus Plastik. Diese kann man einfach durchbohren und gegebenenfalls in der Länge zuschneiden, ohne dass scharfe Kanten entstehen, an denen sich die Spielenden verletzen könnten. Außerdem eignen sich Installationsrohre mit entsprechenden Verbindungen. Bei diesen Rohren sollte man darauf achten, dass sie nicht zu lang und im Durchmesser eher klein sind, da man so mehr Abwechslung bei der Zaunmurmelbahn herstellen kann und nicht einfach nur eine lange Röhre von oben nach unten führt, durch die die Murmel durchrollt.

Beim Autozubehör kann man große Trichter entdecken, deren Öffnungen groß genug sind, damit die Murmel hindurchkullern kann. In der Haushaltsabteilung findet man jede Menge Eimer und Behälter in verschiedenen Größen und Formen, mit denen sich die Murmeln wieder auffangen lassen. Nicht vergessen darf man die Kabelbinder. Diese sind am besten geeignet, um alles wind- und wetterfest am Zaun zu befestigen.

Konstruktion

Mit diesem Material geht es zurück zum Metallzaun. Im ersten Schritt legt man das Material erst einmal so vor den Zaun auf dem Boden aus, wie man sich vorstellt, dass die Murmeln am Zaun entlang durch die einzelnen Elemente laufen sollen. Danach wird an den Dachrinnen und Röhren markiert, an welchen Stellen man Löcher vorbohren muss, um sie am Zaun mit Kabelbindern befestigen zu können. Außerdem sollte man abmessen, ob man Teile mit der Säge kürzen muss, um ein Gefälle herzustellen, bei dem die Murmeln schnell genug durch die einzelnen Elemente kullern können und nicht ungewollt liegen bleiben.

Die Schläuche müssen in entsprechender Länge zugeschnitten werden (geht mit einem Cutter, einfacher ist es mit einer Dekupiersäge). Die Schlauchabschnitte können direkt mit einem Kabelbinder am Zaun befestigt werden. Die Trichter eignen sich z. B. als Startpunkt, in die man die Murmel fallen lässt und von denen dann das große Kullern losgeht. Sind alle Teile entsprechend bearbeitet und vorbereitet, geht es an die Installation der Zaunmurmelbahn. Hierbei ist es wichtig, abschnittweise immer wieder zu testen, ob die Murmel so durchlaufen kann, wie man es sich vorgestellt hat. Wenn nicht, muss die Konstruktion noch einmal angepasst und verändert werden.
Damit die Zaunmurmelbahn auch ohne Betreuung in Betrieb gehen kann, ist es sinnvoll, mit Zeichnungen oder in einfachen Worten auf laminierten Aushängen zu erklären, was man mit der Zaunmurmelbahn machen kann. Ebenso sollten einzelne Spielideen zur Anregung ausgehängt werden. Am Ende wird nicht nur eine tolle Zaunmurmelbahn installiert, sondern ein Kunstwerk am Zaun geschaffen, das die Spielenden neugierig macht und entdecken lässt, was man damit alles spielen kann.

Tipp: Bei einer Zaunmurmelbahn, bei der die Spielenden den entsprechenden Abstand zueinander einhalten sollen, ist es wichtig, dass man mehrere Anfangs- und Endpunkte schafft, damit sich die Kinder beim Spielen nicht zu nahe kommen.

Spielideen

Murmel-Wettrennen

Für dieses Spiel für Paare benötigt man zwei gleiche, an den Zaun angebrachte Murmelbahnteilstücke. Jede und jeder Spielende nimmt sich eine Murmel. Nach einem Startsignal lässt jede Person eine Murmel losrollen. Die Murmel, die als erste den Zieleimer erreicht hat, gewinnt.

Tipp: Besonders spannend wird es, wenn die Teilstücke aus unterschiedlichen Elementen bestehen, da die Murmeln dann länger unterwegs sind.

Murmel-Zielwurf

Diese Variante kann von mindestens zwei Personen an einer Murmelbahn mit Trichter gespielt werden. In einem Abstand von etwa einem Meter wird eine Markierung auf den Boden vor dem Trichter gezeichnet oder gelegt. Diese markiert den Startpunkt.
Ein Spielender stellt sich an den Startpunkt und versucht von dort, eine Murmel in den Trichter zu werfen. Dann ist die nächste Person dran. Nach zehn Durchläufen wird gezählt, wer es am häufigsten geschafft hat. Man kann auch den Abstand zum Trichter vergrößern. Wenn man mehrere Trichter an der Zaunmurmelbahn hängen hat, lässt sich diese auch wie einen Parcours gestalten, bei dem nacheinander in alle Trichter eine Murmel geworfen werden muss.

Murmel-Weitsprung

An der Zaunmurmelbahn wird eine ca. ein Meter lange offene Röhre in einem 30-Grad-Winkel angebracht. Dadurch bekommt die Murmel beim Durchrollen Geschwindigkeit.
Alle lassen ihre Murmeln nacheinander durch die Röhre kullern. Fällt sie aus der Röhre, wird der Punkt mit einer Kreide markiert, an der die Murmel auf dem Boden aufgekommen ist. Wenn es eine Wiese ist, kann die Murmel einfach liegen bleiben. Dann ist die nächste Person an der Reihe. Am Ende wird geschaut, welche Murmel am weitesten gesprungen ist.

Jessica Köhler (erfolgreich gespielt im Spielhaus am Westkreuz, Spiellandschaft Stadt e.V. München)

Ballongesichter

Es wird die Person gesucht, zu der das Porträt auf dem Luftballon gehört.

Alter	ab 8 Jahren
Dauer	10 – 20 Minuten
Material	Luftballons (mindestens 1 pro Spielender), evtl. Ballonpumpe, 1 Edding pro Person, Musikanlage
Gruppierung	im Raum verteilt
Vorbereitung	–
Spielform	Bewegungsspiel
Bildungskompetenzen	visuelle Darstellung und Wahrnehmung
Spielgelegenheit	zu Beginn der Gruppenarbeit, Auflockerung für „Zwischendurch"

Jeder zeichnet ein Porträt von sich auf einen aufgeblasenen Ballon. Es bewegen sich dann alle zur Musik durch den Raum und werfen die Ballons durcheinander. Bei Musikstopp schnappt sich jeder einen Ballon und sucht schnell die entsprechende Person. Es können mehrere Durchgänge gespielt werden.

Rüdiger Pieck

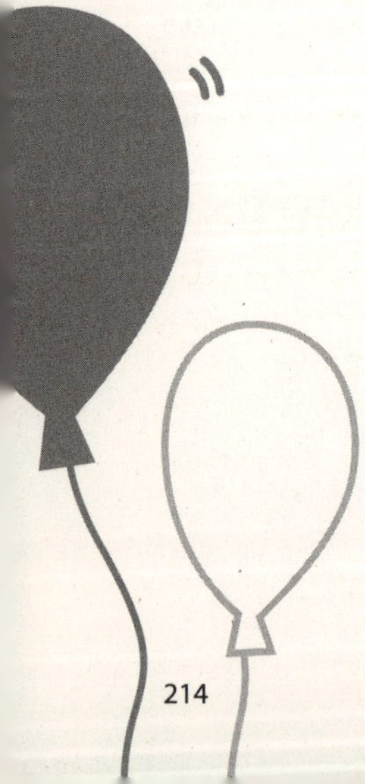

Mein Leben in Schachteln

Ein Thema wird als dreidimensionales Kunstwerk bearbeitet und kann vom Gestalter wieder mitgenommen werden.

Alter	ab 6 Jahren
Dauer	20–40 Minuten
Material	Schuhkartons, Streichholzschachteln, Papier, Klebestifte, Material zum Befüllen und Ausgestalten nach Thema und Schwerpunkt
Gruppierung	einzeln in der Herstellung und in der Gruppe bei der Präsentation
Vorbereitung	Schachteln besorgen, Thema überlegen
Spielform	eine Ausstellung gestalten
Bildungskompetenzen	Gestalten, Bauen, Präsentieren
Spielgelegenheit	Ausstellung, Schulfest, Seminar

Die eigene Schachtel wird von jedem Einzelnen gestaltet und kann dann für eine Ausstellung oder Vorstellung mitgenommen werden. Themen können beispielsweise sein: mein Traumhaus, mein Lieblingsspielplatz, was mir Freude macht, meine Zukunft, mein Berufswunsch, mein Kinderzimmer, mein Lieblingsurlaubsort, so stelle ich mir eine Geisterbahn vor, das bedeutet Freundschaft für mich usw.

Variante

Anstelle von Schuhschachteln werden Koffer oder Streichholzschachteln verwendet. Wenn der Schuhkarton geschlossen ist, kann man auch Gucklöcher hineinmachen, durch die das Innere erforscht werden kann.

Literatur

Ulrich Baer, *Kreativität für alle*, Kallmeyer 2001

Gerhard Knecht

Hausbau

Gemeinsam wird ein Haus aus Schuhkartons gebaut.

Alter	ab 4 Jahren
Dauer	90–120 Minuten
Material	leere Schuhkartons, Packpapier, Öl- oder Wachsmalkreiden, einfaches und doppelseitiges Klebeband
Gruppierung	einzeln oder 2–20 Personen
Vorbereitung	Schuhgeschäfte um leere Schuhkartons bitten
Spielform	kooperativer Bauspaß zu unterschiedlichen Themen
Bildungskompetenzen	handwerkliches Geschick, Werksinn, Kreativität, Kooperation
Spielgelegenheit	Gruppenstunde, offenes Angebot in Jugendzentrum oder OGS, Projektwoche, Spiel- und Stadtfeste

Zuerst werden die Schuhkartons wie Geburtstags- oder Weihnachtsgeschenke in Packpapier verpackt. Anschließend überlegen die Spielenden je nach Thema, wie der einzelne Karton gestaltet werden kann, z. B.:

- Thema Amerika – Wolkenkratzer bauen: Welche Läden oder Wohnungen sollen im Wolkenkratzer zu finden sein?
- Thema Mittelalter – Bau einer Burg, die unterschiedlichste Räume haben kann.
- Thema Märchen – Bau eines Schlosses: Wer wohnt da und wo?
- Thema Gruppenhaus – Jede und jeder gestaltet einen Lieblingsraum; anschließend entsteht ein gemeinsames Gebäude.

Die Spielenden besprechen miteinander, welche Räume in dem jeweiligen Haus Platz haben sollen. Fantasievolle Geschichten entstehen beim Spinnen der Ideen, wer seinen Raum oder seine Wohnung wo haben kann. Anschließend werden die verpackten Kartons mit der Ölkreide bemalt. Sind alle Kartons gestaltet, werden diese nun mit doppelseitigem Klebeband miteinander verbunden.
Falls in die Höhe gebaut wird, empfiehlt es sich, die fundamentbildenden Kartons schon vor dem Verpacken mit kleinen Steinen oder Sand

zu beschweren und den hohen Bau evtl. mit Holzleisten zu stabilisieren. Wenn der Bau aus den Kartons nach einer Ausstellung nicht als gemeinsames Kunstwerk stehen bleiben kann, werden die Kartons einfach nur gestapelt und nicht verklebt.

Marietheres Waschk

Vorstellung mit Land-Art-Postkarten

Postkarten werden mit Naturmaterialien gestaltet und präsentiert.

Alter	ab 10 Jahren
Dauer	20 Minuten + Vorstellungsrunde
Material	je Person eine Pappe in Postkartengröße, doppelseitiges Klebeband, Scheren
Gruppierung	einzeln und in der Gruppe
Vorbereitung	–
Spielform	Naturwahrnehmung, Präsentation
Bildungskompetenzen	präsentieren, gestalten, sich selbst ausdrücken
Spielgelegenheit	Kennenlernen im Freien, Auftakt für eine Spielaktion

Jede und jeder Spielende bekommt ein Stück Pappe. Dieses wird mit doppelseitigem Klebeband (z. B. Teppichklebeband) vollständig bedeckt. Nun gehen die Spielenden auf Suche und bekleben ihre Postkarte mit unterschiedlichen Naturmaterialien. So entstehen auf den Postkarten kleine Mosaike in unterschiedlichen Farben und Oberflächen. Nach ca. 20 Minuten treffen sich die Spielenden wieder und machen eine kleine Vernissage mit ihren Postkarten. Sie stellen sich selbst vor und berichten, warum sie welches Material für ihre Postkarte ausgewählt haben.

Marietheres Waschk

Landschaften gestalten mit Tüchern

Die Spielenden bauen Höhlen und Landschaften und kommen damit ins Rollenspiel.

Alter	6 – 10 Jahre
Dauer	45 – 60 Minuten
Material	viele verschiedene unifarbige Stoffe in unterschiedlichen Längen, Wäscheklammern und / oder Krepp-band, Decken, Tische und Stühle
Gruppierung	Kleingruppen von zwei bis drei Spielenden
Vorbereitung	Tische und Stühle verteilen, Stoffausgabestelle einrichten
Spielform	Bau-und Gestaltspiel, Spielen aus dem Erleben
Bildungskompetenzen	Gestalten, Bauen, sich in anderen Rollen erleben, Empathie
Spielgelegenheit	Kindergruppen, Offener Ganztag, Freizeiten

Das Spiel verläuft in vier Phasen:

- Bauen: Die Spielenden finden sich zu zweit oder zu dritt zusammen. Sie wählen einen Ort und Tücher aus, bauen ihre Höhle in einer Landschaft (um die Höhle ist eine Wiese oder ein Teich).
- Rollen finden: Das Licht geht aus – es ist Nacht. Die Spielenden ziehen sich in die Höhle zurück und überlegen, welche Tiere sie sind. Die Spielleitung wandert von Höhle zu Höhle und guckt, welche Tiere es gibt.
- Spielen: Das Licht geht an. Die Tiere verlassen die Höhlen und begegnen sich. Bei Nacht gehen sie zurück – vielleicht erwachen nun nachtaktive Tiere.
- Ende des Spiels: Das Spiel wird durch eine Sturmankündigung beendet. Die Spielenden sind der Wind, der die Höhlen einreißt.

Variante

Die Spielenden bauen mit Tüchern ein Dorf aus Häusern und Gärten und suchen sich Menschenrollen, Berufe oder Familienmitglieder aus.

Pädagogischer Hinweis

Ein klarer Schnitt zwischen Bau- und Spielphase ist ratsam. Falls notwendig sollte die Spielleitung in einer Rolle (z. B. als Förster) intervenieren, wenn es der Spieleifer der Spielenden nötig macht.

Literatur

Jeux Dramatiques, *Mit Kindern 2: Ausdrucksspiel aus dem Erleben. Methodik Aufbau Arbeitsblätter* (Zytglogge Werkbücher)

Rainer Kreuz

Irre Kombination

Die Begegnung zweier nicht zusammengehörender Dinge, Materialien oder Personen wird in einer Gestaltung ausgedrückt.

Alter	ab 8 Jahren
Dauer	10–30 Minuten
Material	verschiedenartige, ungewöhnliche Materialien oder Figuren
Gruppierung	im Kreis oder Kleingruppen
Vorbereitung	evtl. Begegnungssituationen vorgeben
Spielform	Gestaltungsspiel
Bildungskompetenzen	Kreativität, Konzentration, Improvisation
Spielgelegenheit	Gruppenstunde, Theatergruppe, Geschichten erfinden

Kleingruppen oder Paare in einem kleinen Kreis erhalten die Aufgabe, zwei möglichst verschiedene Figuren (z. B. Computerspiel-Helden, Playmobilfiguren), Materialien oder Dinge sich in einer Fantasiewelt begegnen zu lassen bzw. zu kombinieren. Was dann passiert, soll in einer Geschichte, Erzählform, Collage oder kleinen Szene dargestellt werden.

Ulrich Baer

Neulich im Museum

Die Spielenden modellieren sich gegenseitig zu Statuen und interpretieren die Kunstwerke.

Alter	ab 8 Jahren
Dauer	20 Minuten
Material	–
Gruppierung	zu dritt
Vorbereitung	–
Spielform	Theaterspiel
Bildungskompetenzen	Inspirationsquelle: Spielpartner, Wahrnehmung, Assoziationen
Spielgelegenheit	Theaterworkshop; Gruppenstunde, Schulstunde

Die Spielenden finden sich in Dreiergruppen zusammen. Ein Spielender übernimmt die Rolle der Statue, eine Person die des Bildhauers bzw. der Bildhauerin und eine die des Kunstkritikers bzw. der Kunstkritikerin. Der Kunstschaffende modelliert die Statue, indem er vorsichtig Arme, Beine, Kopf etc. in eine bestimmte Haltung bringt, welche die Statue beibehält. Ist der Bildhauer fertig, beschreibt die Kunstkritikerin, wer hier an welchem Ort bei welcher Tätigkeit dargestellt ist. Ist die Beschreibung erfolgt, bedankt sich die Statue bei beiden und die Rollen werden getauscht.

Pädagogischer Hinweis

Geben Sie vor dem Modellieren den Hinweis, dass die Finger lieber von den Nasenlöchern und Ohren ferngehalten werden sollen. Das ist für die Statue angenehmer. Es muss hier nicht geraten werden, was der Bildhauer darstellen wollte. Jede Kunstkritikerin darf eine eigene Interpretation finden.

Michael Dietrich

Wappen gestalten

Die Kleingruppen gestalten Wappen und stellen diese vor.

Alter	ab 10 Jahren
Dauer	30–45 Minuten
Material	DIN-A3-Papier, Stifte
Gruppierung	Dreiergruppen
Vorbereitung	–
Spielform	kreatives Kennenlernspiel
Bildungskompetenzen	Kennenlernen, Kommunikation, Präsentation
Spielgelegenheit	Gruppenstunden, Seminare, Schulklassen, Arbeitsgemeinschaften

Die Kleingruppen sollen ein dreieckiges Wappen gestalten. Jede der drei Ecken wird einem Spielenden zugeordnet. In diese zeichnen oder schreiben sie jeweils hinein, was sie in der Kleingruppe einzigartig macht. Dafür müssen sich die drei austauschen, um sowohl Gemeinsamkeiten als auch Unterschiede herauszufinden. Anschließend wird geschaut, was an der Verbindungslinie zweier Ecken (Personen) diese beiden verbindet, z. B. das gleiche Hobby oder Lieblingsreiseziel, der Musikgeschmack oder Familienstand. In die Mitte des Wappens wird dann das gezeichnet oder geschrieben, was die Gemeinsamkeit aller drei Spielenden ist. Schön ist es, wenn eine Gruppe dabei etwas ganz Spezielles für das Dreierteam findet, was in den anderen Gruppen bestimmt nicht zu finden ist. Im Anschluss präsentieren alle Kleingruppen ihre Wappen.

Marietheres Waschk

Ich habe hier ...

Dieses spontanes Spiel kann zur Aktivierung der Gruppe eingesetzt werden. Es fördert das Selbstvertrauen und die Fantasie für den weiteren Gruppenprozess.

Alter	ab 10 Jahren
Dauer	5 – 15 Minuten
Material	–
Gruppierung	im Kreis stehend
Vorbereitung	evtl. Markierung, wo die Spielenden ihren Platz haben
Spielform	kreatives Darstellungsspiel
Bildungskompetenzen	Kreativität, Ausdrucksstärke
Spielgelegenheit	Frei-, Gruppen-, Vertretungsstunden, Warm-up

Alle stehen im Kreis. Die Spielleitung beginnt mit dem Satz: „Ich habe hier ... (z. B. eine Kiste mit Goldbarren gefüllt)." Sie trägt die Kiste mit der entsprechenden Mimik und Gestik in die Mitte und geht zurück auf ihren Platz. Dort angekommen, nennt sie den Vornamen einer mitspielenden Person. Diese begibt sich auf den Weg zur Mitte und holt die Kiste spielend zu ihrem Platz. Hier überlegt sie sich eine neue Sache (z. B. eine heiße Kartoffel), macht sich auf zur Kreismitte, geht zurück zum Platz und nennt einen Namen, für den die abgelegte Sache bestimmt sein soll.

Tipp: Besonderen Spaß macht das Spiel, wenn im Verlauf Gestik, Mimik und Eigenschaft überzeichnet werden. Die Spielenden werden selbstsicherer in ihrer Darstellung und vertrauen ihrer Darstellungskraft.

Variante

Die in die Mitte transportierten Gegenstände werden nicht genannt, sondern es wird gesagt: „Ich habe hier eine tolle Überraschung für (Name)." Die betreffende Person holt sich den Gegenstand aus der Mitte und rät dann, was es wohl sein könnte.

Ralf Brinkhoff

Lügenbolde

Eine von vier vorgestellten Eigenschaften ist gelogen und muss herausgefunden werden.

Alter	ab 10 Jahren
Dauer	20–30 Minuten
Material	pro Spielender ein DIN-A4-Blatt und Stifte
Gruppierung	Paare oder Kleingruppen
Vorbereitung	–
Spielform	Gestalten
Bildungskompetenzen	visuelle Darstellung
Spielgelegenheit	zu Beginn der Gruppenarbeit

Jeder gestaltet eine persönliche Visitenkarte. Dazu wird das Blatt in vier Felder unterteilt. In drei dieser Felder zeichnet jeder Eigenschaften oder Interessen, die ihn besonders charakterisieren. In das vierte Feld wird eine gelogene Eigenschaft gezeichnet.
In Paaren oder Kleingruppen stellen sich alle gegenseitig ihre Visitenkarte vor. Dabei versuchen die Zuhörenden, die gelogene Eigenschaft herauszufinden.

Pädagogischer Hinweis

Leichter wird es, wenn konkrete Vorgaben gemacht werden: Leibspeise, Hobby, Reiseziele, Beruf(s-wunsch), Lieblingsfilm …

Rüdiger Pieck

Achtung – da kommt ein Geräusch

Diese Übung ist schnell und ohne Material mit den Spielenden umzusetzen und kann somit spontan gespielt werden.

Alter	ab 10 Jahren
Dauer	5 – 10 Minuten
Material	–
Gruppierung	6 – 16 Personen im Kreis stehend
Vorbereitung	–
Spielform	schnelles Reaktionsspiel
Bildungskompetenzen	Kreativität, Ausdrucksstärke, Fantasie
Spielgelegenheit	Fortbildungs- und Freizeitgruppen, als Einstieg in kreativen Prozess oder zur Entspannung

Die Spielenden bilden einen Kreis. Die Spielleitung hält einen imaginären Ball in der Hand und fragt die Spielenden, ob der Ball von allen gesehen wird. Die Spielleitung bittet die Spielenden, den Ball zu beschreiben, den sie sehen:

- Welche Farbe(-n) hat der Ball?
- Ist vielleicht eine Beschriftung (ein Slogan) auf dem Ball?
- Welche Oberfläche hat der Ball?

Wenn alle „denselben Ball" sehen, beginnt das Spiel. Die Spielleitung wirft „den Ball" mit einem Geräusch (… rattazong) zu einer mitspielenden Person. Diese fängt „den Ball", wiederholt das Geräusch beim Fangen und wirft ihn zu einer anderen mitspielenden Person mit einem neu ausgedachten Geräusch (… dideldum). So setzt sich das Spiel fort. Im Verlauf des Spiels kann das Tempo zunehmen und die Wechsel von Fangen, Geräusch und Werfen schneller vollzogen werden.

Tipp: Beim Spielen sollte möglichst schnell und impulsiv ein Geräusch mit dem Ball weitergegeben werden. Je schneller das Spiel gespielt wird, umso kreativer sind die Spielenden im Prozess. Schön zu beobachten ist, dass der „Ball" immer wieder gefangen wird und nicht zu Boden fällt. Je schneller und verrückter die Geräusche gemacht werden, umso mehr lockert das Spiel auf.

Ralf Brinkhoff

Gruppenkunstwerk

Zu einem Oberbegriff wird gemeinsam ein Kunstwerk gestalten – ohne miteinander zu sprechen.

Alter	ab 10 Jahren
Dauer	3 Minuten pro Kunstwerk
Material	Naturmaterialien aus der Umgebung
Gruppierung	in Kleingruppen zu dritt oder viert
Vorbereitung	–
Spielform	kreatives, kooperatives Gestaltungsspiel
Bildungskompetenzen	Kooperation, Kreativität
Spielgelegenheit	Kunstunterricht, Gruppenstunde

Pssst – ein ruhiges Spiel in Kleingruppen. Die Spielenden dürfen in diesem Spiel nicht miteinander sprechen. Jede Kleingruppe hat Naturmaterialien zur Verfügung. Die Spielleitung nennt einen Oberbegriff, z. B. Tier, Möbelstück, Sportart, Kleidungsstück etc. Nun legen die Spielenden abwechselnd immer ein Material (z. B. einen Stein, ein Stöckchen, ein Stück Rinde) auf die gemeinsame Gestaltungsfläche, um so ein passendes Kunstwerk zum Oberbegriff zu gestalten.
Nonverbal wird sich in diesem Schaffensprozess geeinigt, gemeinsam entsteht dann ein Kunstwerk, was zu dem Begriff passt. Dieses Spiel fördert die Kreativität, die nonverbale Kommunikation, die künstlerische Ausdrucksfähigkeit und die Kooperation im Team.

Marietheres Waschk

Einen Escape-Room selber gestalten

Ein Raum wird in einen Rätselraum bzw. Exit-Raum verwandelt.

Alter	ab 14 Jahren
Dauer	ab 120 Minuten bis zu einer Projektwoche
Material	alles, was der Raum hergibt, zusätzlich Stifte, Papier, Schwarzlichtstifte und Lampe, je nach Fantasie und Spielgeschichte erweitert um Technik und Schlösser
Gruppierung	Kleingruppen á 6 Personen
Vorbereitung	–
Spielform	Konstruktionsspiel, anschließend kooperatives Spiel
Bildungskompetenzen	Wahrnehmung, Sprache, Fantasie, Kreativität, Zusammenarbeit
Spielgelegenheit	Ferienaktionen, Projektwoche oder -tage, Klassenfahrten

Bei Escape-Spielen muss ein Team unter Zeitdruck den Raum „bezwingen", indem es ein durch die Spielgeschichte vorgegebenes Rätsel knackt. Manchmal muss man den Ausgang finden bzw. die Tür wieder öffnen, manchmal etwas finden und an sich nehmen. Escape-Rooms können auch im Kleinen erstellt werden. Kleingruppen verteilen sich auf je einen Raum und entwickeln für diesen eine Spielgeschichte. Fragen dazu können sein: Warum ist man in diesem Raum? In welcher Zeit befinden wir uns? Was muss man finden? Wie kommt man wieder hinaus?

Selbst gewohnte Räume können neu in Szene gesetzt werden: Hinweise kann man unter dem Mülleimer verstecken. Vielleicht befindet sich im Batteriefach in der Wanduhr etwas. Warum sind auf der Zeitung auf dem Tisch Buchstaben eingekreist? Was bedeutet der angefangene Satz an der Tafel? Die Spielleitung hilft der Gruppe, die Spielgeschichte mit entsprechenden Rätseln zu bestücken, sodass sie in sich logisch bleibt. Wichtig ist, dass die Rätsel nicht linear aufgebaut sind, sondern zunächst die Spielenden zeitgleich überraschen und erst nachher in eine sinnvolle Struktur gebracht werden.

In professionellen Escape-Rooms werden die Spielenden mittels Kamera beobachtet und die Spielleitung gibt kurz vor einem möglichen Scheitern Tipps. In unserem Setting ist die Gruppe, die den Rätselraum entwickelt hat, beim Suchen und Knobeln anwesend und kann Tipps geben. Bei Ferienaktionen und Projektwochen kann in Kooperation mit Medienpädagogen ein technisch ausgestatteter Raum gebaut werden.

Pädagogischer Hinweis

Die Spielenden sollen nicht die Erwartung haben, dass die Spielzeit in dem Raum, wie bei professionellen Escape-Rooms, eine Stunde betragen muss. Das Erfinden einer guten Spielgeschichte steht hier im Fokus.

Marietheres Waschk

Endlostheater

Bei diesem Improvisationstheater spielen Paare.

Alter	ab 12 Jahren
Dauer	ab 15 Minuten
Material	–
Gruppierung	Paare im Kreis
Vorbereitung	–
Spielform	Darstellungsspiel
Bildungskompetenzen	Spontanität, Wahrnehmung, Sprache, Fantasie
Spielgelegenheit	Seminare, Freizeiten, Theatergruppen

In der Kreismitte improvisieren zwei Spielende eine Szene mit Text und viel Bewegung, bis einer aus dem Kreis klatscht und die beiden in der Bewegung „einfrieren". Der Klatscher nimmt die Position und Körperhaltung von einem der beiden an und setzt einen neuen Spielimpuls bis zum nächsten Klatschen.

Pädagogischer Hinweis

Die Spielenden einer Gruppe sollten darstellerisch gleich erfahren sein.

Rainer Kreuz

Skaten im Miniformat

Ein Parcours für Fingerskateboards wird erstellt.

Alter	ab 10 Jahren
Dauer	20 Stunden
Material	Sperrholzplatte 2 x 1 m, Holzreste, Spanplatten, Leisten, Metallleisten, Leim, Holzschrauben, Akkuschrauber, Hammer, Metallsäge, Kombizangen, Schraubstock, Stichsäge, Schleifpapier, Winkel, Acrylfarbe, Pinsel, Schraubzwingen, kleine Nägel
Gruppierung	Gruppe bis 10 Personen
Vorbereitung	Werkbänke zugänglich machen, Planen unterlegen, Tische, Papier und Stifte für Skizzen bereitstellen
Spielform	Projektarbeit
Bildungskompetenzen	Kreativität, Feinmotorik, Kooperation, handwerkliches Geschick
Spielgelegenheit	Projekt im Jugendzentrum, Projektwoche in Schule oder Ganztag

Fingerskateboards sind nach wie vor sehr beliebt. Auf Tischen und Stühlen werden Ollys und das Grinden geübt. Aber ein richtiger Skatepark für die Fingerboards fehlt. Die Grundfläche ist ein altes Bühnenelement. Ein alter Kleiderschrank bietet weiteres Material. Gemeinsam wird überlegt, welche Hindernisse der Park haben soll, z. B. eine Halfpipe, einen Picknicktable, Stangen zum Grinden und unterschiedliche Kuben und Plateaus. Die Spielenden fertigen Skizzen von ihrem Park an und übertragen sie auf das Holz.

Für die Stange zum Grinden wird z. B. zuerst eine entsprechend lange Leiste (ca. 30 x 3 x 1 cm) ausgesägt und an den Schnittkanten glatt geschliffen. An Anfang und Ende wird jeweils mit 1 cm Abstand zum Ende ein Loch gebohrt im Durchmesser der Metallstange (ehemaliges Stützkreuz des Wandschranks). Nun wird die Stange in den Schraubstock eingespannt und am vorderen Teil verbogen, sodass ca 4 cm im 90°-Winkel abstehen. Da die Grindstange 28 cm lang sein soll und die hinteren

4 cm wieder in einen 90°-Winkel abgeknickt werden müssen, wird die Metallstange hinter dem ersten Knick nach 32 cm abgesägt. Anschließend werden die letzten 4 cm genau wie im vorderen Teil abgeknickt. Nun kann die Grindstange in die Leiste angepasst werden. Die Leiste wird anschließend auf den für sie vorgesehenen Platz auf der Grundfläche gelegt und ihr Umriss eingezeichnet.

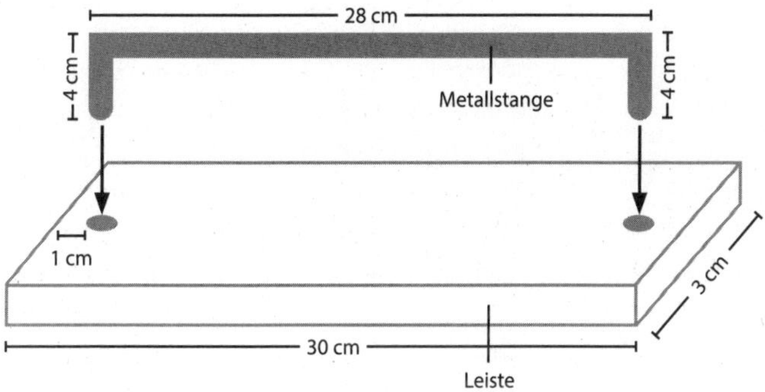

Die Endmontage erfolgt erst, wenn alle Elemente fertiggestellt sind. Die Grundleiste der Grindstange wird mit Leim bestrichen und aufgesetzt, dann mit den Holzschrauben an der Grundplatte fixiert. Sind alle Elemente auf dem Skatepark verschraubt, kann der Park noch angestrichen und mit coolen Aufklebern und selbst gestalteten Mini-Graffitis versehen werden.

Marietheres Waschk

Zug um Zug mit Worten

Zwei Leute positionieren sich abwechselnd zueinander auf einem Spielfeld und sagen etwas.

Alter	ab 11 Jahren
Dauer	ab 15 Minuten
Material	Klebeband / Kreppband
Gruppierung	Paare mit Zuschauern
Vorbereitung	auf dem Boden 3 x 3 Reihen „X“ mit Kreppband kleben bzw. einen quadratischen Spielbereich aus 3 x 3 Spielfeldern kennzeichnen.
Spielform	Darstellungsspiel
Bildungskompetenzen	Darstellung, Kooperation, Kreativität
Spielgelegenheit	Seminare, Freizeiten, Theatergruppen

Abwechselnd macht jeder einen Zug, d. h., jeder bewegt sich gerade oder diagonal zu einem anderen X, „friert“ in einer Gestik und Körperhaltung „ein“ und gibt ein Statement ab (z. B. „Na“, „Guten Tag“, „Geld her“ usw). Nach dem fünften Zug, der auf einem gemeinsamen Punkt enden kann, sagt jeder einen zu seiner Haltung bzw. seinem Standpunkt gegenüber dem anderen passenden Schlusssatz, z. B. „Auf Wiedersehn“, „Wollen wir heiraten?“ Danach ist eine andere Paarung an der Reihe.

Rainer Kreuz

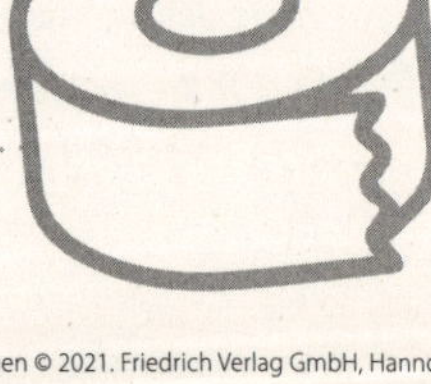

Vom Standbild zum Stummfilmtheater

Aus einem Standbild wird aus der Improvisation zu unterschiedlicher Musik ein „Stummfilm" entwickelt.

Alter	ab 11 Jahren
Dauer	pro Kleingruppe mindestens 8 Minuten
Material	Klangschale, Musikabspielgerät, instrumentale Musikstücke verschiedener Film-und Musik-Genres
Gruppierung	Kleingruppen von drei bis fünf Spielenden
Vorbereitung	Einrichten eines Spielraums als Bühne mit Hintergrund und Eingrenzung, grobe Planung der Musik zwecks schnellen Umschaltens
Spielform	Darstellungsspiel
Bildungskompetenzen	Kooperation, Bewegung, Präsenz, Fantasie, Empathie
Spielgelegenheit	Schule, Seminare, Freizeiten, Theatergruppe

Drei bis fünf Spielende stellen sich nach einem Klangimpuls der Spielleitung in vorher abgemachter Reihenfolge zu einem „Foto" auf. Daraufhin werden sie für den Stummfilm entdeckt. Zu wechselnder Musik bewegen sich die Spielenden nun immer in der gleichen Reihfolge nacheinander: Wenn jemand an der Reihe ist, bewegt er sich zur Musik und findet einen neuen Standpunkt, an dem er „einfriert". Dies ist das Signal für die nächste Person, sich zu bewegen, bis sie wiederum erstarrt. War die oder der Letzte an der Reihe, beginnt die Reihenfolge von vorn, bis die Spielleitung „Schlussbild" ruft, zu dem sich dann alle mit ihrem letzten Bewegungsabschnitt positionieren. Es kann auch mit vorheriger Verkleidung gespielt werden.

Pädagogischer Hinweis

Wichtig ist es, Musik mit unterschiedlichen Tempi aus verschiedenen Film- und Musik-Genres zu nehmen und pro Gruppe mindestens zweimal die Musik zu wechseln. Auf Walzer folgt z. B. „Spiel mir das Lied vom Tod" und es endet mit Dixieland-Jazz.

Rainer Kreuz

„Das muss mal gesagt werden!"

Alltägliche Sätze werden nonverbal kommuniziert und erraten. Die gemeinsame Auswertung zeigt individuelle Wahrnehmungen.

Alter	ab 10 Jahren
Dauer	10 – 20 Minuten
Material	vorbereitete alltägliche Äußerungen auf Karten
Gruppierung	6 – 20 Personen in zwei Gruppen
Vorbereitung	evtl. Markierung zur Aufstellung der Gruppen
Spielform	Kommunikationsspiel, Darstellendes Spiel
Bildungskompetenzen	soziale Kompetenz, gewaltfreie Kommunikation, Selbst- und Fremdwahrnehmung
Spielgelegenheit	Trainings, Vertretungsstunden, Gruppenarbeit

Das Spiel eignet sich, um über das Thema „Soziales Lernen" mit dem Schwerpunkt einer gewaltfreien Kommunikation zu arbeiten. Die Spielenden werden sensibilisiert für das Empfangen von positiven und negativen Botschaften und Aussagen. Durch die Form der nonverbalen und darstellenden Kommunikation bekommen sie ein Gefühl dafür, wie bestimmte Gesten, Körperhaltungen von anderen selbst wahrgenommen werden.

Die Spielenden stehen sich in einem Abstand von drei Metern paarweise gegenüber. Zwischen ihnen bildet sich eine Gasse. Die Spielleitung hat alltägliche Formulierungen oder Redewendungen vorbereitet. Diese sollen von einer Person – ohne zu sprechen oder Geräusche zu machen – dargestellt und von der Partnerin bzw. dem Partner erraten werden. Die Spielleitung geht durch die Gasse und zeigt pro Spieldurchgang erst der einen und dann der anderen Gruppe im Wechsel eine Redewendung.

Beispiele für typische Äußerungen

- Du siehst super aus.
- Rühr mich nicht an.
- Komm mir nicht zu nahe.
- Ich freue mich, dich zu sehen.
- Mir platzt gleich der Kragen.
- Kannst du nicht zuhören?
- Wie oft soll ich dir das noch sagen!
- Du bist nett.
- Danke, dass du mir geholfen hast.
- Ich war das nicht.

Pädagogischer Hinweis

Darstellung, Gestik und Mimik werden individuell wahrgenommen und interpretiert. Das sollte in der Auswertung reflektiert werden. Erfahrungsgemäß werden manche Redewendungen schneller erraten als andere. Fragen sollten entsprechend der entstandenen Gruppendynamik im Spielprozess in die Auswertung einfließen.

Beispielfragen für die Reflexion

- Welche Aussagen waren leicht zu erraten und woran kann das gelegen haben (bestärkende oder ablehnende Aussagen)?
- Welche „Sprüche" höre ich tagtäglich und was machen sie mit mir?
- Welche „Sprüche" höre ich von verschiedenen Menschen (Eltern, Freunden …)?
- Gibt es Lebensweisheiten, die ich gut finde?
- Welche Aussagen habe ich schnell erraten können, bei welchen dauerte es länger?
- Welche Gesten haben bei mir ein gutes Gefühl erzeugt?
- Welche Gesten haben ein schlechtes Gefühl erzeugt?
- Woran habe ich persönlich stärkende oder auch aggressive Gesten erkannt?
- Mit welchen Sprüchen (Worten) bin ich leicht zu provozieren?

Ralf Brinkhoff

Mit Spielaktionen die Umwelt anders zu erleben bietet sich an. Man erlebt Bekanntes in neuen Rollen und setzt sich mit seiner Umwelt intensiv auseinander. Die folgenden Spiele wollen dazu anregen und fordern die Spielarrangeure heraus, ein zum Spiel animierendes Ambiente zu gestalten und so Bekanntes neu zu erleben. Die Spielideen lassen Abenteuer im Kopf entstehen, die im Spiel gemeinsam erlebt werden. Die sechs Spiele unten eigenen sich für unterschiedliche Gruppen, was Alter und Interessen angeht. Und das Besondere: Sie sind leicht veränderbar und können an die Spielgruppe angepasst werden. Die Struktur hinter den Spielen ist einfach und lädt zu neuen Varianten ein, was die Geschichten zum Spiel, die Regeln oder die Aufgaben betrifft.

Jeder Ort ist ein Spielort: die Treppe (S. 238)
Dieses Spiel lädt dazu ein, Elemente des Raumes als Spielfeld zu nehmen. Es lässt viele Varianten zu, was die Zugmöglichkeiten und Aufgabenstellungen auf den Treppen angeht, und es kann somit gut auf die Gruppe und die Spielsituation abgestimmt werden.

Müsli für den Kranken (S. 243)
Dieses Spiel bringt Bewegung und gesunde Ernährung zusammen. In kleinen Teams werden die vorher versteckten Zutaten gesucht, die anschließend gemeinsam verarbeitet und gemeinsam verspeist werden. Ob das nun die Zutaten für ein Müsli sind oder für einen leckeren Obstsalat, bleibt der Spielleitung überlassen.

Goldgräber (S. 244)
Das Thema lädt zum Spielen ein und erfordert von den Spielenden Taktik und geschickte Strategien, um als Gruppe gemeinsam gegen die mitspielenden Gruppen zu gewinnen.

Spielaktionen

Flugtag mit Papierfliegern (S. 254)

Mit selbst gebauten Papierfliegern experimentieren und sie für den Flug zu optimieren, bietet ein Lernfeld für Aerodynamik. Die vielen Flugversuche nach dem Falten des Flugzeuges vor dem eigentlichen Spiel helfen, den Flieger so zu trimmen, dass er die Aufgaben ideal erfüllt. Bauanleitungen und Tipps gibt es im Internet: www.papierflieger.de

Das Chaosspiel (S. 256)

Das ist das perfekte Spiel, wenn man mit einer Gruppe in einem neuen Gebäude oder auch auf einem neuen Gelände ist. Die Fragen und Aufgaben, die Spieldauer und das kooperative Zusammenspiel in Kleingruppen wird gefördert.

Naturmaterialien-Suchspiel (S. 258)

Naturerfahrung mit Kopf, Herz und Hand, dafür will dieses Spiel motivieren. Wer sich über die dahinterstehende Philosophie der Naturerfahrungsspiele weiter informieren möchte, greift zu Büchern des Begründers dieser Art von Spielen – zu Joseph Cornell – oder macht sich im Internet darüber schlau. http://www.joseph-cornell.de/

Bilder-Namen-Rätsel

Buchstaben des Namens werden zu einem Bilderrätsel.

Alter	ab 8 Jahren
Dauer	5–20 Minuten
Material	Zettel und Stifte für jeden Spielenden
Gruppierung	beliebig
Vorbereitung	–
Spielform	Interaktion
Bildungskompetenzen	visuelle Kommunikation
Spielgelegenheit	Namen lernen

Jeder zeichnet zu jedem Buchstaben seines (Vor-)Namens ein Bild bzw. Symbol, dessen Anfangsbuchstaben diesen Buchstaben entsprechen, z. B. Tim:

T – eine Tulpe
I – einen Indianer
M – ein Messer.

Alle gehen mit ihren Bildern durch den Raum und lassen andere ihren Namen erraten.

Pädagogischer Hinweis

Die Symbole oder Begriffe sollten möglichst etwas mit den Eigenschaften der Person zu tun haben (im Beispiel „Tim“: Tulpe – seine Lieblingsblume, Indianer – hat als Kind Karl-May-Romane gelesen, Messer – besitzt ein rotes Schweizer Taschenmesser). Diese Informationen sollten dann ebenfalls ausgetauscht werden.

Rüdiger Pieck

Kreuzwort-Namen-Rätsel

Die Buchstaben des Namens ergeben sich aus den Antworten auf Fragen.

Alter	ab 10 Jahren
Dauer	5 – 10 Minuten
Material	Zettel und Stifte für jeden Spielenden
Gruppierung	beliebig
Vorbereitung	–
Spielform	Interaktion
Bildungskompetenzen	Allgemeinwissen
Spielgelegenheit	Namen lernen

Jeder überlegt sich zu jedem Buchstaben seines (Vor-)Namens eine Frage. Die Anfangsbuchstaben der Antworten entsprechen den Buchstaben im Namen, z. B. Tim:

T – Aus was besteht eine Zigarette? (Tabak)
I – Wie nennt man die Ureinwohner Nordamerikas? (Indianer)
M – Wie heißt die bayrische Hauptstadt? (München)

Alle gehen mit ihren „Kreuzworträtseln" durch den Raum und lassen andere ihren Namen enträtseln.

Pädagogischer Hinweis

Die Fragen sollten möglichst etwas mit den Eigenschaften der Person zu tun haben (im Beispiel „Tim": Er ist Raucher, war schon mal in den USA und wurde in München geboren). Diese Informationen sollten dann ebenfalls ausgetauscht werden.

Rüdiger Pieck

Jeder Ort ist ein Spielort: die Treppe

Eine Treppe wird als Spieltreppe für ein Würfelspiel genutzt.

Alter	ab 6 Jahren
Dauer	10–20 Minuten
Material	Würfel, Kreide, eventuell Hüte oder Umhänge
Gruppierung	Gruppe
Vorbereitung	mit Kreide die Treppenstufen mit Zahlen beschriften, Aufgabenkarten vorbereiten
Spielform	Würfelspiel mit oder ohne Zusatzaufgaben
Bildungskompetenzen	Rechnen, Strategien, Kreativität
Spielgelegenheit	immer wenn Treppen sind vorhanden sind

Die Treppenstufen sind die Felder für ein Würfelspiel, bei dem es darum geht, so schnell wie möglich in ein Ziel einzulaufen. Jeweils eine Person würfelt, die andere ist die Spielfigur.

Variante

Wie bei einem Würfelspiel, kann man verschiedene Aufgaben in das Spiel einbauen. Man kann bestimmte Felder mit Suchaufgaben belegen, die Spielfigur mit verschiedenen Hüten oder Umhängen ausstatten.

Pädagogischer Hinweis

Bei öffentlichen Treppen soll ein Weg für die Passanten frei gehalten werden.

Gerhard Knecht

Autorennen

Eine selbst angelegte Rennbahn, Kronkorken als Wagen – schon kann das spannende Rennen losgehen.

Alter	ab 6 Jahren
Dauer	5–10 Minuten
Material	Kronkorken, Fotos von Rennfahrern zum Ausschneiden, Kleber oder Knete, unterschiedliche Materialien für die Fahrbahn, Springseile als Fahrbahnbegrenzung, Kreide in verschiedenen Farben, Würfel
Gruppierung	mindestens zu zweit
Vorbereitung	–
Spielform	Wettspiel, Geschicklichkeitsspiel
Bildungskompetenzen	Geschicklichkeit, Physik
Spielgelegenheit	Spielfest für Kinder und Erwachsene

Auf eine Fläche, einem mit Packpapier oder Plastikdecke bespannten Tisch, auf dem Gehweg oder Hof wird eine Fahrbahn aufgemalt. Herausfordernd wird das Rennen durch verschiedene Fahrbahnbeläge: Original wie der Asphalt oder die bespannte Fläche des Tisches, verändert durch Teppichfliese, Metallunterlage, Plastik usw.
Die Spielenden optimieren ihren Kronkorken durch ein wenig Knete und kleben in das Innere einen ausgeschnittenen Rennfahrer. So ausgerüstet, gehen sie an die Startlinie. Vorher wird um die Poleposition gewürfelt. Wer die höchste Zahl hat, ist Erster. Dann geht es an den Start. Die Spielenden schnipsen den Kronkorken der Reihe nach mit dem Finger auf die Rennbahn. Wer aus der Kurve getragen oder aus der Bahn katapultiert wird, muss wieder von vorn starten. Gewonnen hat, wer als Erster seinen Kronkorken über die Ziellinie schnipst.

Variante
Anstelle von Kronkorken können Münzen oder Knöpfe genommen werden.

Gerhard Knecht

Expedition zum Südpol

Kleingruppen absolvieren als Mitspielaktion eine Reise mit verschiedenen Hindernissen und Bewegungsspielaufgaben.

Alter	ab 8 Jahren
Dauer	60 – 90 Minuten
Material	je Kleingruppe 1 dickes Tau, Möbel als Hindernisse, verschiedene Sportgeräte
Gruppierung	1 bis 3 Kleingruppen mit je 4 – 6 Spielenden
Vorbereitung	–
Spielform	Bewegungsspiel/Spielkette
Bildungskompetenzen	motorische Differenzierung, Kooperation
Spielgelegenheit	Gruppenstunde, Ganztag, Projekttag, Sportunterricht

In einem großen Raum (evtl. im Freien) bauen alle mit Tischen, Stühlen, Brettern und Sportgeräten ein Hindernisparcours auf. Ein Weg wird mit Kreide, Post-it-Zetteln oder Kreppbandstreifen markiert. Dann werden bis zu drei Expeditionsteams gebildet, die im Abstand von fünf Minuten von einer Raumecke aus starten und sich über den Weg zum Südpol aufmachen. Dabei muss jede Gruppe hintereinandergehen und immer eine Hand an einem Tau (Sprungseil) halten. Die Spielleitung sagt die Aufgaben an, z. B.: Die Teilnehmenden helfen sich über eine breite (mit Seilen markierte) „Gletscherspalte". In einer engen „Eishöhle" (unter einem Tisch) übernachten sie und halten sich gegenseitig durch Reiben über Rücken, Arme und Beine warm. „Nachts" (mit geschlossenen Augen) klettern sie (mit gegenseitiger Hilfe, aber immer eine Hand am Tau) über einen „Eisberg" (aufgetürmte Stühle, Tische). Weiter geht es über „Eisschollen" (Trampolin). Um eine „Kolonie brütender Pinguine" nicht zu stören, laufen alle bis zum nächsten Halt wie Pinguine.

Pädagogischer Hinweis

Die Spielenden sollten wissen, dass es bei den Aufgaben nicht um Schnelligkeit oder Konkurrenz, sondern um den Spielspaß geht.

Ulrich Baer

Schmuggler und Zöllner

Schmuggler wollen Gegenstände in ein anderes Land schmuggeln. Die Polizisten versuchen, sie daran zu hindern.

Alter	ab 6 Jahren
Dauer	bis zu 2 Stunden
Material	viele unterschiedlich zu schmuggelnde Gegenstände
Gruppierung	zwei Teams spielen gegeneinander
Vorbereitung	Material zum Schmuggeln besorgen
Spielform	Geländespiel
Bildungskompetenzen	Bewegung, Kreativität
Spielgelegenheit	Klassenfahrten, Seminare, Ferienfreizeiten

Ein großes Gelände wird mit Begrenzungen versehen. Auf der einen Seite ist das Basislager der Gruppe der Schmuggler. Um dieses ist ein Bannkreis mit wenigstens zehn Metern Radius gezogen, den kein Polizist betreten darf. Auf der anderen Seite befindet sich das Ausland, welches mit einem gleich großen Bannkreis für die Gruppe der Polizisten belegt ist. Im Lager der Schmuggler befindet sich eine Kiste mit unterschiedlichen Gegenständen: Würfel, Karten, TT-Bälle, TT-Schläger etc. Aufgabe der Schmuggler ist es, immer einen Gegenstand aus ihrem Basislager ins Ausland zu befördern. Sie dürfen die Gegenstände auch bei sich verstecken, Tabuzonen dafür werden vorher besprochen.
Wird ein Schmuggler auf seinem Weg ins „Ausland" von einem Polizisten abgeschlagen, darf dieser nach dem Schmuggelgut suchen. Hat er es gefunden, steckt er es ein und bringt es zur Spielleitung in die Polizeisammelstelle. Der Schmuggler kann es mit einem neuen Schmuggelgut erneut versuchen. Hat der Polizist nichts gefunden, lässt er den Schmuggler frei und zählt langsam und laut bis zehn, bevor er neue Schmuggler zu erwischen versucht.
Das Spiel endet, wenn alle Waren im Ausland und in der Sammelstelle sind oder nach einer festgelegten Zeit. Gewonnen hat, wer mehr Waren hat. Im zweiten Durchgang werden die Rollen der Gruppen getauscht.

Marietheres Waschk

Spielaktion

Spaß-Olympiade

Die Spielenden überlegen sich neue olympische Disziplinen, üben sie ein und absolvieren als Gruppe alle Stationen.

Alter	ab 6 Jahren
Dauer	3 Stunden
Material	je nach erfundener Station
Gruppierung	Kleingruppen
Vorbereitung	–
Spielform	Stationenspiel
Bildungskompetenzen	Bewegung, Geschicklichkeit
Spielgelegenheit	Klassenfahrten, Seminare, Ferienfreizeiten

Jede Gruppe erfindet eine neue olympische Disziplin, z. B.: Erbsen im Wasser mit einem Strohhalm ansaugen und in ein anderes Gefäß ablegen, einen Parcours blind durchlaufen nur mithilfe von Geräuschen anderer Gruppenmitglieder, sich einen Wasserballon auf immer größere Distanz zuwerfen (ohne dass dieser platzt) – der Fantasie sind keine Grenzen gesetzt! Wichtig ist nur, dass jedes Spiel innerhalb eines bestimmten Zeitfensters (beispielsweise zehn Minuten) erledigt werden kann. So werden größere Wartezeiten an den Stationen verhindert. Nun kann jede Gruppe ihre Station einüben und darin Profi werden!
Dann werden die Olympischen Spiele eröffnet, indem eine Betreuungsperson das Feuer entzündet und die Gruppen mit einer feierlichen Rede begrüßt. Die Gruppen verteilen sich an den Stationen, ihre eigene werden sie zuletzt absolvieren. Je ein Betreuer misst an den Stationen die Zeit, die Distanz, die Anzahl der Erbsen … und notiert die Ergebnisse. Nachdem alle die Stationen absolviert haben, dürfen sie eine Runde am olympischen Feuer chillen und sich ausruhen.
Wurden die Listen der Stationen ausgewertet, werden die Sieger geehrt. Wichtig ist dabei, den Spaßfaktor der Olympiade in das Zentrum zu rücken und nicht den Wettstreit. Es können zudem die einfallsreichsten Stationen, der Teamgeist der Gruppe o. Ä. prämiert werden.

Marietheres Waschk

Müsli für den Kranken

Die Kleingruppen müssen, indem sie Aufgaben erfüllen, Müslizutaten sammeln.

Alter	ab 6 Jahren
Dauer	60 – 120 Minuten
Material	Schalen und Löffel in Anzahl der Spielenden, eine große Schale, ein Brettchen und ein Schälmesser pro Gruppe, Zutaten in Beuteln (Haferflocken, Nüsse, Obst, Honig etc.), Milch, Joghurt, Transportbeutel
Gruppierung	in Kleingruppen à 6 – 10 Personen
Vorbereitung	Verteilung der Materialien auf dem Spielgelände, Vorbereitung der Aufgaben
Spielform	Stationenspiel in Kleingruppen
Bildungskompetenzen	Bewegung, Kooperation, Geschicklichkeit
Spielgelegenheit	offener Ganztag, Ferienfreizeit

Auf der Ferienfreizeit oder Klassenfahrt mimt eine zentrale Betreuungsperson Bauchweh – und die Folge ist klar: Wenn sie Bauchweh hat, kann die Disco oder der Ausflug oder das geplante Fußballturnier nicht stattfinden. Helfen kann ihr ein Müsli, doch alle Zutaten dafür sind verschwunden. Die Spielenden teilen sich in Kleingruppen ein und folgen einer Spur aus Erdnüssen (in Schalen, denn die können, wenn die letzte Gruppe sie nicht alle einsammelt, ruhig in der Natur verbleiben). Die Spielenden kommen an unterschiedliche Stationen, an denen sie sich Zutaten für das Müsli erspielen können. Z. B. muss an der Station, wo es Bananen gibt, das „Shake Banana Spiel" performed werden. An anderen Stationen können zum Obst passende Quizaufgaben oder Geschicklichkeitsspiele angeboten werden.
Um das Miteinander der Gruppen zu stärken, sollten viele kooperative Spiele angeboten werden. Sind alle Gruppen mit allen Zutaten am Ziel angekommen, wird das Müsli zubereitet und mit dem kranken Betreuer verspeist, sodass das Programm dann wieder wie geplant stattfinden kann.

Marietheres Waschk

Goldgräber

Kleingruppen versuchen, Gold zu ergattern und in die Bank zu bringen, ohne es wieder an eine andere Gruppe zu verlieren.

Alter	ab 8 Jahren
Dauer	bis zu 60 Minuten
Material	Bierdeckel (Gold) oder bemalte Steine und Karten mit den Nummern 1–10 pro Team
Gruppierung	drei Teams à 10 Spielende
Vorbereitung	–
Spielform	Geländespiel
Bildungskompetenzen	Bewegung, Taktik
Spielgelegenheit	Klassenfahrten, Seminare, Ferienfreizeiten

Die Goldgräber, die Cowboys und die Indianer bauen sich im Wald je ein Basislager. Jede Gruppe erhält zehn Stärkekarten (Karten, die von 1 bis 10 nummeriert sind), die sie untereinander auslosen. Bei Gruppen mit weniger als zehn Spielenden werden einzelne Stärkekarten (nicht die 1 und die 10) weggelassen. Die Zehnerkarte kann alle Karten besiegen, außer der Einserkarte, die die Zehnerkarte schlägt. Die anderen Zahlen sind je stärker, je höher sie sind. Die Karten 2–9 können also die Einserkarte schlagen.
Im Wald wird noch ein Bankposten eingerichtet, der von der Spielleitung betreut wird. Um die Bank wird eine neutrale Zone eingezeichnet, in der keine Überfälle stattfinden dürfen. Die Goldgräber bekommen Gold in Form von vielen Bierdeckeln. Die drei Gruppen starten bei ihrem eigenen Lager und schwärmen dann in den Wald aus. Die Indianer und Cowboys versuchen, den Goldgräbern das Gold abzunehmen, und die Goldgräber denken sich eine Taktik aus, wie sie das Gold von ihrem Camp sicher zur Bank bringen können.
Es ist ratsam, das Gold auf die verschiedenen Spielenden aufzuteilen. Sobald zwei Personen aus verschiedenen Gruppen aufeinandertreffen, müssen sie sich gegenseitig ihre Stärkekarten zeigen. Die Person mit der höheren Stärkekarte gewinnt. Sie erhält vom anderen Spielenden das

gesamte Gold, das er dabeihat und versucht nun ihrerseits, sicher zur Bank zu kommen. Die Spielenden, die es in die neutrale Zone schaffen, können das Gold in der Bank abgeben. Es wird auf das Konto ihrer Gruppe „eingezahlt". Ziel ist es, am Ende das dickste Bankkonto zu haben.

Marietheres Waschk

Wetten, dass ...?

Die bekannte Spielshow wird in kleinem Rahmen nachgespielt.

Alter	ab 7 Jahren
Dauer	3 Stunden
Material	abhängig von der Idee
Gruppierung	Kleingruppen mit 5–8 Spielenden
Vorbereitung	–
Spielform	kreatives Bewegungs- oder Wahrnehmungsspiel
Bildungskompetenzen	Kreativität, Bewegung
Spielgelegenheit	Klassenfahrten, Seminare, Ferienfreizeiten

Jede Kleingruppe überlegt sich eine Wette, die sie am Abend den anderen präsentieren möchte. Dies kann z. B. sein: Wir wetten, dass wir es schaffen, alle Betreuenden an ihrer Handform zu erkennen. Oder: Wir wetten, dass wir es schaffen, einen Parcours auf einer Sackkarre mit einem Becher Wasser im Mund in 45 Sekunden zu absolvieren. Oder: Wir wetten, dass wir es schaffen, innerhalb von fünf Minuten 72 Erbsen mit einem Strohhalm im Wasser anzusaugen und in ein anderes Gefäß abzulegen. Gut ist es, wenn jede Kleingruppe durch eine Betreuungsperson begleitet wird. Anschließend kann jede Gruppe ihre Wette einüben und verfeinern. Wichtig ist, dass jede Wette so formuliert wird, dass die Gruppe ihr Können unter Beweis stellen kann. Am Abend entsteht eine lustige und abwechslungsreiche Show, in der die Betreuenden der Gruppen zu Wettpaten werden und einen Wetteinsatz bieten, den sie dann auch einlösen.

Marietheres Waschk

Borkenkäferspiel

Die Spielenden spielen kranke und gesunde Bäume sowie Borkenkäfer. Die Borkenkäfer müssen kranke Bäume finden.

Alter	ab 10 Jahren
Dauer	5–10 Minuten
Material	–
Gruppierung	im Kreis
Vorbereitung	–
Spielform	Interaktion
Bildungskompetenzen	biologisches Wissen über Erkrankung von Bäumen, Umweltbewusstsein
Spielgelegenheit	Projektwoche, Klassenfahrt, Biologieunterricht

Alle Spielenden halten die Hände hinter den Rücken. Die Spielleitung geht nun außen herum und drückt jeder Person eine oder beide Hände. Wenn sie die linke Hand drückt, bedeutet das „kranker Baum". Die rechte Hand bedeutet „gesunder Baum". Wer beide Hände gedrückt bekommt, ist ein Borkenkäfer. Die Bäume dürfen nicht verraten, ob sie krank oder gesund sind. Sie verteilen sich in der näheren Umgebung.

Die Borkenkäfer ziehen nun von Baum zu Baum, um einen kranken Baum zu finden, den sie befallen können. Dazu dürfen sie eine vorher festgelegte Anzahl an Schritten machen. Haben sie einen Baum erreicht, fragen sie ihn leise, ob er krank sei. Ist der Baum krank, darf der Käfer den nächsten Baum aufsuchen und hat wieder seine volle Anzahl an Schritten zur Verfügung: Er hat sich satt gefressen. Hat der Käfer allerdings seine Anzahl an Schritten verbraucht, ohne einen kranken Baum zu finden, verhungert er und stirbt. Haben sich fünf Borkenkäfer in einen Baum eingebohrt, so stirbt dieser und wird selbst zum Borkenkäfer.

Pädagogischer Hinweis

Vor dem Spiel müssen die Erkrankung von Pflanzen und die Themen „Schädlinge" und „Waldsterben" erarbeitet worden sein.

Günter Klarner

Klub der Abenteurer

Das gewohnte Außengelände (oder der bekannte Raum) wird aus verschiedenen Blickwinkeln neu auf Spielideen erforscht.

Alter	ab 6 Jahren
Dauer	60 – 120 Minuten
Material	das in der Einrichtung Vorhandene, Brillen und Kopfbedeckungen, Settingkarten
Gruppierung	altershomogene Gruppe, bis 5 Spielende pro „Guide" (Spielleitung)
Vorbereitung	unterschiedliche Brillen oder Kopfbedeckungen: Sonnen-, Schwimmbrille, Augenklappe, Tropenhelm etc., entsprechend jeder Art eine „Settingcard"
Spielform	Spiel zur Kreativitätsförderung
Bildungskompetenzen	Kommunikation, Fantasie entwickeln, Kooperation
Spielgelegenheit	Arbeitsgemeinschaft, offener Bereich, aber ungestörte Spielrunde

Ziel ist es, den Blick auf das Gewohnte (Räume, Außengelände, Ausstattung) kreativ zu verändern und neue Spielideen zu gewinnen. Die Gruppe teilt sich durch die Wahl der Requisiten in Kleingruppen auf. So gibt es anschließend Geheimagenten, Astronauten auf einem fernen Planeten, Piraten, Urwaldforscher, Taucher usw. Jedes Team bekommt eine eigene Settingcard, auf der seine Umgebung skizziert ist, sowie einen Guide als kreative Hilfe. Die Mission ist auf der Settingcard beschrieben, z. B.: „Ihr seid die Besatzung des Forscherschiffs Bauilus 3000. Eure Koordinaten zeigen, dass hier das versunkene Atlantis ist! Unten auf dem Meeresboden findet ihr die Stadt. Was entdeckt ihr dort? Was haben die Kinder gespielt? An der Oberfläche sammelt ihr eure Eindrücke und schreibt das Spiel auf. Im Klub der Abenteurer zeigt ihr den anderen euer gefundenes Spiel und spielt es mit ihnen." Der Guide achtete darauf, dass die fantasievolle Stimmung erhalten bleibt und die Spielenden ihre kreativen Ideen demokratisch ausprobieren können.

Marietheres Waschk

Super Mario live

Ein „Jump and Run"-Spiel wird frei nach „Super Mario" real gespielt.

Alter	ab 7 Jahren
Dauer	abhängig von Gruppengröße und Rundenanzahl
Material	Leinen / „Zauberschnur", Klammern, Pappteller, Schaumstoffbälle, Rollbretter, Plastikschüssel, Gewebeband, Stoppuhr, Tische, Bänke, Hocker, Super-Mario-Musik
Gruppierung	einzeln gegeneinander
Vorbereitung	Pappteller (Taler) mit Zahl versehen (z. B. 10, 20, 30), Leinen spannen und Teller mit Wäscheklammern locker befestigen, Plastikschüsseln als „Kopas" auf Rollbretter kleben, Parcours / Level bauen
Spielform	Wettkampf- und Bewegungsspiel
Bildungskompetenzen	Geschicklichkeit, Bewegung, Fantasie
Spielgelegenheit	Offene Tür, Gruppenarbeit, Freizeiten, Offener Ganztag

Jeder gibt sich einen Spielnamen und dann wird in das Spiellevel, die Spielroute sowie die Regeln eingeführt: Man muss das Level hintereinander und allein so schnell wie möglich durchqueren, dabei möglichst viele Münzen sammeln und möglichst wenig von rollenden „Rückenpanzern" des bösen schildkrötenartigen „Koopas" oder von „Browsers Feuer"(-Bällen) getroffen werden.
Am Ende wird anhand einer vorher festzulegenden Formel ein Wert aus Zeit, Pluspunkten = gesammelten „Talern" und Minuspunkten (Treffer der „Bösen") ermittelt und ein Ranking erstellt.

Variante
„Super Mario Kart" mit Plattformkarren ist ein Spiel für Paare. Dabei ist eine Person der „Motor" und die andere fährt und sammelt die Punkte ein.

Pädagogischer Hinweis

Ein neutraler Schiedsrichter und Zeitnehmer ist wichtig. Die Bälle und Rollbretter werden am besten von einer weiteren Spielleitung auf den Weg geschickt.

Rainer Kreuz

Wolkenkratzer in New York

Die Spielenden gestalten einen Wolkenkratzer und erzählen, was heute alles darin passiert ist.

Alter	ab 6 Jahren
Dauer	60 Minuten
Material	Schuhkartons, Scheren, Dispersionsfarben, Pinsel, Papier und Buntstifte
Gruppierung	ab 3 Spielenden
Vorbereitung	–
Spielform	Spiel zum Geschichtenerfinden
Bildungskompetenzen	Gestalten, Sprache
Spielgelegenheit	Ferienfreizeit, Unterricht, Workshops

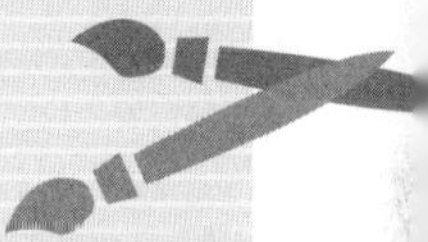

Die Spielenden erhalten zur Gestaltung einer Etage des Wolkenkratzers je einen Schuhkarton. Fenster und Türen werden in den Karton geschnitten. Die Innenausstattung kann aus Papier erstellt werden. Haben alle ihre Kartons fertig, werden diese zu einem Wolkenkratzer zusammengebaut und gut verklebt. Die Spielleitung achtet auf Stabilität.
Ist der Wolkenkratzer fertig, wird gemeinsam überlegt, wie die Straße heißen könnte, in der das Haus in New York steht. Dann kann jeder sagen, wer in seiner Etage wohnt (Wie heißen die Leute? Wie sehen sie aus? Wie alt sind sie?) bzw. was man hier machen kann (Sport im Fitnessstudio …). Danach erzählen je zwei Spielende, was heute in welcher Etage des Wolkenkratzers passiert ist. So entstehen viele kleine, bunte Geschichten.

Heike Münker

Falsche Hausnummer

Die Spielenden sind in falschen Wohnungen gelandet und sollen es gemeinsam schaffen, dass jeder die richtige erreicht.

Alter	ab 12 Jahren
Dauer	30 Minuten oder länger
Material	Teppichfliesen, Karteikarten, Stifte, Kreppband
Gruppierung	Großgruppe (idealerweise ein Spielender weniger als eine Quadratzahl)
Vorbereitung	Teppichfliesen und beschriftete Karteikarten auslegen (siehe Ablauf)
Spielform	Kooperationsspiel
Bildungskompetenzen	Kooperation, Teamfähigkeit
Spielgelegenheit	Ferienfreizeit, Teamtrainings, Seminare, Klassenfahrten

Die Teppichfliesen (eine mehr als Spielende) werden vorab in einem Rechteck ausgelegt. Darunter liegen Karteikarten mit Nummern in der Anzahl der Spielenden sowie eine mit dem Wort „frei". Die Spielenden kleben sich jeweils ein Stück Kreppband auf den Oberarm, die Spielleitung zählt ab, beschriftet jeden Spielenden mit einer Nummer und bittet diese, sich auf jeweils eine Teppichfliese zu stellen.
Die Frage ist nun, ob jeder Spielende mit seiner Nummer in der richtigen Wohnung (also auf der richtigen Fliese) steht. Um das herauszufinden, darf immer nur die Fliese angehoben werden, auf der niemand steht. Darunter sieht man dann die Zahl bzw. die Nummer des Spielenden, der auf diese Fliese gehört. Nun müssen die Plätze gewechselt werden, dabei darf jeder Spielende nur vorwärts, rückwärts, nach rechts oder nach links gehen. Diagonal zu gehen ist nicht erlaubt. Auch darf weiterhin auf jeder Fliese nur eine Person stehen.

Marietheres Waschk

Was stimmt hier nicht?

Die Spielenden untersuchen gemeinsam ein Stück Fläche und markieren die Gegenstände, die eigentlich nicht hierhergehören.

Alter	ab 6 Jahren
Dauer	15–30 Minuten
Material	Gegenstände, die nicht in die Natur gehören wie künstliches Blatt oder Frucht, Papier, Büroklammer, Lederband usw., Schaschlikstäbchen, Papier, Klebstoff
Gruppierung	beliebig
Vorbereitung	Abstecken einer Geländefläche, in der das Suchspiel stattfindet; Verstecken der Gegenstände, die nicht in das Gelände gehören
Spielform	Wahrnehmungsspiel, Lernspiel
Bildungskompetenzen	Wissen, Zuordnen, Wahrnehmung
Spielgelegenheit	Projektwoche, Klassenfahrt, Biologieunterricht

Eine größere Fläche in der Natur wird für das Spiel präpariert. Es werden einige Dinge verändert (z. B. woanders hingetragen) oder dazugelegt. Ein Tannenzapfen befindet sich unter einer Buche, ein Eichenblatt unter einer Tanne, eine Kartoffel auf dem Waldboden. Aber auch ein Lederband oder ein Faden findet sich in dem Gelände. Aufgabe der Gruppe ist es, alle ausgelegten und veränderten Punkte zu finden und zu markieren. Sie haben dazu kleine Fähnchen aus Papier, die auf einen Schaschlikspieß geklebt sind. Sind alle Markierungen gesetzt, geht die Spielleitung gemeinsam mit den Spielenden zu den Gegenständen, um offene Fragen zu klären und das Material wieder einzusammeln.

Variante

Jeweils eine Halbgruppe bereitet für die andere Gruppe vor.

Gerhard Knecht

Nachtpfeifer

Die kleine Gruppe der Pfeifenden oder Blinkenden versteckt sich, die große Gruppe der Sucher versucht, sie zu fangen.

Alter	ab 8 Jahren
Dauer	45 Minuten
Material	10 Trillerpfeifen oder 10 Taschenlampen
Gruppierung	zwei Teams: eine Kleingruppe und eine große Gruppe
Vorbereitung	–
Spielform	Geländespiel im Dunkeln
Bildungskompetenzen	Wahrnehmung, Bewegung
Spielgelegenheit	Klassenfahrten, Seminare, Ferienfreizeiten

Eine kleine Gruppe versteckt sich (jeder einzeln) im abgesteckten Gelände. Diese Kleingruppe kann auch nur aus Betreuerinnen und Betreuern bestehen, da sich nicht jeder traut, sich allein im Dunkeln zu verstecken. Die Mitglieder der kleinen Gruppe erhalten jeder eine Trillerpfeife und haben eine Uhr bei sich.
Sind alle Pfeifenden gut versteckt, beginnt das Spiel mit einem akustischen Signal durch die Spielleitung (Hupe o. Ä.), sodass auch die Versteckten wissen, dass nun das Spiel beginnt. Die Pfeifenden müssen nun alle drei Minuten einmal kräftig in die Trillerpfeife blasen und die anderen Spielenden suchen die Pfeifenden. Wie viele Pfeifende werden innerhalb der Zeit gefunden?

Variante
Anstelle von Pfeifen können auch Taschenlampen verteilt werden, die alle zwei Minuten aufblinken müssen, sodass das Spiel im Dunkeln keinen akustisch erschreckt.

Marietheres Waschk

Mellau outer space

Die Spielenden denken sich in Kleingruppen außerirdische Identitäten aus.

Alter	ab 12 Jahren
Dauer	1 Stunde
Material	alles, was Haus und Fundus hergeben
Gruppierung	in Kleingruppen
Vorbereitung	–
Spielform	Gestaltungsspiel
Bildungskompetenzen	Fantasie, Ausdrucksfähigkeit, Kooperation
Spielgelegenheit	Klassenfahrt, Seminar

Die Kleingruppen erhalten von der Spielleitung den folgenden Arbeitsauftrag: „Ihr seid ???. Als Außerirdische vom Planeten ??? juckelt ihr so rum und seid rein zufällig hier in Mellau (entsprechenden Ort nennen) gelandet. Auf eurer Reise durch Raum und Zeit hat euch ??? als Fortbewegungsmittel gedient. Tja, und wo ihr schon mal hier seid, könnt ihr euch ja auch gleich mal vorstellen. Dazu singt ihr eure selbstgedichtete Nationalhymne, stellt uns euren intergalaktischen Schlachtruf vor, erzählt uns, was ihr normalerweise so esst, wie ihr euch vermehrt und was es sonst noch Besonderes bei euch gibt. Und noch was: Eure typische Kleidung solltet ihr natürlich auch tragen!"
Die Gruppen haben 30 Minuten Zeit, ihre Aufgabe zu bearbeiten. Anschließend stellen sie sich gegenseitig (ihre Ergebnisse) vor.

Rüdiger Pieck

Flugtag mit Papierfliegern

Selbst gebaute Papierflieger nehmen an einem Flugtag teil.

Alter	ab 8 Jahren
Dauer	30 Minuten
Material	DIN-A4-Papier, Buntstifte, Kreide oder Seile, Hula-Hoop-Reifen oder Springseile, DIN-A4-Karton als Zeichenunterlage, Fähnchenkette oder Absperrband, Maßband, Schilder für die Markierung der Startplätze von 1 – 10
Gruppierung	bis zu 10 Personen z. B. im Kreis stehend / Sitzkreis / zwei Gruppen gegenüber / jeder für sich
Vorbereitung	Reifen als Startpunkte, Reifen zum Durchfliegen, Markierung der Spielfläche durch Fähnchenketten, Flugschein mit Disziplinen, Faltvorlage für Schwalbe
Spielform	Gestaltungsspiel, Geschicklichkeitsspiel, Wurfspiel
Bildungskompetenzen	Aeordynamik, Origami
Spielgelegenheit	Spielaktion, Spielfest, Ferienfreizeit

Die Spielenden erhalten einen Flugschein, Buntstifte, Papier und die Zeichenunterlage. Im Flugschein werden der Name der Pilotin bzw. des Piloten und des Flugzeuges eingetragen. Die Startpositionen für die Flugdiziplinen sind nummeriert. Die Spielenden falten einen Papierflieger nach eigenen Vorstellungen oder einer Vorlage (Schwalbe), die mit den einzelnen Faltschritten in der Flugwerft vorliegt. Sie gestalten den Flieger farbig und er bekommt den Namen, der auf dem Flugschein steht. Ist er fertig, kommt der Testflug, bestehend aus vier Disziplinen:

- Punktlandung: Ein Zielflughafen wird in einem Meter Entfernung von der Startlinie aufgezeichnet. Aufgabe des Piloten ist es, den Landeplatz exakt zu erreichen und nicht über den Flughafen hinauszuschießen.
- Weitflug: Die Piloten versuchen, ihren Flieger von einer Startlinie aus möglichst weit fliegen zu lassen. Mit dem Maßband wird die Entfernung gemessen und in den Ausweis eingetragen.

- Fliegen auf einer Luftstraße oder durch einen Korridor: Zwei bis drei Spielende halten jeweils einen Reifen hintereinander in der Luft, sodass ein Korridor entsteht, durch den das Flugzeug fliegt.
- Kunstflug: Alle Flieger starten gleichzeitig von einer Startlinie, sie fliegen ganz unterschiedlich und bekommen alle einen Applaus und einen Eintrag in den Flugausweis.

Gerhard Knecht

Wir präsentieren euch 3 x 3 x 3

Die Spielenden stellen sich als Gruppe dar.

Alter	ab 6 Jahren
Dauer	über mehrere Tage
Material	vorhandene Materialien aus dem Hort
Gruppierung	Kleingruppen
Vorbereitung	–
Spielform	Erzählspiel, Präsentation
Bildungskompetenzen	Erforschung von Fähigkeiten, kooperative Darstellung
Spielgelegenheit	Kennenlernen neuer und alter Gruppenmitglieder

Drei Spielende (zwei alte, ein neuer) schließen sich zu einer Gruppe zusammen. Sie überlegen nun einen Tag lang, welche Gemeinsamkeiten sie haben, was sie gemeinsam gut können. Mittels einer kleinen Präsentation, einem Plakat, einer Gemeinschaftszeichnung, einer Vorstellung mit Handpuppen, einem Lied, einem Bauwerk, einer Maschine aus Fischertechnik, einer kleinen Geschichte, einer Witzeerzählung bzw. einer Geschichtenerzählaktion, einer Spielanleitung für ein Gruppenspiel präsentiert sich die Gruppe (höchstens 15 Minuten). Drei Gruppen pro Tag präsentieren ihre Ergebnisse. An den beiden folgenden Tagen präsentieren sich die restlichen Gruppen.

Hannelore Winkler

Das Chaosspiel

Jede Gruppe würfelt nacheinander, sucht den Zettel, nennt das Wort, erledigt die Aufgabe und würfelt erneut!

Alter	ab 7 Jahren
Dauer	45 – 90 Minuten je nach Aufgabenanzahl, Komplexität und Spielfläche
Material	kleine Zettel oder Karteikarten, Stift, Klebeband, Spielplan, ein Würfel und eine Spielfigur für jede Gruppe
Gruppierung	Großgruppe in mehreren Kleingruppen von 5 – 6 Spielenden
Vorbereitung	einen Spielplan herstellen mit den Zahlen 1 – 50, Zettel mit den Nummern versehen und Codewort auf die Rückseite schreiben, Aufgaben für jedes Feld, Codewort-Legende mit Aufgabenstellungen (s. Beschreibung)
Spielform	Bewegungsspiel
Bildungskompetenzen	Wahrnehmung, Bewegung, Merkfähigkeit, Kreativität
Spielgelegenheit	Klassenfahrten, Seminare, Ferienfreizeiten

Die Spielleitung zeichnet einen Spielplan mit Feldern von 1 bis 50 (oder weniger Zahlen je nach gewünschter Spiellänge). Zu jedem Feld erstellt sie eine Karteikarte, auf der vorn die Zahl steht und hinten ein Codewort. Diese Wörter notiert sie sich auch auf dem Codewort-Plan. Zu jedem Spielfeld denkt sich die Spielleitung eine passende Aufgabe aus, z. B.:

- Karte mit der Zahl 1, Rückseite Codewort „Baum" – Aufgabe: Wie viele Bäume stehen auf der Wiese hinter dem Haus?
- Karte mit der Zahl 27, Codewort „Stufe" – Aufgabe: Wie viele Tre ppenstufen hat das Haus bis in den ersten Stock?

Die Zettel werden im Haus und im näheren Gelände mit Kreppband aufgehängt. Die Großgruppe wird in Kleingruppen mit je ca. fünf Teilnehmenden eingeteilt. Die Spielleitung hat den Spielplan vor sich, auf

dem Startfeld stehen die Spielsteine aller Gruppen. Den Plan mit den Codewörtern hat sie nur sichtbar für sich dort.
Auf dem Weg zum Zielfeld haben die Gruppen viel zu tun. Die erste Gruppe würfelt und setzt ihren Spielstein entsprechend. Nun sucht sie die Karteikarte mit der entsprechenden Nummer. Währenddessen dürfen auch die anderen Gruppen nach und nach ihr Startfeld erwürfeln und beginnen ihre Suche.
Wenn der Zettel mit der Feldnummer gefunden wurde, heißt es, sich das Wort auf der Rückseite zu merken und dieses als vollständige Gruppe der Spielleitung zu nennen.
Nun bekommt die Gruppe die passende Aufgabe genannt und nennt die Lösung oder geht beispielsweise die Bäume oder Stufen zählen. Anschließend erscheint die Gruppe vollzählig bei der Spielleitung, nennt die Lösung und darf bei richtiger Antwort erneut würfeln. Gewonnen hat die Gruppe, die das Zielfeld zuerst erreicht und die entsprechende Frage richtig beantwortet hat.

Pädagogische Hinweise

- Die Spielleitung sollte auf die Vollständigkeit der Gruppe beim Erscheinen achten.
- Weitere Betreuende achten darauf, dass die Gruppen keine Zettel entfernen oder sich die Codewörter notieren.
- Gegebenenfalls sollte für jede Gruppe ein eigener Würfelplatz sowie eine eigene Ankunftsstelle zum Lösen der Aufgaben und Nennen der Wörter mit je einer Spielleitung und Codewortplan eingerichtet werden. Das nimmt den Gruppen die langweilige Wartezeit.

Marietheres Waschk

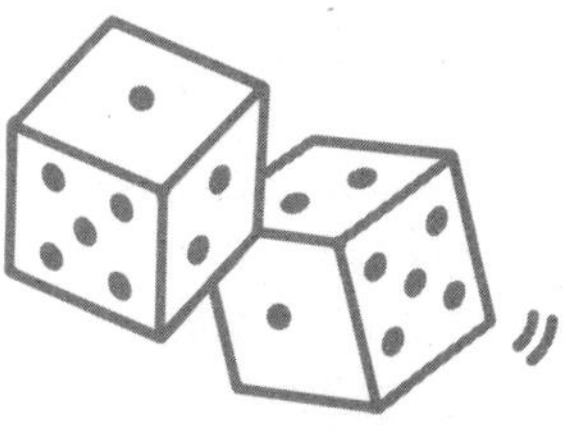

Naturmaterialien-Suchspiel

Kleingruppen suchen in einer vorgegebenen Zeit und einem abgegrenzten Gebiet Naturmaterialien nach Vorgabe.

Alter	ab 8 Jahren
Dauer	15 Minuten bis 2 Stunden
Material	ausgedruckte Anleitung mit Suchaufgaben; für die digitale Variante Tablet oder Smartphone mit App Actionbound pro Gruppe
Gruppierung	einzeln oder in Kleingruppen bis unbegrenzt
Vorbereitung	Liste mit zu findenden Gegenständen erstellen und je Gruppe ein Blatt ausdrucken; für die digitale Variante das Spiel in der App anlegen
Spielform	Naturspiel, Medienspiel, Forscherspiel
Bildungskompetenzen	Wahrnehmung, Kreativität, Naturbewusstsein
Spielgelegenheit	Gruppenangebote im Freien, Ferienfreizeit, Ausflug

Zunächst werden Gruppen gebildet und ein begrenztes Gebiet wird vorgegeben. Jede Gruppe bekommt eine Liste mit Naturmaterialien, die sie suchen soll, ohne Schaden anzurichten. Die Materialien können ganz explizit definiert (eine Feder etc.) oder allgemein gehalten sein (etwas, das wie ein Gesicht aussieht). Die Gruppen suchen unabhängig voneinander in vorgegebenem Gebiet. Das Spiel kann auf Zeit und im Wettkampfmodus gespielt werden. In diesem Fall werden Punkte für die Gegenstände vergeben, oder es geht darum, kreativ passende Gegenstände zu finden.

Varianten

- Alternativ funktioniert das Spiel auch digital über die App Actionbound.
- Ein Gegenstand darf nur einmal verwendet werden (z. B. eine Kastanie nicht für „etwas zu essen“ und „etwas Rundes“).
- Der Wettkampfcharakter wird durch (mehr) Punkte für seltenere Gegenstände gestärkt.

- Die Art der Materialien wird beschränkt, sodass im Anschluss damit etwas Bestimmtes gebastelt werden kann.

Beispiele: Sammle diese Dinge aus der Natur, ohne Schaden anzurichten

1 – 2 Punkte

- etwas Weiches, etwas Rundes
- etwas Dorniges
- etwas Einfarbiges
- etwas, das ein Geräusch macht
- etwas Duftendes
- einen Zapfen
- etwas, was nicht in die Natur gehört
- etwas, das wie ein Gesicht aussieht
- etwas Gefährliches
- etwas, woraus du eine Kette machen könntest
- etwas Nützliches
- etwas Schönes

3 – 4 Punkte

- einen Samen
- etwas, das man essen kann
- einen Hinweis auf ein Tier
- etwas Gesundes
- etwas Glitzerndes
- etwas mit mindestens vier Farben
- eine Feder

Am Ende werden die gesammelten Gegenstände verglichen und evtl. Punkte vergeben. In der digitalen Variante können Punkte über die App vergeben werden. Die gemachten Fotos können im Anschluss z. B. als Collage verschickt oder auf der eigenen Homepage veröffentlicht werden.

Patrick Haas

Rätselhafte Stadtteilspaziergänge

Die Spielenden werden eingeladen, bei einem Spaziergang durch den Stadtteil Hinweisschilder zu finden und letztlich einen Lösungssatz zu erknobeln.

Alter	ab 8
Dauer	1,5 – 4 Stunden
Material	zu Fuß unterwegs (Roller, Fahrrad etc. sind auch geeignet), ein Stift und ein Stück Papier
Gruppierung	einzeln, mit der Familie, mit Freundinnen und Freunden
Vorbereitung	einen Lösungssatz finden, eine Code-Karte entwickeln, 18 – 25 wetterfeste Hinweisschilder erstellen, eine Route mit Schildern aushängen, einen Mitmachpreis festlegen, die Einladung zum Mitmachen (online) veröffentlichen
Spielform	Rallye, Suchspiel
Bildungskompetenzen	Orientierung, Lösungen finden
Spielgelegenheit	Spielmobil, Familienspiel

Die Spielenden werden eingeladen, bei einem Spaziergang durch den Stadtteil Hinweisschilder zu finden – auf jedem Hinweisschild steht ein Buchstabe. Diese Buchstaben müssen gesammelt werden – und am Ende mit der (auf dem Endschild platzierten) Code-Karte in eine passende Reihenfolge gebracht werden, sodass der Lösungssatz erkennbar wird. Dieser Lösungssatz wird dann dem Spielmobil (oder dem jeweiligen Organisator) zugemailt, alle Spaziergänger erhalten einen kleinen Preis. Für die Aktion sollten viele (acht bis 25) Stadtteilspaziergänge ausgehängt sein. Denn es hat sich gezeigt, dass das Spiel so einfach und selbstständig gespielt werden kann, dass es eine hohe Attraktivität hat! Die Spaziergänge sollten die üblichen Laufwege immer wieder verlassen und ein Querfeldein, ein „Abseits der gewohnten Wege“ ermöglichen … Auf jedem Hinweisschild einer Route steht: der Startpunkt, der Ort des nächsten Hinweises, ein Buchstabe und die Kontaktadresse des Spielmobils bzw. der organisierenden Person.

Auf dem ersten Hinweisschild sind die Einladung und die Spielregel beschrieben – auf dem letzten Hinweisschild sind die Code-Karte zum Umwandeln der gefundenen Buchstaben und die Mailadresse für den Lösungssatz zu finden.
Bei jedem Spaziergang wird ein eigener Lösungssatz gefunden, der Buchstabensalat kann immer durch dieselbe Code-Karte umgewandelt werden. Jede Stadtteilroute hat 17 bis 25 Stationen, die maximal 250 Meter auseinanderliegen. Der Startpunkt ist jeweils bei einer Schule bzw. einer öffentlichen Einrichtung. Alle Startpunkte werden online veröffentlicht.

Pädagogischer Hinweis

Die Hinweisschilder sollten so aufgehängt werden, dass sie auch mehrere Tage sicher hängen bleiben. Trotzdem müssen alle Routen täglich kontrolliert und fehlende Schilder ersetzt werden. Die erfolgreiche Aktion kann von jeder pädagogischen Fachkraft in unterschiedlichen Einrichtungen durchgeführt werden. Ein Spielmobil ist dafür nicht notwendig. Die Spiele, die ohne Pädagoginnen und Pädagogen durchgeführt wurden, können auch in kleinen Gruppen unter Begleitung erfolgreich umgesetzt werden.

Ralf Birkner

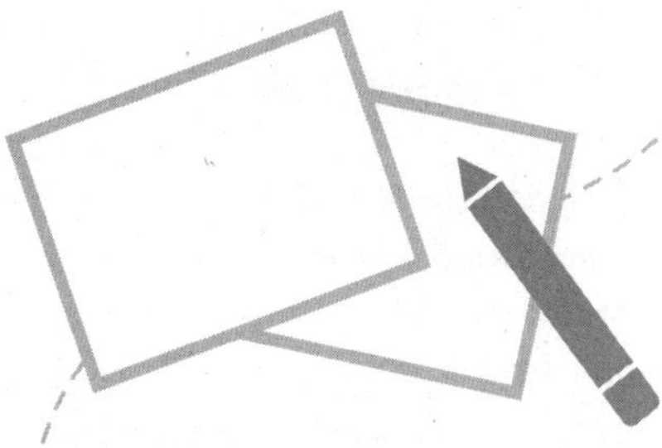

Vier gewinnt

Die Spielenden werden in zwei Mannschaften geteilt. Sie sind die Steine für das „Vier gewinnt" und ziehen abwechselnd.

Alter	ab 8 Jahren
Dauer	10–20 Minuten
Material	für die eine Hälfte der Spielenden rote, für die andere gelbe Mützen oder Tücher; Teppichfliesen, Bänder
Gruppierung	ab 20 Spielenden
Vorbereitung	Echtes „Vier gewinnt" als Muster an den Spielfeldrand stellen. Spielfeld mit Kreide aufmalen; mit Fliesen und Bändern den Spielraum gestalten
Spielform	Taktik und Strategiespiel, Kooperationsspiel
Bildungskompetenzen	Taktik, Strategie, räumliches Denken
Spielgelegenheit	Ferienfreizeit, Gruppenstunde, Kurs, Seminar

Bei „Vier gewinnt" versucht jeder Spielende, vier Steine seiner Farbe (Rot oder Gelb) in einer Reihe zu platzieren – vertikal, horizontal oder diagonal. Das Spielfeld besteht aus je acht Reihen und Spalten. Es ist zu Beginn leer und durch jeden Zug wird ein Feld belegt. Der erste Spielende, farbig markiert durch Tuch oder Kappe, fängt an und geht bis zu seinem Haltepunkt unten in der ersten Reihe, die Spalte kann er beliebig wählen und bleibt dort stehen Dann ist eine Person der anderen Mannschaft an der Reihe. Es wird immer auf ein leeres Feld gesetzt, unter dem sich kein anderes leeres Feld befindet. Sie kann sich innerhalb der ersten Reihe auf beliebiges Feld setzen oder sich in der zweiten Reihe quasi auf den Spielenden in der ersten Reihe stellen.

Variante

Es wird ohne Sprache gespielt. So sind die Spielenden darauf angewiesen, sowohl die Taktik ihrer eigenen Mannschaft herauszufinden als auch die des gegnerischen Teams.

Gerhard Knecht

Alphabetisches Register aller Spiele

F

G

H

Übersicht der Download-Materialien

M 1	Kennenlern-Flashmop	Karten mit Eigenschaften (2 Seiten)
M 2	Was macht die Person, wenn …	Karten mit Fragen (2 Seiten)
M 3	Ein Fotospiel erstellen	Bildvorlagen (2 Seiten)
M 4	Kontakt mit Außerirdischen	Arbeitsblatt mit Morsealphabet
M 5	Feedback im Spiel	Vorlagen für Bockkarten
M 6	Who is who?	Karten mit Fragen
M 7	Das Orakel	Orakelkarten
M 8	Verrücktes Quiz-Känguru	Karten mit Fragen (4 Seiten)
M 9	Peace like a river	Liedtext und Akkorde
M10	Peace like a river	Eingesungenes Lied (Tondatei)
M11	Stuntman-Training	Übungsphasen mit weiteren Übungen
M12	Ja-Nein-Fangen	Karten mit Fragen (2 Seiten)
M13	Evolution	Spielvariante
M14	Verrückte Zeitungsmeldungen	Arbeitsblatt mit Schreibaufgabe
M15	Mein Kreuzworträtsel	Arbeitsblatt mit Spielvariante (2 Seiten)
M16	Foto-Fragekarten gestalten	Arbeitsblatt mit Anleitung
M17	Irre Kombination	Karten mit möglichen Situationen
M18	Endlostheater	Vorbereitende Übungen

Unter **www.friedrich-verlag.de** finden Sie Materialien zum Buch als Download.
Bitte geben Sie den achtstelligen Download-Code in das **Suchfeld** ein.

DOWNLOAD-CODE: d31556sd

Hinweis:

Durch den Kauf dieses Buches (ISBN 978-3-7727-1556-3) haben Sie das Recht erworben, das ergänzende Download-Material in Ihren derzeitigen und zukünftigen Lerngruppen und Klassen einzusetzen und zu vervielfältigen. So können Sie etwa einzelne Seiten ausdrucken und verteilen oder mit Beamer oder Whiteboard verwenden.

Was Sie **nicht** dürfen:
- das Download-Material oder Teile davon an Kolleginnen und Kollegen weitergeben.
- das Download-Material oder Teile davon in Netzwerke einstellen, wie etwa Schulserver oder Cloud-Systeme, sodass Kolleginnen und Kollegen darauf Zugriff erhalten.
- die Lizenzinformation und Quellenhinweise auf dem Downloadmaterial entfernen.
- bei einer Bibliotheksausleihe des Buches das Download-Material herunterladen.

Bitte tragen Sie im Sinne dieser Lizenz dazu bei, dass wir weiterhin digitales Ergänzungsmaterial für Lehrerinnen und Lehrer bereitstellen können. Der Verlag behält sich dabei vor, auch gegen urheberrechtliche Verstöße vorzugehen.

Unsere Autorinnen und Autoren sowie der Verlag wünschen Ihnen viel Erfolg bei der Nutzung der Materialien!

Haben Sie Fragen zum Download? Dann wenden Sie sich bitte an den Leserservice der Friedrich Verlags GmbH. Schreiben Sie uns oder rufen Sie uns an!

Sie erreichen unseren Leserservice
Montag bis Donnerstag von 8 – 18 Uhr
Freitag von 8 – 14 Uhr
Tel.: 05 11/4 00 04-150
Fax: 05 11/4 00 04-170
E-Mail: *leserservice@friedrich-verlag.de*

Wir freuen uns über Ihre Rückmeldungen und helfen Ihnen gerne weiter!